Vogeley

Anders sein

Kai Vogeley

Anders sein

Autismus-Spektrum-Störungen im Erwachsenenalter
– Ein Ratgeber

2. Auflage

Anschrift des Autors:

Prof. Dr. Dr. Kai Vogeley
Klinik und Poliklinik für Psychiatrie und Psychotherapie
Uniklinik Köln
Kerpener Straße 62
50937 Köln
E-Mail: kai.vogeley@uk-koeln.de

Dieses Buch ist auch als E-Book erhältlich
(PDF ISBN 978-3-621-28360-1)
(ePUB ISBN 978-3-621-28361-8)

Das Werk und seine Teile sind urheberrechtlich geschützt. Jede Nutzung in anderen als den gesetzlich zugelassenen Fällen bedarf der vorherigen schriftlichen Einwilligung des Verlages. Hinweis zu § 52a UrhG: Weder das Werk noch seine Teile dürfen ohne eine solche Einwilligung eingescannt und in ein Netzwerk eingestellt werden. Dies gilt auch für Intranets von Schulen und sonstigen Bildungseinrichtungen.

Haftungshinweis: Trotz sorgfältiger inhaltlicher Kontrolle übernehmen wir keine Haftung für die Inhalte externer Links. Für den Inhalt der verlinkten Seiten sind ausschließlich deren Betreiber verantwortlich.

2., überarbeitete Auflage 2016
1. Auflage 2012, Beltz, Weinheim, Basel

© Beltz Verlag, Weinheim, Basel 2016
© Werderstraße 10, 69469 Weinheim, service@beltz.de
Programm PVU Psychologie Verlags Union
http://www.beltz.de

Lektorat: Antje Raden
Herstellung: Lelia Rehm
Umschlagbild: Getty Images / Colin Anderson
Druck und Bindung: Beltz Grafische Betriebe, Bad Langensalza
Beltz Grafische Betriebe ist ein Unternehmen mit finanziellem Klimabeitrag
(ID 15985-2104-1001).
Printed in Germany

ISBN 978-3-621-28306-9

Inhaltsübersicht

Geleitwort	11
Vorwort zur 2. Auflage	15
Vorwort zur 1. Auflage	19
1 Menschliche Begegnungen	23
2 Problemzonen	63
3 Krankheitsbegriff und Klassifikation	104
4 Diagnosestellung	126
5 Ursachen und Forschungsmethoden	151
6 Behandlung und Betreuung	179
7 Anders sein	206
Danksagungen	214
Literaturempfehlungen	216
Informationen zum Autor	221
Informationen zur Kölner Spezialambulanz »Autismus im Erwachsenenalter«	223
Informationen zu »autismus Deutschland e.V.«	225
Sachwortverzeichnis	228

Inhalt

Geleitwort 11

Vorwort zur 2. Auflage 15

Vorwort zur 1. Auflage 19

1 Menschliche Begegnungen 23
- 1.1 Personen und Dinge 24
- 1.2 Verbale Kommunikation 30
- 1.3 Nonverbale Kommunikation 36
- 1.4 Situation und Kontext 41
- 1.5 Vorwissen über Personen 45
- 1.6 Integration und Interaktion 49
- 1.7 Evolutionäre Entwicklung 51
- 1.8 Individuelle Entwicklung 54
- 1.9 Die beiden »sozialen Gehirne« 56

2 Problemzonen 63
- 2.1 Mentalisierungsdefizit 66
- 2.2 Begegnungen mit anderen 71
- 2.3 Sprachliche Kompetenz 80
- 2.4 Gestik und Mimik 83
- 2.5 Regelmäßigkeit und Rituale 87
- 2.6 Verlauf über die Lebensspanne 92
- 2.7 Die »doppelte Unsichtbarkeit« 96

3 Krankheitsbegriff und Klassifikation 104
- 3.1 Krankheitsbegriff in der Psychiatrie 104
- 3.2 Psychische Störungen als Störungen der Kommunikation 111
- 3.3 Klassifikation psychischer Störungen 116

4 Diagnosestellung

4.1	Wann liegt eine autistische Störung vor?	126
4.1.1	Kernsymptome autistischer Störungen	127
4.1.2	Alternative Kriterien	132
4.2	Patienten-Gespräch	135
4.2.1	Eigen-Anamnese	135
4.2.2	Fremdanamnese	136
4.2.3	Strukturiertes Interview	136
4.3	Testpsychologische Untersuchungen	137
4.4	Weitere diagnostische Hilfsmittel	142
4.5	Andere Erkrankungen	145
4.5.1	Abgrenzbare Erkrankungen	145
4.5.2	Begleiterkrankungen	148

5 Ursachen und Forschungsmethoden

5.1	Modelle psychischer Störungen	151
5.2	Genetische Faktoren	157
5.3	Geschlechtsunterschiede	160
5.4	Vorgeburtliche Risikofaktoren	164
5.5	Psychologische Prozesse	165
5.6	Veränderungen der Gehirnfunktionen	172

6 Behandlung und Betreuung

6.1	Ziele der Betroffenen	180
6.2	Psychotherapie	182
6.3	Selbsthilfegruppen	192
6.4	Berufliche und soziale (Wieder-)Eingliederung	193
6.5	Behandlung mit Medikamenten	200
6.6	Wirksamkeit von Therapien	204

7 Anders sein

7.1	Eigene Identität	208
7.2	Akzeptanz in der Gesellschaft	209

Anhang	214
Danksagungen	214
Literaturempfehlungen	216
Informationen zum Autor	221
Informationen zur Kölner Spezialambulanz »Autismus im Erwachsenenalter«	223
Informationen zu »autismus Deutschland e.V.«	225
Sachwortverzeichnis	228

Geleitwort

Lange Zeit wurden autistische Störungen als behandlungsbedürftige Auffälligkeiten angesehen, die *nur* im Kindes- und Jugendalter vorkommen. Es waren ja auch Kinder- und Jugendpsychiater, die diese Störungen erstmals beschrieben haben. So beschrieb der austro-amerikanische Kinder- und Jugendpsychiater Leo Kanner (1896–1981) im Jahre 1943 den »Frühkindlichen Autismus« (auch »Kanner-Syndrom« genannt) und der österreichische Pädiater Hans Asperger (1906–1980) die »Autistische Psychopathie«, die heute nach ihm als »Asperger-Syndrom« benannt wird. Der Begriff Autismus wurde aber schon viel früher von dem Schweizer Psychiater Eugen Bleuler (1911) eingeführt, der mit dieser Bezeichnung ein Grundsymptom der Schizophrenie identifizierte. Bleuler charakterisierte mit der Bezeichnung Autismus das Verhalten schizophren Erkrankter, die dazu neigten, sich in eine gedankliche Binnenwelt zurückzuziehen, zunehmend weniger Kontakt zu ihren Mitmenschen aufrecht erhielten und die sich traumhaft-phantastischen Gedanken in sich gekehrt und der Umwelt abgewandt hingaben. Diesen Begriff aufnehmend beschrieben nahezu gleichzeitig Leo Kanner und Hans Asperger autistische Störungsbilder bei Kindern. Der Unterschied zu dem von Bleuler beschriebenen Phänomen besteht aber darin, dass sich autistische Kinder nicht aktiv in eine Phantasiewelt zurückziehen, sondern bereits *primär* (von Geburt an) unfähig bzw. nur eingeschränkt fähig sind, natürliche soziale Kontakte zu entwickeln mit der Folge, dass sie dadurch in ihrer gesamten Entwicklung nachhaltig beeinträchtigt sind. Während der frühkindliche Autismus (Kanner-Syndrom) dadurch gekennzeichnet ist, dass, neben den Beeinträchtigungen in der sozialen Interaktion und Kommunikation, auch auffällige stereotype Verhaltensweisen dominieren, ebenso wie eine Sprachentwicklungsverzögerung und häufig eine Minderung der intellektuellen Funktionen, ist dies beim Asperger-Syndrom anders. Hier ist die Beeinträchtigung der Interaktion und Kommunikation weniger ausgeprägt, es findet sich seltener ein ausgeprägtes stereotypes Verhalten und vor allem keine Sprachentwicklungsverzögerung und keine nennenswerten Beeinträchtigungen der intellektuellen Funktionen.

Unter der Bezeichnung »*hochfunktionaler Autismus*« wurde zunächst eine Variante des frühkindlichen Autismus (Kanner-Syndrom) verstanden, bei dem zwar die Grundsymptome autistischer Störungen festzustellen sind, aber eine weitgehend normale kognitive Entwicklung stattfindet. In der Folgezeit haben verschiedene Arbeitsgruppen versucht, den hochfunktionalen Autismus vom Asperger-Syndrom abzugrenzen, was jedoch nicht gelungen ist. Deshalb geht man heute im sogenannten Spektrum-Ansatz autistischer Störungen davon aus, dass sich beide Störungsmuster weitgehend überlappen und insofern nicht scharf voneinander abzugrenzen sind.

Diesem Personenkreis ist das Buch von Kai Vogeley gewidmet, das sich auf erwachsene Menschen mit derartigen Störungsmustern bezieht. Diese Betrachtung ist insofern neu, als dass Jahrzehnte hindurch das Syndrom »hochfunktionaler Autismus« im Erwachsenenalter nicht existent schien, obwohl man schon lange wusste, dass die Störung »sich nicht auswächst«, sondern vom Kindesalter über das Jugendalter im Erwachsenenalter fortdauert. Vielleicht wurde das Störungsmuster auch im Erwachsenenalter deshalb nicht als Autismusvariante erkannt, weil die Symptome nicht so schwerwiegend in Erscheinung traten wie bei Kindern und Jugendlichen, die ja bereits im Kindergarten und in der Schule so auffällig werden, dass in der Regel ärztliche Hilfe in Anspruch genommen werden muss. Von daher stellt sich auch die Frage, ob sich jene Menschen, bei denen die Diagnose »hochfunktionaler Autismus« erst im Erwachsenenalter gestellt wird, von jenen unterscheiden, die durch diese Störung bereits im Kindes- und Jugendalter auffällig werden.

Es ist das große Verdienst von Kai Vogeley, dass er dieser Gruppe von Menschen sein klinisches und wissenschaftliches Interesse gewidmet hat, *klinisch* durch die Gründung einer Spezialambulanz an der Psychiatrischen Universitätsklinik zu Köln und *wissenschaftlich* durch eine Reihe von Projekten, in denen es darum geht, im Rahmen eines neurokognitiven Ansatzes die Ursachen zu ergründen und das rleben und Verhalten dieser Personengruppe zu verstehen und zu erklären.

Das Buch geht von der Alltagssituation der *menschlichen Begegnung* aus und erläutert schrittweise die Besonderheiten der verbalen und nonverbalen Kommunikation, die Abhängigkeit der Kommunikation vom Kontext, auch die Art und Weise, wie wir das Verhalten von Menschen intuitiv erfassen können und wie unser Gehirn in der Lage ist, soziales Verhalten wahrzunehmen und zu steuern.

Unter der Überschrift *Problemzonen* werden die Varianten des »Anders-Seins« autistischer Menschen beschrieben und es wird aufgezeigt, warum sie bestimmte Situationen und Interaktionen anders verstehen als nicht-autistische Menschen und dadurch häufig in kommunikative Missverständnisse geraten. Aus den inadäquaten Verhaltensweisen und den kommunikativen Missverständnissen entsteht sehr oft die Einsicht, sowohl bei den Betroffenen selbst als auch bei ihren Angehörigen, dass eine *diagnostische Einschätzung* erforderlich ist. Diese wird im vierten Kapitel des Buches ausführlich beschrieben unter Hinweis auf Symptomatik, Klassifikation, Gesprächsführung, testpsychologische und andere diagnostische Hilfsmittel.

Das fünfte Kapitel, das von den *Ursachen* handelt, gibt einen aktuellen und allgemeinverständlichen Überblick über die zahlreichen Faktoren, die an der Entstehung von Autismusspektrumstörungen beteiligt sind.

Im sechsten Kapitel schließlich geht es um die *Möglichkeiten der Intervention*. Hier, wie auch bei anderen psychischen Störungen, kommt es darauf an, klare Behandlungsziele zu definieren und diese nach Maßgabe der verfügbaren und empirisch fundierten Erkenntnisse zu verfolgen. Dabei ist von vornherein klar, dass es keine einzige Behandlungsmaßnahme gibt, die allein erfolgversprechend ist, sondern dass nur ein mehrdimensionaler Ansatz unter Einbeziehung von Umfeldfaktoren weiterführt. In diesem Ansatz haben psychotherapeutische Maßnahmen ebenso wie der Einsatz von Medikamenten und rehabilitative Maßnahmen ihren Platz.

Kai Vogeley ist ein Buch gelungen, das allen, die sich mit Menschen befassen, die an hochfunktionalem Autismus leiden, Orientierung bietet, über typische Symptome und Problemfelder aufklärt Erklärungen für Verhaltensweisen gibt, die auf den ersten Blick unverständlich erscheinen, und Wege aufzeigt, wie über eine kompetente Diagnostik und Therapie eine angemessene Eingliederung in das Familien- und Berufsleben erreicht werden kann. Das Buch ist in verständlicher Sprache verfasst und führt, über die Beschreibung von Beispielen und Situationen, zu einem tieferen Verständnis einer Variante menschlichen Verhaltens, die häufig durch eine besondere Originalität fasziniert, aber immer auch Hilfe für die Betroffenen notwendig macht.

Marburg, im Frühjahr 2012   *Prof. Dr. Dr. Helmut Remschmid*

Vorwort zur 2. Auflage

Das öffentliche Interesse an Autismus im Erwachsenenalter ist ungebrochen. Darüber hinaus besteht sowohl in wissenschaftlicher Hinsicht als auch aus der Perspektive von den betroffenen Personen mit Autismus selbst, ihren Angehörigen und aus Sicht der verschiedenen Berufsgruppen, die sich um die Betreuung von Menschen mit Autismus bemühen, nachhaltig großes Interesse am Thema Autismus. Dieser Ratgeber erscheint nun in seiner zweiten Auflage. Ich freue mich aus zwei Gründen darüber. Zum einen ist das ein Zeichen dafür, dass dieser Ratgeber offenbar eine größere Gruppe von Menschen erreicht hat, die sich zum Thema Autismus im Erwachsenenalter informieren wollen, damit ist die wichtigste Funktion dieses Ratgebers erfüllt. Zum anderen gibt mir die zweite Auflage die Möglichkeit, den Ratgeber zu aktualisieren. Der Ratgeber ist nun komplett durchgesehen, korrigiert und auch substanziell erweitert. Die Erweiterungen beziehen sich auf die folgenden Aspekte.

Ich habe mich dazu entschlossen, in der zweiten Auflage durchgängig von Autismus-Spektrum-Störungen zu sprechen, entsprechend wird dieser Begriff auch bereits im Untertitel verwendet. Ich nehme damit Befunde aus der medizinischen Weltliteratur auf, die zeigen, dass zwischen den verschiedenen Formen von Autismus, die in der bis heute in Deutschland gültigen Klassifikation psychischer Störungen (»International Classification of Disease«, 10. Version, ICD-10) aufgelistet werden, keine scharfe Grenze gezogen werden kann. Vielmehr scheint es innerhalb des Spektrums autistischer Störungen nur graduelle Unterschiede zu geben. Entsprechend wurde in der Neufassung der nordamerikanischen Klassifikation psychischer Störungen aus dem Jahr 2013 (»Diagnostic and Statistical Manual«, 5. Version, DSM-5) die Differenzierung in verschiedene Unterformen von Autismus aufgegeben. Diesem Konzept eines Spektrums autistischer Störungen folgen auch die in 2016 veröffentlichten S3-Leitlinien der »Deutschen Gesellschaft für Kinder- und Jugendpsychiatrie, Psychosomatik und Psychotherapie« (DGKJP) und der »Deutschen Gesellschaft für Psychiatrie und Psychotherapie, Psychosomatik und Nervenheilkunde« (DGPPN). Die bisher gebräuchlichen Differenzierungen finden Erwähnung, werden aber nun dem Konzept eines Spektrums nach geordnet. Der Einfachheit halber werde ich durchgängig von Autismus sprechen und nur dann, wenn es um diagnostische Aspekte geht, auf den Begriff Autismus-Spektrum-Störungen zurückgreifen. Durchgängig wird im Text auf relevante Veränderungen hingewiesen, die in der Klassifikation DSM-5 eingeführt worden sind.

Ich führe in der zweiten Auflage des Ratgebers nun die Metapher der »doppelten Unsichtbarkeit« für die autistische Verfassung ein. Mit der ersten Unsichtbarkeit ist gemeint, dass psychische Störungen oder Normvarianten sämtlich unsichtbar sind, insofern, als sie das innere Erleben betreffen und psychische Störungen im Allgemeinen nicht unmittelbar sichtbar sind. Diese erste Unsichtbarkeit hat Autismus mit anderen psychischen Störungen gemeinsam. Hinter der zweiten Unsichtbarkeit verbirgt sich der Aspekt, dass die Kernschwierigkeiten, die Menschen mit Autismus haben, darüber hinaus in einem zweiten Sinn unsichtbar sind, weil sie ganz überwiegend die nonverbale Kommunikation betreffen. Diese nutzen wir üblicherweise automatisch oder intuitiv, ohne über ihre Verwendung und Wahrnehmung nachzudenken. Ich hoffe, dass damit die spezifischen Besonderheiten des »Andersseins« autistischer Verfassungen noch besser verdeutlicht werden können.

Eine wesentliche konzeptuelle Erweiterung, die in der ersten Auflage noch nicht in der gleichen Weise ausgeführt ist, betrifft das Verständnis von psychiatrisch relevanten Störungen als Kommunikationsstörungen. Das ist für Autismus von besonderer Relevanz, weil sich Kernsymptome von Autismus auf die Kommunikationsfähigkeit beziehen oder, präziser, auf das Format ihrer Kommunikation, ob sie also über Sprache oder verbal vermittelt ist oder nonverbal. Psychiater, Psychologen und Anthropologen haben versucht, diesen Gedanken zu verfolgen und zu entwickeln (Harry Stack Sullivan, Jürgen Ruesch, Gregory Bateson, Paul Watzlawick, Johann Glatzel). Diese Grundüberlegung wird nun in den Ratgeber aufgenommen und skizziert, ohne dass der Charakter eines in die Thematik einführenden Ratgebers verlassen werden soll. Eine Konzeption von psychischen Störungen als Störungen der Kommunikation hat auch Konsequenzen für den Krankheitsbegriff psychischer Störungen.

Ich versuche, in der neuen Auflage über weite Strecken in diesem Ratgeber den Begriff der autistischen Verfassung zu benutzen, um damit eine nicht wertende Beschreibung des Andersseins von Menschen mit Autismus zu vermitteln. Ich benutze aber zugleich auch weiter den Begriff der Störung. Mir ist bewusst, dass nicht alle Menschen mit Autismus diesem Verständnis von Autismus als Störung folgen wollen oder können. Viele Menschen mit Autismus, die wir in den mittlerweile 10 Jahren, in der die Sprechstunde existiert, kennengelernt haben, fühlen sich nicht gestört oder krank oder behindert, sondern lediglich als »anders« oder »nicht passend« im Sinne einer autistischen Verfassung. Ich akzeptiere und respektiere das. Aber es gibt auf der anderen Seite auch Personen, die unter der autistischen Verfassung leiden und die Hilfe vom Gesundheits- und Sozialsystem brauchen. Aus diesen pragmatischen Gründen behalte ich auch den Störungsbegriff bei. Dieser Gedanke wird in den Ausführungen zum Krankheitsbegriff aufgenommen. Vor diesem Hintergrund wird auch die Akzeptanz, die Menschen mit Autismus von nicht-autistischen Menschen entgegengebracht bekommen sollten, nun deutlich betont.

Weitere Themen, die in der zweiten Auflage stärker ausgearbeitet sind, sind die Themen der Geschlechtsdifferenzen zwischen Frauen und Männern mit Autismus sowie die berufliche Integration oder Re-Integration von Menschen mit Autismus. Außerdem wurden die Ausführungen zu von Autismus abgrenzbaren Erkrankungen im Sinne sogenannter medizinischer Differenzialdiagnosen erweitert.

Aus Gründen der besseren Lesbarkeit werden im Folgenden nicht beide Geschlechtsformen durchgehend genannt – selbstverständlich sind jedoch immer Frauen und Männer gleichermaßen gemeint.

Die grundsätzliche Struktur des Buches ist gegenüber der ersten Auflage nicht verändert. Der Ratgeber wendet sich auch in seiner aktualisierten Form wieder an einen breiten Leserkreis, der nicht nur Menschen mit Autismus selbst, sondern auch alle ihnen verbundenen Personen einschließen soll. Wie bereits in der ersten Auflage soll der Ratgeber weiter dazu beitragen, das Thema Autismus in der Öffentlichkeit bekannt zu machen, um damit Menschen mit Autismus die Teilhabe am beruflichen, kulturellen und gesellschaftlichen Leben zu erleichtern.

Köln, im Frühjahr 2016 *Prof. Dr. Dr. Kai Vogeley*

Vorwort zur 1. Auflage

Wir begegnen in unserem Alltag immer wieder anderen Menschen. Das ist ganz unvermeidlich. Diese Begegnungen finden unter unterschiedlichen Rahmenbedingungen statt, nämlich in der Familie, in der Freizeitgestaltung mit Freunden und Bekannten, am Arbeitsplatz oder auch beim Einkaufen, bei Behördengängen oder Arztbesuchen. Manchmal sind uns die Personen, denen wir begegnen, gut bekannt. Wir können dann recht gut vorhersagen, was sie denken oder fühlen oder wünschen oder »was in ihnen vorgeht«. Das ist aber nicht in gleichem Umfang der Fall bei Menschen, die wir bisher nicht ausreichend kennenlernen konnten. Wir müssen uns dann spontan und intuitiv in diese Personen »hineinversetzen« oder – wie es ein englisches Sprichwort bildlich ausdrückt – »in ihre Schuhe stellen«, also ihre Perspektive übernehmen, um angemessen mit ihnen kommunizieren zu können. Wir nutzen dabei zu einem großen Anteil auch Informationen, die nicht sprachlich vermittelt sind, also nonverbale Signale. Dazu gehören Gestik, Mimik und Blickverhalten, die eine Person zum Ausdruck bringt. Auf dieser Grundlage können wir eine Vorstellung von dem inneren Erleben dieser Person bekommen. Diese Leistung, sich einen Eindruck von der anderen Person zu bilden, ist besonders dann gefordert, wenn die Person möglicherweise verbal etwas anderes zum Ausdruck bringt als nonverbal. So kann eine Person etwa sagen, dass es ihr gut gehe, aber dennoch über Mimik und Gestik genau den gegenteiligen Eindruck vermitteln. Wir müssen dann die verschiedenen Signale erst ordnen, integrieren und abschließend gemeinsam bewerten.

Ebenso wie die Personen selbst können uns auch die Umstände, unter denen wir anderen Personen begegnen, gut bekannt sein oder nicht. In bekannten Situationen folgen die Begegnungen mit anderen häufig bestimmten Regeln: So folgen etwa Arzt-Patienten-Gespräche einem bestimmten formalen Ablauf. Die Fragen, die Ärzte ihren Patienten stellen, sind meist gut für die Patienten vorhersehbar. Weniger gut oder gar nicht vorhersehbar dagegen ist das Verhalten anderer in Situationen, die einen informellen Charakter haben. Solche Situationen wie beispielsweise das Zusammentreffen mit anderen auf einer Party oder beim Einkauf oder in einem öffentlichen Verkehrsmittel sind vergleichsweise wenig oder gar nicht durch Ablaufregeln bestimmt. Wir können auf keine Regeln mehr zurückgreifen, die vorgeben würden, wie man sich verhalten soll, und wir müssen uns auf unsere »Intuitionen« verlassen.

Solche Überlegungen, die unseren Blick auf die einzelnen Teilschritte lenken, die bei der Interaktion und Kommunikation mit anderen Menschen relevant werden, mögen für viele Leser auf den ersten Blick künstlich oder sogar überflüssig erscheinen. Die meisten nicht-autistischen Menschen würden vermutlich sagen, wir verhalten uns eben einfach immer »irgendwie«, mehr oder weniger erfolgreich, und in aller Regel gibt es gar keinen Bedarf darüber nachzudenken, wie wir das eigentlich genau tun und welche Aspekte hier genau zu berücksichtigen sind. Hier aber liegt eine Hauptschwierigkeit autistischer Personen. Sie machen häufig »Fehler«: Sie schätzen die innere Verfassung anderer falsch ein oder machen Äußerungen, die auf andere ungewollt beleidigend oder kränkend wirken und damit missverstanden werden. Diese Prozesse, die unsere Begegnungen mit anderen steuern, verlaufen bei Menschen mit Autismus also offenbar anders. Oft sind wir uns dieser Phänomene und der zugrunde liegenden Prozesse gar nicht bewusst, weil sie automatisch oder spontan ablaufen. Daraus entsteht eine weitere Schwierigkeit beim Erkennen und Verstehen von Autismus: Das mitunter befremdlich wirkende Verhalten autistischer Menschen wird von der ungeschulten und nicht vorbereiteten Umgebung zwar wahrgenommen, in der Regel aber gar nicht als Teil einer Störung erkannt. Autismus ist »äußerlich« nicht zu erkennen, während jedem von uns zum Beispiel direkt klar ist, dass eine Person mit einer Beinverletzung weniger gut laufen kann.

In den letzten Jahren ist ein stetig wachsendes Interesse am autistischen Anderssein zu verzeichnen, das sowohl in der Öffentlichkeit als auch in wissenschaftlicher Hinsicht deutlich wird. Das stark wachsende öffentliche Interesse zeigt sich insbesondere in Medienbeiträgen, die Fernsehsendungen, Kinofilme (z. B. »Rain

Man«), Berichte in Printmedien und viele Buchpublikationen umfassen. Viele Betroffene, die uns in Köln in unserer Spezialambulanz aufgesucht haben, kommen aufgrund solcher Medienberichte zum Thema Autismus zu dem Verdacht, selbst von Autismus betroffen zu sein. Die Spezialambulanz »Autismus im Erwachsenenalter« ist an der Kölner Psychiatrischen Universitätsklinik angesiedelt. Sie bietet erwachsenen Personen, bei denen der Verdacht auf eine Störung im Bereich des Autismus-Spektrums besteht, Diagnosestellung und Beratung. Für autistische Personen, die in Köln oder Umgebung wohnen, können auch therapeutische Angebote gemacht werden. Andere kommen darauf, weil Verwandte, beispielsweise eigene Kinder, von Autismus betroffen sind.

Es sind aber auch wissenschaftliche Entwicklungen zu verzeichnen, die zu einem verstärkten Interesse an Autismus geführt haben. Hier ist besonders die moderne Hirnforschung zu nennen, die heute mittels moderner Technologien Denkprozesse und ihre Hirnkorrelate auch an Lebenden studieren kann. Dabei handelt es sich um die funktionell bildgebenden Verfahren des Gehirns. In diesem Feld der sogenannten »kognitiven Neurowissenschaft« ist in den letzten Jahren ein besonderes Interesse an Prozessen entstanden, die der Interaktion und Kommunikation mit anderen Menschen dienen. Diese Forschungsrichtung wird auch als »soziale Neurowissenschaft« oder »sozial kognitive Neurowissenschaft« bezeichnet. Sie untersucht, welche neuralen Mechanismen den Prozessen zugrunde liegen, die bei der Interaktion und Kommunikation mit anderen benötigt werden: Wie gelingt es uns, uns spontan in andere Menschen hineinzuversetzen, zuverlässige Eindrücke davon zu gewinnen, wie es anderen Menschen geht, wie sie sich fühlen, wie sie denken? Gerade diese Fähigkeiten fallen autistischen Menschen besonders schwer, sodass hier ein großer Forschungsbedarf besteht und erfreulicherweise auch großes Forschungsinteresse entstanden ist.

Dieses Buch widmet sich vor diesem Hintergrund dem Hochfunktionalen Autismus im Erwachsenenalter. Die Bezeichnung »hochfunktional« bezieht sich darauf, dass bei dieser Personengruppe keine relevante Intelligenzminderung vorliegt. Diese Gruppe von autistischen Personen erreicht häufig das Erwachsenenalter, ohne dass bis dahin die autistische Störung diagnostiziert worden wäre. Das vorliegende Buch soll daher den Lesern erste Informationen über die Erscheinungsformen autistischen Erlebens und Verhaltens vermitteln. Es möchte darüber hinaus aber auch über Ursachen, Diagnose- und Behandlungsmöglichkeiten informieren. Schließlich wird im Schlusskapitel darauf eingegangen, welche Auswirkungen die Diagnose Autismus für die betroffene Person und ihre Angehörigen hat.

Im ersten Kapitel wird analysiert, wie die Verarbeitung sozialer Information genau abläuft und welche internen und externen Faktoren dabei eine Rolle spielen. Im zweiten Kapitel erfolgt dann eine Erläuterung des Störungsbildes des Hochfunktionalen Autismus mit den Besonderheiten, die im Erwachsenenalter zu beobachten sind. Im Anschluss wird im dritten Kapitel die Diagnosestellung aus ärztlicher Sicht besprochen. Dies führt zum vierten Kapitel, das mögliche Ursachen für die Entstehung von Autismus diskutiert. Behandlungsmöglichkeiten und der Umgang mit autistischen Personen werden im fünften Kapitel erörtert. Das Buch wendet sich damit an einen breiten Leserkreis, der nicht nur (potenziell) Betroffene umfassen soll, sondern auch alle, die mit autistischen Menschen in Kontakt sind, wie Familienangehörige, Freunde, Bekannte oder Arbeitskollegen. Meine Hoffnung ist, dass dieses Buch nicht nur (potenziell) Betroffenen hilft, die autistische Störung schneller zu erkennen und besser zu behandeln, sondern auch dazu beiträgt, das Störungsbild einer breiteren Öffentlichkeit zugänglich zu machen, um damit ein tieferes Verständnis zu wecken.

Köln, im Frühjahr 2012 *Prof. Dr. Dr. Kai Vogeley*

1 Menschliche Begegnungen

Der soziale Mensch. In diesem ersten Kapitel soll einleitend erörtert werden, wie wir mit anderen Menschen in Kontakt treten, wie wir mit ihnen kommunizieren können. Das Thema ist deshalb besonders wichtig, weil es von zentraler Bedeutung für autistische Verfassungen ist. Kontakte mit anderen Menschen erleben wir lebenslang, und es gibt fast keinen Lebensbereich, in dem wir ganz ohne Kontakte zu anderen auskommen können. Lediglich in unserem Privatleben und in unserer Freizeit können wir selbst entscheiden, wie wir unsere Zeit gestalten wollen, ob wir sie mit anderen Menschen verbringen möchten oder nicht. Wir können uns also im Großen und Ganzen anderen Menschen gar nicht konsequent entziehen. Menschen mit Autismus haben im zwischenmenschlichen Bereich in der Regel größere Schwierigkeiten damit, sich in andere Menschen »hineinzuversetzen«. Gerade weil dieser Bereich aber einen so großen Stellenwert in unserem Leben einnimmt und Auswirkungen auf Erfolg und Misserfolg im Berufsleben oder im privaten Alltag hat, ist es wichtig, einerseits Menschen mit Autismus die grundlegenden kommunikativen Prozesse näher zu bringen und andererseits Menschen ohne Autismus auf diese Besonderheiten aufmerksam zu machen.

Verständnis schaffen. Für »außenstehende«, nicht-autistische Menschen werden die Inhalte vermutlich weitgehend »selbstverständlich« klingen. Hier liegt ein wichtiges Ziel des Buches: Es soll nämlich auch Nicht-Betroffenen vor Augen führen, wie wir mit anderen Personen umgehen. Dies ist so wichtig, weil diese eben die Probleme in der Gestaltung zwischenmenschlicher Kontakte nicht haben und sich daher nur schwer in die Situation ihrer autistischen Mitmenschen hineinversetzen können. Mit diesem Umstand sind verschiedene Aspekte verbunden, die im Folgenden besprochen werden. Der vermutlich wichtigste Aspekt dabei ist die Tatsache, dass uns die Leistungen, die zur Kommunikation und Interaktion mit anderen benötigt werden, normalerweise nicht bewusst sind. Mit anderen

Worten: Wir müssen gar nicht erst darüber nachdenken, wie wir mit anderen Menschen umgehen, sondern »wir tun es einfach irgendwie«. Wenn es um das Verständnis von Autismus geht, müssen wir aber gerade an diesem Punkt Aufklärung betreiben, weil genau hier die Schwierigkeiten autistischer Menschen liegen. Metaphorisch könnte man auch sagen, dass die Schwierigkeiten, die Menschen mit Autismus in der Interaktion und Kommunikation mit anderen Menschen haben, »unsichtbar« sind.

Kommunikationsleistungen. Wenn wir uns dieses Leistungsbündel, das uns befähigt, mit anderen zu kommunizieren, etwas genauer anschauen, so stellen wir fest, dass es sich um sehr komplexe Fähigkeiten handelt, die uns Menschen auszeichnen, auch wenn uns vieles davon selbstverständlich erscheint.

Grundsätzlich nehmen wir zu Anfang die zentrale Unterscheidung zwischen Personen und Dingen vor. Es wird sich zeigen lassen, dass zwischen diesen beiden Bereichen unserer Wahrnehmung und Beurteilung eine deutliche Differenz besteht. Wir werden dann die verschiedenen Äußerungsformen sprachlich und nicht-sprachlich vermittelter Signale kennenlernen. Weitere bestimmende Faktoren, die bei der Wahrnehmung und Beurteilung anderer Personen eine Rolle spielen, sind mögliches Vorwissen über die Person selbst und der Kontext oder die Situation, in der wir die Person vorfinden. Diese verschiedenen Komponenten müssen insbesondere in der Interaktion mit anderen zusammengeführt werden. Dieses erste Kapitel schließt mit einigen Überlegungen zur Evolution und zur Entwicklung dieses Leistungsbündels und einigen neueren Befunden zu den Grundlagen dieser Leistungen im menschlichen Gehirn.

1.1 Personen und Dinge

Personen oder Menschen unterscheiden sich in mancher Hinsicht von Dingen oder Gegenständen. Wir stoßen auf diese Differenz, wenn wir versuchen, uns den spezifischen Eigenschaften zu nähern, die die Beschäftigung mit anderen Menschen ausmacht. Dabei scheint uns die Welt der Dinge meist leichter verständlich und zugänglich und klarer aufgebaut als die Welt der Personen, sodass ich zunächst mit den Dingen beginnen möchte.

Gegenständliches – Die Welt der Naturgesetze

Allgemeingültigkeit. Mit Dingen sollen hier physikalische Objekte in einem alltagssprachlichen Sinn gemeint sein. Diese Dinge sind nicht lebendig. Darunter fallen also Gegenstände wie Tische, Computer oder Steine. Dinge in diesem breiten Wortsinn haben gemeinsam, dass sie in ihrem Verhalten Naturgesetzen folgen und dass die Kenntnisse von Naturgesetzen ausreichen, um das Verhalten dieser Gegenstände klar und eindeutig vorherzusagen. Wenn ich etwa einen Gegenstand wie einen Stein fallen lasse, dann wird er immer auf den Boden oder auf die Erde fallen. Diese Tatsache ist uns durch Beobachtung zugänglich, und es erscheint aus naturwissenschaftlicher Sicht plausibel, dass die Erdanziehungskraft dafür verantwortlich ist, dass der Stein auf den Boden oder die Erde fällt, so oft ich den Stein loslasse. Zwar kann man die Erdanziehungskraft nicht direkt beobachten, aber man kann den Vorgang des Zu-Boden-Fallens beobachten. Das Zu-Boden-Fallen zeigt uns, dass es so etwas wie Erdanziehungskraft geben muss. Dass ein Stein, den ich loslasse, zu Boden fällt, ist eine verlässlich vorhersagbare Tatsache oder Beobachtung. Es ist nicht vorstellbar, dass der Stein in der Schwebe verbleiben oder sich nach oben bewegen wird, wenn ich ihn loslasse (zumindest so lange ich auf der Erde verbleibe und die Erdanziehungskraft auf den Stein einwirkt). In diesem Sinn reichen Kenntnisse über Naturgesetze aus – in diesem Fall Kenntnisse über die Erdanziehungskraft –, um das Verhalten von Dingen im Sinne von physikalischen Objekten oder Gegenständen vorherzusagen. So oft ich den Stein fallen lasse, so oft wird er zu Boden gehen: Zusammenfassend könnte man auch sagen, Dinge folgen »alltagsphysikalisch« beschreibbaren, klaren Regeln, nämlich Naturgesetzen, und ihr Verhalten lässt sich aufgrund ihrer äußerlich sichtbaren Eigenschaften sicher vorhersagen. Wir müssen keine Physiker sein, um das Verhalten von Dingen zu verstehen, sondern wir erlernen diese Zusammenhänge in unserer individuellen Entwicklung schon früh während unserer Kindheit und sind sozusagen »Alltagsphysiker«.

Dabei spielt es hier für diese Überlegung keine Rolle, ob die Dinge aus der Natur stammen, wie beispielsweise Steine, oder ob sie von Menschen erzeugt worden sind, wie beispielsweise Tische oder Computer. Von nachgeordneter Bedeutung ist auch, ob diese Gegenstände »kompliziert« aufgebaut sind und ohne genaue Fachkenntnisse nicht zu »verstehen« sind, wie beispielsweise Computer im Gegensatz zu einem Tisch oder einem Stuhl.

Personen – Die Welt unserer Interpretationen
Dinge sind also charakterisierbar durch dieses klar und sicher vorhersagbare Verhalten, das in der Regel direkt aus den äußerlich sichtbaren Eigenschaften der Dinge abgeleitet werden kann oder aber aus leicht messbaren physikalischen Eigenschaften wie etwa dem Gewicht eines Gegenstandes. Hier liegt ein wichtiger Unterschied zu Personen. Personen sind in ihrem Verhalten nicht ohne Weiteres vorherzusagen, und auch erst recht nicht klar und eindeutig. Mit Personen sollen hier andere Menschen bezeichnet werden, die autonom und selbstbestimmt handeln können und nicht etwa durch Krankheiten oder Verletzungen beeinträchtigt sind wie in Zuständen eingeschränkter Handlungsfähigkeit (z. B. komatöser Zustand).

Uneindeutigkeiten. Was ich zum Ausdruck bringen möchte, lässt sich am besten anhand einer einfachen Interaktion mit einer anderen Person verdeutlichen. Die Interaktion soll hier darin bestehen, dass ich eine andere Person anlächele und nun das Verhalten der anderen Person beobachte. Wenn wir uns eine solche Situation vorstellen, so sind verschiedene Ausgänge denkbar. Die Person, die ich anlächele, kann zurücklächeln. Es kann aber auch passieren, dass sie es nicht tut. Für beide Varianten kann es plausible Erklärungen geben. So ist im Fall, dass die angelächelte Person zurücklächelt, wohl die naheliegende Erklärung, dass sie das Lächeln als ein Zeichen meiner Sympathie für sie auffasst und mit dem Lächeln zum Ausdruck bringen möchte, dass sie mich umgekehrt auch sympathisch findet. Dabei ist die Sache durchaus nicht immer so klar. Denn ich kann mir der Sympathie nicht ohne Weiteres sicher sein. Vielleicht findet sie mich gar nicht sympathisch, sondern möchte *nur den Eindruck* bei mir erwecken, dass sie mich sympathisch findet. Vielleicht führt sie etwas im Schilde gegen mich und will mich auf diese Weise täuschen. Ob die Person, die mich anlächelt, mir wohlgesonnen ist oder nicht, ist also aus dieser einmaligen Reaktion des Lächelns gar nicht zweifelsfrei zu entnehmen.

Nun kann es aber auch passieren, dass die Person mein Lächeln nicht erwidert. Auch hier sind verschiedene Erklärungen für ihr Verhalten denkbar. Die Person könnte scheu oder schüchtern sein, sodass sie andere Menschen selten oder nie zurück anlächelt. Vielleicht gehen ihr aber auch ähnliche Gedanken durch den Kopf, wie ich sie bei mir vorhin schon angedeutet habe: Sie könnte mein Lächeln nicht ernst gemeint und aufrichtig erleben und befürchten, dass ich mit dem Lächeln etwas bei ihr bewirken und sie manipulieren möchte. Mein Lächeln könnte den Zweck haben, sie zu etwas Bestimmtem bewegen zu wollen, was ich gerne möchte.

Es könnte aber auch Gründe geben, die ganz unabhängig von mir sind. So könnte sie etwa in Gedanken versunken oder schlechter Laune sein und deshalb nicht zurücklächeln.

Komplexe Interaktionen. Wir können an diesem sehr einfachen Beispiel sehen, dass bereits eine derartig einfache Interaktion mit einer anderen Person alles andere als eindeutig oder »einfach zu verstehen« ist. Dabei hat diese Interaktion mit einer anderen Person nicht viel mehr Zeit in Anspruch genommen als die Zeit, die ein Stein benötigt, um zu Boden zu fallen. Sie ist aber um einiges komplizierter, und wir können keine klare, sichere Vorhersage mehr darüber machen, was faktisch passieren wird.

Die Unterschiede zwischen Personen und Dingen können wir uns nun noch einmal zusammenfassend vor Augen führen:

(1) Der erste Unterschied im Verhalten eines Dings (beispielsweise der Stein, der zu Boden geht) gegenüber einer Person (beispielsweise die Reaktion einer Person auf mein Lächeln) ist der, dass das Verhalten der Person nicht in der gleichen Weise vorhersagbar ist wie das Verhalten eines Dings. Während der Stein, den ich loslasse, sicher fallen wird, wird eine andere Person vielleicht *mit großer Wahrscheinlichkeit* zurücklächeln, aber sie wird *niemals sicher* zurücklächeln, weil es immer Gründe für die andere Person geben kann, es nicht zu tun.

(2) Ein zweiter Unterschied ist der, dass sich das Verhalten der anderen Person vermutlich über eine Folge von hundert aufeinanderfolgenden Situationen, in denen ich sie anlächele, verändern wird. Es ist sehr unwahrscheinlich, dass sie hundertmal mein Lächeln erwidern würde, während ein Stein hundertmal zu Boden geht, wenn ich ihn hundertmal fallenlasse. Wir haben gesehen, dass es schon in einem einzigen Fall nicht möglich ist vorherzusagen, was die Person tun wird. Dies ist erst recht der Fall bei sich wiederholenden Ereignissen der gleichen Art. Die andere Person wird mit großer Wahrscheinlichkeit ihr Verhalten verändern, wenn ich meine Geste des Lächelns hundertmal wiederholen würde.

Wir müssten nun also eine ganze Fülle von Überlegungen anstellen, wie ich sie gerade angedeutet habe, und darüber nachdenken, warum sich die Person gerade so verhält, wie sie sich verhält. Das Verhalten der Person wird sich mit großer Wahrscheinlichkeit über die Zeit verändern. Genau wissen wir aber übrigens auch das nicht, wir können hier eigentlich nur mehr oder weniger belastbare Vermutungen aufstellen, die eine gewisse Wahrscheinlichkeit haben, aber nie mit Sicherheit eintreten werden. Die einfachen »alltagsphysikalischen« Regeln der Naturgesetze, die uns in der Welt der Dinge so gute Dienste geleistet haben und alltagsphysikalisch die Welt »erklären« könnten, tragen uns hier nicht mehr. Das Verhalten von Personen können wir nur »verstehen«, wenn wir uns über die »innere Verfassung« der Person Gedanken machen, etwa von der Art, wie ich sie gerade eben skizziert habe.

Empathiefähigkeit. Um die Gründe für das Verhalten der anderen Person zu erfassen, müssen wir uns in sie »hineinversetzen« und uns vorstellen, was in ihr vorgeht, welche Gedanken, Gefühle oder Wünsche diese Person gerade erlebt und zu welchen Handlungen diese Erlebnisse führen könnten. Wir müssen also »alltagspsychologische« Überlegungen anstellen, warum sich die andere Person so verhält, wie sie sich verhält. Diese Überlegungen greifen auf eine Art »Innenwelt« des anderen zurück, sie sind also nicht mehr allein aus den äußeren Gegebenheiten oder äußerlich sichtbaren Eigenschaften des Gegenstandes abzuleiten. Wir müssen vielmehr versuchen, die inneren Beweggründe und Motivationen der anderen Person in Erfahrung zu bringen, während uns Kenntnisse über möglicherweise äußerlich einwirkende physikalische Kräfte keinen Aufschluss über das innere Erleben der Person liefern würden.

Ein Thema für Wissenschaft und Philosophie. Diese vorgenommene Unterscheidung zwischen Personen und Dingen ist übrigens auch von manchen Wissenschaftlern und Philosophen diskutiert und bestätigt worden. So unterscheidet etwa der einflussreiche Sozialpsychologe Fritz Heider ebenfalls die sogenannte »Dingwahrnehmung« oder die »nicht-soziale Wahrnehmung« von der »Personenwahrnehmung« oder der »sozialen Wahrnehmung«. Entscheidend ist für Heider, dass das Verhalten von Personen immer von einer bestimmten Unschärfe begleitet ist. Unser Wissen darüber, wie sich eine Person verhalten wird, ist also immer durch eine gewisse Vagheit oder Unsicherheit geprägt: Wir können nie ganz sicher vorhersagen, wie sich eine andere Person verhalten wird und welche Gründe sie für ihr Verhalten hat (Heider, 1977). Diese Anforderung, sich in andere Personen hineinversetzen zu können, wird in der Philosophie auch als das »Problem des Fremdpsychischen« (»problem of other minds«) bezeichnet. Auch in der philosophischen Diskussion wird ausführlich darüber debattiert, wie es uns eigentlich gelingen kann, das Erleben einer anderen Person empathisch nachzuempfinden, obwohl wir doch gar keinen direkten Zugang zum Erleben einer anderen Person haben, so wie wir Zugang zu unserem eigenen Erleben haben.

Die Rolle der Intuition. Eine Besonderheit ist, dass diese verschiedenen Signale, die wir im Folgenden noch näher betrachten werden, oft schnell und »intuitiv« verarbeitet werden, man könnte auch sagen: »auf einen Blick« (mit »intuitiv« ist hier gemeint, dass wir nicht lange aktiv über Argumente oder Gründe, wie wir zu einer bestimmten Entscheidung oder Beurteilung gelangt sind, nachdenken müssen). Nicht-autistische Personen brauchen meist nur wenig Zeit dazu, diese Informationen zu einem Gesamturteil zusammenzufügen. Wir bekommen also üblicherweise sehr schnell einen recht robusten und belastbaren Eindruck davon, was in einer anderen Person vor sich geht und was sie erlebt. Ohne hier im Detail weiter darauf einzugehen, könnte man aus philosophischer Sicht auch die Konzepte von Kausalität und Intentionalität damit in Verbindung bringen. Während das Verhalten von Dingen durch die Einwirkung von physikalischen Kräften basierend auf Naturgesetzen im Sinne der Kausalität »erklärt« werden kann, können Personen nur »verstanden« werden, wenn wir das innere Erleben oder die Intentionalität miteinbeziehen.

1.2 Verbale Kommunikation

Die Alltagskapazität der »Personenwahrnehmung« oder »sozialen Wahrnehmung«, wie Fritz Heider (1977) es genannt hat, ist nun eingeführt. Die Daten oder Signale, die wir dazu verwenden, uns einen Eindruck von einer anderen Person zu machen oder sie »wahrzunehmen«, können unter anderem sprachlich zum Ausdruck gebracht werden. Wir können zu anderen über unser inneres Erleben sprechen, und wir können versuchen, es mit Worten zu beschreiben. Eine sehr einfache und globale Beschreibung der eigenen inneren Verfassung kann etwa mit dem Satz »Mir geht es gut« ausgedrückt werden. Das ist natürlich ein sehr allgemeiner Satz, der viele Fragen offenlässt, und es wird von vielen anderen Faktoren abhängen, ob wir einen solchen Satz ernst nehmen und für wahr halten oder ob wir möglicherweise an der Aufrichtigkeit Zweifel anmelden müssen und dann nachfragen wollen.

Um diesen Bereich sprachlicher Äußerungen konkreter analysieren zu können, müssen wir die verschiedenen Aspekte von Sprache etwas näher unter die Lupe nehmen.

Sprachliche Äußerungen werden in der Sprachwissenschaft oder der Linguistik in der Regel anhand von vier verschiedenen Ordnungsstufen beschrieben.

(1) Die Phonematik oder **Phonologie** beschäftigt sich mit dem Klang von Wörtern.

(2) Die **Syntax** oder Grammatik ist mit der Zusammenstellung von Wörtern in komplexen Äußerungen wie beispielsweise Sätzen befasst. Je nach Stellung in einem Satz kann ein bestimmtes Wort beispielsweise Subjekt oder Objekt eines Satzes sein, und die Bedeutung des Gesagten kann sich stark verändern. Hier ist

ein wichtiger Bestandteil die Nutzung von sogenannten Personalpronomina, die auf den Bezug zu einer Person hinweisen. Personalpronomina der ersten Person Singular beispielsweise wie »ich«, »mir« oder »mein« zeigen an, dass ein bestimmtes Erlebnis zu mir gehört. Sie machen klar, dass ich es bin, der meine Handlungen, Planungen erzeugt, und zwar auf der Basis meiner eigenen Wahrnehmungen, Erinnerungen oder Gedanken. Erlebnisse können so auf eine Person bezogen werden, die eine bestimmte Perspektive auf die Dinge oder Sachverhalte einnimmt: Es entsteht also auf diesem Weg »Perspektivität«.

(3) In der **Semantik** wird dann die Bedeutung von Wörtern oder Sätzen behandelt. So bedeutet das Wort »Stuhl« etwas ganz Bestimmtes und verweist auf Möbelstücke einer bestimmten Bauart, die einem bestimmten Zweck dienen, nämlich dem Zweck, sich darauf setzen zu können.

Als eine wesentliche Eigenschaft sprachlicher Äußerungen, die sie von nicht-sprachlich geäußerter oder nonverbaler Kommunikation abgrenzt, ist festzuhalten, dass Sprache eine vergleichsweise klare und scharf begrenzte Bedeutung hat. So können bestimmte Gegenstände oder Sachverhalte sprachlich präzise beschrieben werden. Man spricht auch davon, dass Sprache über einen sogenannten expliziten, semantischen Code verfügt, also auf einem Regelwerk beruht, das Wörtern bestimmte Bedeutungen zuweist, die sich sprachlich klar äußern lassen. Dies ist nicht in der gleichen Weise für nonverbale Kommunikation der Fall. Diese Beschreibung ist auch nur solange eindeutig, solange keine weiteren Merkmale hinzukommen, die die Bedeutung des Gesagten in einem anderen Licht erscheinen lassen könnten. Zu diesen anderen Merkmalen gehören unter anderem die Art und Weise, wie die Person das Gesagte zum Ausdruck bringt, daneben aber auch die Situation und der Kontext, in dem gesprochen wird. Schließlich kann auch das Vorwissen über die Person, die spricht, unsere Interpretation dessen, was die Person sagt, verändern. Sieht man aber zunächst von diesen zusätzlichen Merkmalen ab, so ist Sprache vergleichsweise klar und eindeutig.

(4) Schließlich gibt es als vierten Bereich die sogenannte **Pragmatik**, die sich auf eine ganze Reihe von verschiedenen Aspekten unserer sprachlichen Äußerungen richtet, die hier von besonderem Interesse sind. Ein Phänomen, das in der Pragmatik verhandelt wird, ist die sogenannte Prosodie. Damit ist die Art und Weise oder der Tonfall gemeint, mit der wir bestimmte Wörter aussprechen. So kann eine bestimmte Wortäußerung, beispielsweise »Mir geht es gut« oder »Das sieht schön aus«, so ausgesprochen werden, dass wir den Eindruck gewinnen müssen, dass die Person, die diese Äußerung macht, tatsächlich den betrachteten Gegenstand schön findet. Dabei ist unerheblich, ob sie sich auf das eigene Befinden oder auf einen bestimmten Gegenstand bezieht, wie in den beiden Sätzen angedeutet. Diese Sätze können aber auch so ausgesprochen werden, dass wir den Eindruck bekommen, die Person habe es vielleicht gar nicht so gemeint, wie sie es gesagt hat. Die Art der Aussprache oder die sogenannte Prosodie allein kann bereits erheblichen Einfluss darauf nehmen, ob wir einen Satz in der einen oder der anderen Weise verstehen. Die Äußerung »Mir geht es gut« ist dann zu bezweifeln, wenn die Person, die diesen Satz sagt, vielleicht traurig oder niedergeschlagen wirkt. In eigenen Untersuchungen konnten wir zeigen, dass Menschen mit Autismus Schwierigkeiten damit haben, subtile Veränderungen in der Aussprache von Wörtern zu erkennen.

Ironie. Klingt eine Satzäußerung so, dass wir das Gegenteil von dem annehmen müssen, was eine Person tatsächlich gesagt hat, sprechen wir von Ironie. Die Person, die »Das sieht schön aus« gesagt hat, kann tatsächlich genau der gegenteiligen Meinung sein: Sie kann der Meinung sein, dass der betrachtete Gegenstand oder Sachverhalt gar nicht schön, sondern im Gegenteil hässlich aussieht. Das kann bereits durch die Art der Äußerung und durch den Tonfall erkennbar werden. Noch komplizierter wird es, wenn auch der Tonfall keine Hinweise mehr oder noch keine Hinweise für die ironische Verwendung bietet, sondern die Ironie nur erkannt werden kann, wenn verschiedene andere Komponenten miteinbezogen werden wie nonverbale Kommunikation, die besondere Situation, in der sich die

Äußerung abspielt, oder das Vorwissen über die Person, die diese Äußerung tut. Dann müssen wir eine ganze Fülle von Daten zusammenführen und zu einem Gesamteindruck integrieren. Das wird in den folgenden Kapiteln genauer beschrieben und im Abschnitt 1.6 näher ausgeführt.

Das Phänomen der Ironie leitet über zu einer ganzen Gruppe von Phänomenen, die in der Pragmatik verhandelt werden. Dabei handelt es sich unter anderem um übertragene Bedeutungen oder Metaphern (vgl. Beispielkasten). Dazu gehören auch Witze und ähnliche Sprachäußerungen.

Beispiel

Wenn ein Kamel als »Wüstenschiff« bezeichnet wird, dann soll damit nicht zum Ausdruck gebracht werden, dass das Kamel eigentlich kein biologisches Lebewesen, sondern in Wahrheit ein technisch hergestelltes Fahrzeug, nämlich ein Schiff ist. Zudem wäre ein Schiff in einer Gegend, in der es weit und breit kein Wasser gibt, auch eine recht überflüssige Einrichtung. Vielmehr ist hier eine übertragene Bedeutung gemeint: So wie uns das Schiff hilft, große Distanzen über das Meer hinweg zu überbrücken, so kann das Kamel Menschen helfen, im unwegsamen Gelände der Wüste weite Strecken zurückzulegen.

Theory-of-Mind

Innerhalb der sprachlichen Domäne ist die Fähigkeit zur sogenannten »Theory-of-Mind« ausführlich untersucht. Mit der Theory-of-Mind ist die Fähigkeit gemeint, die es uns erlaubt, uns in andere Personen hineinzuversetzen oder anderen Personen eine bestimmte innere Verfassung zuzuschreiben, die einen Gedanken, ein Gefühl oder eine bestimmte Wahrnehmung beinhalten kann. Zweck dieser Leistung ist das Erklären oder die Vorhersage des Verhaltens anderer Personen. (Der Begriff »Theory-of-Mind« ist mit »Theorie des Geistes« nur sehr unzulänglich übersetzt, sodass auf eine deutsche Übersetzung meist verzichtet wird.)

Diese Fähigkeit kann gut anhand von Textmaterial untersucht werden. Bei diesen Untersuchungen wird eine kurze Geschichte berichtet, und der Leser wird um eine Einschätzung zu einer anderen Person gebeten. Das folgende Beispiel demonstriert das Prinzip der Aufgaben (vgl. Kasten).

> **Beispiel**
>
> »Ein Räuber, der soeben ein Geschäft ausgeraubt hat, flüchtet. Als er nach Hause rennt, sieht ein Polizist, wie er einen Handschuh verliert. Der Polizist weiß nicht, dass der Mann ein Räuber ist, er will ihm nur sagen, dass er einen Handschuh verloren hat. Aber als der Polizist dem Räuber zuruft: ›Halt, warten Sie!‹, dreht sich der Räuber um und ergibt sich. Er nimmt die Arme nach oben und gibt zu, dass er den Ladendiebstahl begangen hat.«
>
> Die nachgeordnete Frage an den Leser der Geschichte lautet: »Warum tut der Räuber das?« Sie könnten jetzt kurz selbst darüber nachdenken, was eine angemessene Antwort ist.

Damit wird der Leser also gebeten, sich in die Position einer der Personen in der kurzen Geschichte hineinzubegeben. Der Leser kann das Verhalten des Räubers nur sinnvoll erklären, wenn er dessen Wissen oder Einstellung nachvollzieht und versteht, dass sich der Räuber vom Polizisten ertappt fühlt. Diese Geschichte erfordert also das Vermögen des Lesers, sich in den Räuber hineinzuversetzen oder die sogenannte Theory-of-Mind-Fähigkeit anzuwenden. Das Prinzip dieser Aufgaben beruht also auf dem Wissensvorsprung, den der Leser gegenüber den Personen aus der Geschichte hat. Während der Leser darüber unterrichtet wird, dass der Polizist nicht weiß, dass der andere ein Räuber ist, weiß das der Räuber nicht. Der Räuber vermutet also, dass der Polizist ihn als Räuber identifiziert hat. Entsprechend verhält er sich auch, sodass der Leser dieser kurzen Geschichte annehmen kann, dass der Räuber sich ertappt fühlt. (Eine weniger angemessene Antwort wäre etwa die, dass der Räuber seine Hände hochhält, um dem Polizisten zu zeigen, dass ihm ein Handschuh fehlt.) Der Leser versteht aufgrund seines Wissensvorsprungs, dass der Räuber die Situation falsch einschätzt. Daher nennt man derartige Aufgaben auch »False-belief«-Aufgaben. Nur wenn die Versuchsperson über diesen Wissensvorsprung verfügt, kann sie einer anderen Person (hier dem Räuber) eine für die Person angemessene, aber der tatsächlichen Situation unangemessene oder »falsche« Überzeugung zusprechen.

Empathie. Derartige False-belief-Aufgaben kann man auch mittels einfacher cartoonartiger Zeichnungen darstellen und präsentieren (vgl. Abb. 1.1, Abschn. 1.8). Zeichnungen haben den Vorteil, dass sie nicht auf schriftsprachlichen Fähigkeiten beruhen, sodass man diese Untersuchungen auch mit Vorschulkindern durchführen kann. Untersuchungen zeigen, dass Kinder in unserem Kulturkreis mit etwa drei bis vier Jahren über die Fähigkeit zur »Theory-of-Mind« verfügen und diese False-belief-Aufgaben erfolgreich bearbeiten können. Interessanterweise ist das Erlernen dieser Zuschreibungsfähigkeit kulturabhängig (Abschn. 1.7).

Es geht also bei diesem Typ von Aufgaben immer darum, die tatsächlichen Sachverhalte und Gegebenheiten von den Meinungen oder Überzeugungen zu trennen, die Personen von diesen Sachverhalten haben. Über den Trick, einen solchen Wissensvorsprung einzubauen, gelingt es, beides zu unterscheiden. Man kann also differenzieren, ob eine Versuchsperson nur den Sachverhalt wahrnimmt oder auch die Meinung oder Überzeugung einer Person zu einem Sachverhalt. Es ist allerdings fraglich, ob uns derartige Analysen im Alltag tatsächlich oft begegnen oder ob es sich hierbei nicht vielmehr um eine isolierte Tätigkeit handelt, die meist ergänzt wird durch nonverbale Kommunikation und die situativen Kontexte, in denen sie erforderlich wird. Die Theory-of-Mind-Fähigkeit ist also eine sehr wichtige Komponente, die uns erlaubt, eine Vorstellung des inneren Erlebens von anderen Personen zu bilden, aber sie ist zu trennen von der Empathie (vgl. Kasten).

> **Definition**
>
> Unter Empathie versteht man die Fähigkeit, das innere Erleben einer anderen Person, das sich aus Gefühlen, Gedanken, Wün-

schen oder Handlungsabsichten zusammensetzen kann, nachzuempfinden im Sinne eines »Einfühlungsvermögens«.

Es ist durchaus denkbar, dass Personen über eine gut ausgebildete reflexive Fähigkeit zur Theory-of-Mind verfügen, dass sie also sehr gut verstehen, was andere Menschen wünschen und planen. Wissenschaftliche Untersuchungen haben gezeigt, dass erwachsene Menschen mit Autismus ohne Lernbehinderung derartige Aufgaben bewältigen können. Vermutlich kann man also lernen, derartige Überzeugungen anderen Personen zuzuschreiben, solange diese Zuschreibungen durch schlussfolgerndes Denken erreicht werden können. Damit muss aber nicht zwangsläufig auch ein intuitives, automatisch stattfindendes, empathisches Mitfühlen oder Nachempfinden dessen einhergehen, was der andere erlebt, wünscht oder plant. Um auch andere Formen des Sich-Hineinversetzens mitaufzunehmen, wird oft der Ausdruck des »Mentalisierens« (»Mentalizing«) benutzt, er bezieht sich auch auf andere Formen des Sich-Hineinversetzens auf wie etwa nicht-sprachlich vermittelte Signale, die im nächsten Abschnitt 1.3 beschrieben werden.

1.3 Nonverbale Kommunikation

Die Überlegungen zu sprachlichen Äußerungen lenken nun unsere Aufmerksamkeit auf nonverbale Kommunikation, also auf all solche Signale, die nicht sprachlich ausgedrückt werden. Die hohe Relevanz, die nonverbale Kommunikation für unseren Alltag hat, lässt sich auch mit einem kleinen Experiment illustrieren. Wir können eine beliebige Person anschauen und versuchen, uns einen »ersten Eindruck« zu verschaffen, uns also vorzustellen, was in dieser Person vorgeht, was sie denkt oder wie sie sich gerade fühlt. Bei den meisten von uns stellt sich sehr schnell – vermutlich in wenigen Sekunden – und gewissermaßen automatisch ein Eindruck ein, der meist zuverlässig ist. Oft glauben wir zu wissen, was unser Gegenüber gerade beschäftigt, oder zumindest, ob er oder sie sich wohl fühlt oder nicht. Danach richten wir auch unser Verhalten aus. Wir versuchen mehr oder weniger ständig, uns auf diese Weise auf andere Personen einzustellen.

Ohne Worte sprechen. Zu den Signalen, die wir zu diesem Zweck genau anschauen müssen, gehören Positionen oder Bewegungen des Körpers, also Gestik, Bewegungen des Gesichts, also Mimik, und schließlich das Blickverhalten. Das zuvor gewählte Phänomen des Lächelns ist ein gutes Beispiel für nonverbale Kommunikation, bei der zwar nichts gesprochen, aber dennoch etwas mitgeteilt oder »gesagt« wird. Nonverbale Kommunikation enthält zwar auch ein Signal für den Betrachter bzw. eine Botschaft. Diese Botschaft kann aber nicht in einer ähnlich präzisen Weise wie in der sprachlichen Domäne vermittelt werden. Folgt man wissenschaftlichen Untersuchungen zu diesem Thema, scheint es so zu sein, dass wir etwa zwei Drittel unserer gesamten Kommunikation auf nonverbale Signale gründen. Das ist allerdings nur ein sehr grober Schätzwert, der außer Acht lässt, dass es viele verschiedene nonverbale Signalsysteme gibt und noch andere Aspekte wie den situativen Kontext (Abschn. 1.4), das Vorwissen über die Person (Abschn. 1.5) und gegebenenfalls zugleich vorgenommene sprachliche Äußerungen (Abschn. 1.6), die ebenfalls Einfluss auf die Gesamteinschätzung haben. Diese weiteren Aspekte werden später noch dargestellt.

Gestik und Mimik unterstreichen das Gesagte. Bereits bestimmte Stellungen des Kopfes können Signale der Akzeptanz oder Abneigung gegenüber dem anderen zum Ausdruck bringen. Gestische Signale, die über Bewegungen des Körpers ausgedrückt werden, können dazu dienen, das Gesagte inhaltlich zu unterstreichen. So kann etwa die Größe eines Gegenstands, der beschrieben wird, gestisch angedeutet werden, um eine bildliche Vorstellung vom Gesagten zu vermitteln. Oder es können durch Gesten bestimmte Betonungen zum Ausdruck gebracht werden. Gesten können aber auch der direkten Kommunikation mit anderen dienen, beispielsweise in Zeigegesten. Wenn eine Person mit einem Finger auf etwas deutet, will sie in aller Regel einer anderen Person etwas zeigen. Solche Zeigegesten werden noch deutlicher und werden noch weiter unterstrichen durch entsprechendes Blickverhalten. Wenn etwa eine Person auf einen gegebenen Gegenstand zeigt und zugleich eine

andere Person anschaut, bedeutet dies in der Regel, dass sie eine andere Person auf diesen Gegenstand aufmerksam machen will.
Ritualisierte Gesten. Es gibt dann auch einen großen Bereich ritualisierter Gesten, die oft kulturabhängig benutzt werden und daher auch nur innerhalb bestimmter Kulturen verstanden werden. Hier sind etwa bestimmte Tanzbewegungen anzuführen, die auch rituellen Charakter in religiösen Zusammenhängen gewinnen können.
Emblematische Gesten. Schließlich gibt es sogenannte emblematische Gesten, z. B. das »Victory«-Zeichen, bei dem Zeige- und Mittelfinger ausgestreckt und gespreizt werden, um ein »V« zu bilden, oder der nach oben ausgestreckte Daumen, der so etwas wie »Ok!« oder »Alles in Ordnung!« ausdrückt. Diese emblematischen Gesten haben also auch eine semantische Bedeutung.
Interpretation von Gesichtsausdrücken. Ein weiteres wichtiges Signalsystem ist der Gesichtsausdruck oder die Mimik, die Trauer, Freude oder andere Emotionen unmittelbar zum Ausdruck bringen kann. In erster Linie wird uns hier das Lächeln einfallen, das uns ganz zu Anfang schon als ein elementarer Bestandteil in der Beziehung und dem Umgang mit anderen Menschen begegnet ist. Insbesondere der Wissenschaftler Paul Ekman hat seit Jahrzehnten ausführliche psychologische Untersuchungen dazu vorgelegt. Er hat mit Mitarbeitern ein sehr detailliertes Untersuchungsschema entwickelt, das zeigt, welche Gesichtsmuskeln bei welchen Emotionen angespannt werden, sodass den sogenannten Basisemotionen Freude, Trauer, Ärger, Angst, Zorn, Ekel, Überraschung, Verachtung ganz bestimmte Gesichtsausdrücke zuzuordnen sind (Ekman et al., 1980). Diese Untersuchungen haben auch bereits zur Entwicklung von Trainingssoftware geführt, mit der man die Bedeutung von Gesichtsausdrücken regelrecht lernen kann. Ein Lächeln etwa bedeutet in der Regel eine positive, freudige Stimmungslage und kann auch den Wunsch zur Kontaktaufnahme mit dem anderen anzeigen. Allerdings ist unser Alltag oft komplizierter als es diese Art des Lernens von Gesichtsausdrücken nahelegt, die ja eher dem Lernen von Vokabeln einer fremden Sprache ähnelt. Denn ob dieser lächelnde Gesichtsausdruck nur einen künstlichen Charakter hat, weil die Person immer fröhlich und zufrieden erscheinen möchte, etwa im Fall von Politikern oder

Schauspielern, ist aufgrund des Gesichtsausdrucks selbst oft nicht eindeutig zu entscheiden, sondern nur dann, wenn wir auch andere Signalsysteme miteinbeziehen.

Blickverhalten. Einen anderen Aspekt stellt der Bereich des Blickverhaltens dar. Die Blickrichtung und die Blickdauer, die wir bei unseren Mitmenschen besonders gut erkennen, können einem Beobachter wichtige Eindrücke über das Interesse einer anderen Person vermitteln. Wenn jemand einen bestimmten Gegenstand über Sekunden anschaut, bedeutet das in der Regel, dass diese Person den angeblickten Gegenstand interessant findet und daher genau studiert. Wenn ein Gegenstand nur für Bruchteile einer Sekunde angeschaut wird, dann kann man daraus zwar ableiten, dass die Person diesen Gegenstand zur Kenntnis genommen hat, um ihn einer kurzen Prüfung zu unterziehen (etwa hinsichtlich seiner Gefährlichkeit oder auch seiner Attraktivität), ihn aber nicht weiter interessant findet. Welche Motivation zum Anschauen des Gegenstandes besteht, ist dabei aber nicht ohne Weiteres zu erkennen. Hier muss man wiederum die äußeren Rahmenbedingungen miteinbeziehen, unter denen dieses Verhalten auftritt, oder aber das Vorwissen über die Person.

Dieses Blickverhalten ist aber nicht nur auf Gegenstände beschränkt, sondern kann sich auch auf Personen richten. Eine besondere Facette des Blickverhaltens stellt also der »soziale Blick« dar. Schaue ich eine andere Person an, so kann das damit zu tun haben, dass ich diese interessant oder sympathisch finde. Es kann aber auch sein, dass ich der anderen Person über mein Blickverhalten etwas »sagen« möchte. Diese Botschaft kann eine Interessensbekundung sein, ein Signal, um ihr meine Sympathie oder ein Interesse an der Kontaktaufnahme anzuzeigen.

Komplexe Kommunikation durch Blickverhalten. Es kann schließlich sogar eine komplexe Beziehung zwischen zwei Personen und einer weiteren Person oder einem Gegenstand aufgebaut werden, die nur auf dem Blickverhalten beruht. Da hier drei Partner eine Rolle spielen, spricht man auch von triadischer Interaktion (anstelle von dyadischer Interaktion bei zwei Partnern). Wenn etwa eine erste Person abwechselnd eine andere, zweite Person und einen Gegenstand anschaut und dabei von der zweiten Person beobachtet wird, wird sich bei der zweiten Person schnell der Eindruck einstellen, dass die erste Person ihr etwas zeigen will, nämlich den Gegenstand, auf den sie mit ihrem Blick zu »zeigen scheint«. Die zweite Person wird dann nach wenigen Blickwechseln auch zum Gegenstand schauen. Diese erfolgreiche Zeigegeste, die nur über das Blickverhalten entstanden ist, wird als »gemeinsame Aufmerksamkeit« (»joint attention«) bezeichnet. Mit anderen Worten könnte man auch sagen, dass es uns über diese Art von Blickverhalten gelingt, die Aufmerksamkeit einer anderen Person zu »manipulieren«. Das Besondere ist hier, dass diese Beeinflussung der Aufmerksamkeit anderer ganz ohne Worte funktioniert. Das Blickverhalten einer Person lässt somit eine Reihe von Rückschlüssen über ihre Gedanken, Gefühle oder Wünsche zu.

»Soziales Fernmeldesystem«. Anatomisch ist dabei von besonderem Interesse, dass das Auge des Menschen einige Besonderheiten aufweist im Vergleich zu den nächsten Verwandten im Tierreich, nämlich den nicht-menschlichen Primaten. Die Augenöffnung ist beim Menschen größer, außerdem weist nur das Auge des Menschen eine weiße Sklera auf, die einen hohen Kontrast zur Iris bildet. Das hat zur Folge, dass die Blickrichtung einer anderen Person auch über weite Entfernungen hinweg erkennbar bleibt. Aus evolutionärer Sicht lässt sich darüber spekulieren, ob es sich dabei um eine Art »soziales Fernmeldesystem« handelt, das uns möglicherweise einen evolutionären Vorteil verschafft haben könnte, weil es uns zu einer Möglichkeit der lautlosen Kommunikation über weite Strecken hinweg verholfen hat.

Das nonverbale Kommunikationsverhalten basiert also auf verschiedenen Verhaltensweisen, die noch nicht alle gründlich erforscht sind und erst recht in ihrem komplexen Zusammenwirken noch nicht hinreichend verstanden sind. Nonverbale Signale können Dialog-Funktionen und sozio-emotionale Funktionen übernehmen. Sie beruhen vermutlich auf anderen psychologischen Prozessen als sprachlich vermittelte Informationen. Sprachliche Informationen haben eine vergleichsweise klare semantische Bedeutung, während nonverbale Signale vergleichsweise eher unscharf oder »unsicher« in der Bedeutung sind. Nonverbale Informationen haben in der Regel aber eine direktere und stärkere Wirkung auf unsere Gefühle oder Emotionen.

1.4 Situation und Kontext

Unsere Interpretation von sprachlich und nicht-sprachlich geäußerten Signalen, die der Kommunikation dienen, kann auch erheblich von der Situation oder vom Kontext abhängen. Die Interpretation unserer Wahrnehmungen und der Effekt auf unsere Handlungen hängen zu einem beträchtlichen Maß von diesem Kontext ab.

> **Beispiel**
>
> **Kuleshov-Effekt**
> Ein sehr interessantes Beispiel dafür ist der sogenannte Kuleshov-Effekt, der auf den russischen Filmemacher Lev Kuleshov zurückgeht. Zeigt man ein und dieselbe Einstellung eines neutralen Gesichts eines Schauspielers in drei verschiedenen Kontexten, nämlich in unmittelbarer Nähe zu einer Frauenleiche, zu einem spielenden Kind oder zu einem Teller Suppe, so wird das Gesicht des Schauspielers, das sich tatsächlich überhaupt nicht verändert hat, ganz unterschiedlich beurteilt, nämlich etwa als das Gesicht eines Trauernden oder eines Hungrigen. So verhalten auch wir uns in Alltagssituationen sehr unterschiedlich gegenüber anderen – je nachdem, in welcher Situation die Interaktionen stattfinden.

Grundsätzlich sollten wir zwei große Gruppen von Situationen oder Kontexten unterscheiden: standardisierte und ungeplante Situationen.

Standardisierte Situationen
Die eine Gruppe von Situationen sind die, deren Ablauf wir kennen oder vorhersehen können, weil sie bestimmten Regeln folgen. So wird das Verhalten gegenüber einem Arzt in einem Arzt-Patienten-

Gespräch bekannten Abläufen folgen und sich auf bestimmte Inhalte richten, die sich auf die gesundheitliche Verfassung der Person beziehen. Die Frage »Wie geht es Ihnen?« wird in einem solchen Kontext also unzweifelhaft zu verstehen sein, und der Arzt wird sich sehr ausführlich mit der körperlichen und geistigen Befindlichkeit des Patienten beschäftigen.

Ungeplante Situationen
Eine völlig andere Situation entsteht, wenn uns beispielsweise genau die gleiche Frage außerhalb der Arztpraxis gestellt wird. Die fragende Person erwartet dann in der Regel keine solche ausführliche Antwort wie der behandelnde Arzt. Oft genug wird ein lapidares »Danke, gut!« oder eine ähnliche Antwort erwartet. Die Frage hatte dann eher die Funktion einer etwas ausgedehnten, freundlichen Begrüßung. Dies ist sehr gut im Englischen zu erkennen, wo auf die Frage »How do you do?« oder »How are you?« nicht die ausführliche Schilderung des eigenen Befindens, sondern nur eine Grußformel erwartet wird. Damit wird Höflichkeit oder Wertschätzung gegenüber dem anderen zum Ausdruck gebracht, aber es ist nicht wirklich eine ausführliche Unterhaltung über das eigene Befinden und das der anderen Person beabsichtigt. Ist man sich dessen nicht bewusst, können schnell Missverständnisse in Alltagssituationen auftreten. Selbst der Arzt, der seinem Patienten in einem informellen Kontext außerhalb der Arztpraxis begegnet, wird üblicherweise auf diese Frage keine Antwort erwarten, die in ähnlicher Weise ausführlich ausgestaltet ist wie im Arzt-Patienten-Gespräch.

Small-Talk. Diese zweite Gruppe von Situationen oder Kontexten ist damit schon gut illustriert: Es handelt sich um Situationen, die wir in ihrem Ablauf nicht gut vorhersagen können, weil es keine allgemein verbindlichen Ablaufformate gibt. Dies trifft ganz besonders für sogenannte »Small-Talk«-Gespräche zu. So kann man sich auf einer Party treffen oder auf einer Vernissage in einer Galerie mit einem Glas Sekt in der Hand, oder man wird in einem Taxi gefahren. Man trifft dann auf einen oder mehrere andere Menschen, die man nie zuvor gesehen hat und vielleicht auch nie wieder treffen wird. Die hier geführten Gespräche haben also nur die spezifische Situation des Aufeinandertreffens oder andere, spontan geäußerte verbale oder nonverbale Signale zur Verfügung, um zu einem Gesprächsthema zu kommen. Man wird dann vielleicht über die ausgestellten Gemälde oder das Wetter außerhalb des Taxis sprechen. Die Gespräche dienen meistens der Kontaktaufnahme mit einer anderen Person. Da es sich aber oft genug um ganz unbekannte Personen handelt, sind diese Gesprächssituationen nicht vorhersehbar und nicht planbar. Gerade beim Small-Talk wird wieder deutlich, dass diese kommunikativen Situationen ein Hineinversetzen in andere erforderlich machen. Der Gesprächspartner wird den Small-Talk in der Regel nur dann als angenehm empfinden, wenn er Gesprächsthemen oder den Ablauf des Gesprächs mitbestimmen kann. Das macht es aber erforderlich, genau diese Wünsche des Gesprächspartners auch in die eigene Gesprächsführung mit einzubeziehen.

»Mischformen« von Gesprächen. Besondere Herausforderungen sind solche Gesprächsformen, in denen sich formale und informelle Anteile mischen, in denen also ein Teil des Gespräches allgemein bekannten Regeln folgt und ein anderer Teil keinen standardisierten Regeln folgt. Ein gutes Beispiel sind hier Bewerbungsgespräche. Da man die intellektuelle Kompetenz des Bewerbers kennenlernen möchte, werden sicher hauptsächlich sachorientierte Fragen zum Bildungs- und Ausbildungshintergrund sowie zu beruflichen Vorerfahrungen erfragt. Diese Fragen können sachlich analysiert und auf der inhaltlichen Ebene beantwortet werden. Sie sind nicht weiter geheimnisvoll und man kann sich gut darauf vorbereiten.

Daneben sind Arbeitgeber aber natürlich auch immer an sozialen Fertigkeiten oder der sogenannten Teamfähigkeit eines Bewerbers interessiert und daran, wie gut sich die Person in Gruppen einordnen kann und ob die Person auch in einer Gruppe nicht nur fachlich akzeptiert, sondern auch, wie sympathisch sie von den anderen Gruppenmitgliedern erlebt werden wird. Viele Arbeitsprozesse finden heute in Gruppen statt oder erfordern zumindest die Absprache mit anderen Berufskollegen. Um die Teamfähigkeit eines Bewerbers herauszufinden, können Fragen auftauchen, die sachlich gar nicht mehr sinnvoll zu beantworten sind, etwa die Frage: »Haben Sie den Weg zu uns gut gefunden?« Diese Frage ist – inhaltlich gesehen – sinnlos, weil der Weg ja offensichtlich gefunden worden sein muss, denn sonst würde sich der Bewerber ja nicht am richtigen Ort zur richtigen Zeit eingefunden haben. Eine sachliche Antwort könnte nur in einem lapidaren »Ja« bestehen. Ob es darüber hinaus wichtig ist, den Weg »gut« gefunden zu haben, könnte auch Anlass zum Nachdenken sein, wenn man die Frage wörtlich nimmt, wird aber für den Interviewpartner, der die Frage gestellt hat, nicht wichtig gewesen sein. Hier wird also offenbar irgendeine andere Form der Antwort erwartet, die dem Fragenden Auskunft darüber gibt, wie freundlich oder höflich die befragte Person antworten wird, ohne dass es auf den Sachinhalt ankommt. In aller Regel wird man die besonders gute Wegbeschreibung loben oder sich für die Nachfrage bedanken.

> **Beispiel**
>
> Ein besonders klares Beispiel für ein »Gespräch«, in dem etwas anderes gemeint ist als tatsächlich »wortwörtlich« erfragt wird, wird durch die Frage »Können Sie mir sagen, wie spät es ist?« eingeleitet. Wenn nur die Frage beantwortet wird, so wie sie gestellt ist, wäre sie entweder mit einem »Ja« oder einem »Nein« zu beantworten: Entweder man kann es sagen oder nicht, z. B. weil man eine Uhr bei sich trägt oder nicht. Natürlich ist hier aber etwas anderes gemeint, die Frage wird in der Regel mit der Nennung der Uhrzeit beantwortet. Solche Arten von Floskeln oder Formeln lernen wir üblicherweise sehr früh, sodass wir diese Fragen als Erwachsene mühelos in der erwünschten Weise beantworten können und über eine »dahinter liegende Bedeutung« der Frage meist nicht mehr nachdenken müssen.

Kontext einbeziehen. Der soziale Kontext kann also oft wichtige zusätzliche Informationen liefern oder uns auf unsere eigene Position vorbereiten, die wir sinnvollerweise einnehmen können vor einem Gespräch. Er hilft überall dort weiter, wo wir keine ausreichende »Datenlage« vorfinden, wo also verbale und nonverbale Signale nicht ausreichen, um einen hinreichend zuverlässigen Eindruck von unserem Gegenüber zu erwerben. Hierbei müssen wir oft auf unser persönliches Hintergrundwissen zurückgreifen, das uns helfen kann, angemessene Deutungen zu entwickeln.

1.5 Vorwissen über Personen

Eine sehr wichtige Quelle für die angemessene Interpretation sozialer Situationen stellt unser Vorwissen über die andere Person, mit der wir interagieren oder der wir begegnen, dar. Dieses Vorwissen wird maßgeblich unseren Eindruck beeinflussen, den wir von einer sprachlichen oder nicht-sprachlichen Äußerung einer Person in einer bestimmten Situation gewinnen. Es macht doch ganz offensichtlich einen großen Unterschied, ob ich mit einer mir sehr nahestehenden Person (z. B. Lebenspartner, Familienangehörige oder sehr gute Freunde) interagiere oder ob ich einer Person begegne, die ich nicht besonders gut oder gar nicht kenne. Das besondere Wissen, das wir bei uns vertrauten Personen benutzen, ändert den gesamten Eindruck, der in uns ausgelöst wird.

> **Beispiel**
>
> Bei einer uns nahestehenden Person wissen wir meist sehr gut, wie sich die Person verhalten wird, wenn ein unerwartetes Ereignis eintritt, z. B. bei der Verspätung eines Zuges. Hier kann man aufbrausend oder ärgerlich reagieren oder etwa ausgeglichen und tolerant. Wir haben die Person schon oft in der gleichen oder einer ähnlichen Situation erlebt und können das Verhalten und auch das innere Erleben der Person aufgrund unserer früheren Erfahrungen mit ihr gut vorhersagen. Bei einer völlig fremden Person könnten wir nur vage Vermutungen anstellen, wie sie sich fühlt und verhalten wird.

Persönlichkeitstheorien. Dass wir überhaupt eine solche Vermutung haben können, beruht auf der Erfahrung, dass sich einzelne Menschen in ähnlichen, wiederkehrenden Situationen oft in ähnlicher Weise verhalten. Es gibt also so etwas wie eine Neigung einer Person zu bestimmten Verhaltensweisen unter bestimmten situativen Rahmenbedingungen. Psychologisch wird auch der Begriff der Persönlichkeit benutzt, um genau diese Verhaltensdispositionen zu beschreiben. Es gibt eine ganze Fülle von sogenannten Persönlichkeitstheorien, die versuchen, bestimmte Merkmale des Verhaltens von Personen zu katalogisieren und zu kategorisieren. Zeigen Personen immer wiederkehrende Verhaltensweisen, unter denen sie selbst leiden, oder die ihnen mittelbar oder unmittelbar selbst Schaden zufügen, kann aus psychiatrischer Sicht auch eine sogenannte Persönlichkeitsstörung vorliegen. Persönlichkeitsstörungen können im diagnostischen Prozess mit Autismus-Spektrum-Störungen verwechselt werden und müssen daher von Autismus abgegrenzt werden im Sinne von sogenannten Differenzialdiagnosen (Abschn. 4.5.1).

Introversion und Extroversion. Ein vermutlich sehr bekanntes Beispiel ist hier die Differenzierung von Introversion oder Introvertiertheit gegenüber Extraversion oder Extrovertiertheit. Introvertiertheit bedeutet so viel wie »Wendung nach innen« im Gegensatz zur Außenwendung in der Extrovertiertheit. Introvertierte Menschen sind in der Regel eher zurückhaltend, nachdenklich und beobachten eher die anderen in Gruppengefügen, als dass sie selbst eine aktive Rolle in der Gestaltung der Gruppenprozesse übernehmen würden. Im Gegensatz dazu sind extrovertierte Menschen meist aktiv und stehen stärker im Vordergrund. In Gruppen übernehmen sie oft eine aktive Rolle. Wir alle kennen Menschen, die wir gut der einen oder anderen Gruppe zuordnen können. Bei manchen anderen Personen funktioniert es vielleicht weniger gut, weil sie sich in manchen Umgebungen eher introvertiert, in anderen eher extrovertiert verhalten.

Der andere – nur meine Simulation? Verschiedene Forscher behaupten, dass die Fähigkeit, sich erfolgreich in andere hineinzuversetzen, im Wesentlichen darauf beruht, dass wir das Erleben anderer Personen simulieren: Wir stellen uns also einfach vor, wie es uns selbst in einer gegebenen Situation gehen würde, und nehmen dann an, dass es der anderen Person ebenso geht. Da ein aktives und bewusst vorgenommenes Simulieren aber zeitlich viel zu aufwändig wäre, wird vermutet, dass wichtige Teile dieses Simulierens automatisch oder unbewusst, und damit schnell, ablaufen. So plausibel das zunächst anmutet, so hat dieses Simulieren bei fremden Personen in mir unbekannten Situationen auch Grenzen: Wenn ich etwa auf Personen in fremden Kulturkreisen treffe, kann ich auf eigene Vorerfahrungen nicht mehr sinnvoll zurückgreifen. Wir benötigen also offenbar auch ein Wissen von Regeln und Normen über das Verhalten von Menschen in bestimmten Situationen, das unabhängig ist von den eigenen Erlebnissen und der eigenen Situation und Befindlichkeit. Dieses Wissen kann dann bei den in Abschnitt 1.2 besprochenen False-belief-Aufgaben angewandt werden. Hier wird allgemein verfügbares Wissen darüber, wie sich Personen in bestimmten sozialen Rollen (z. B. als Räuber oder als Polizist) verhalten, genutzt, um das Verhalten dieser Personen in einer gegebenen konkreten Situation vorherzusagen oder zu erklären. Diese beiden Aspekte, nämlich die Simulation und das allgemeine Wissen über das Verhalten von Personen, werden von den Philosophen Albert Newen und Tobias Schlicht in sogenannten Personenmodellen integriert (Newen & Schlicht, 2009). Danach bauen wir aufgrund von Wahrnehmungen und Erinnerungen sogenannte Personenmodelle auf, die nonverbale Informationen wie Bewegungen, Stimme oder Gesichtsausdruck, aber auch typische geistige Eigenschaften oder Fähigkeiten eines Menschen aufnehmen.

Explizite und implizite Verarbeitung. Diese Informationen können entweder verbal eindeutig beschrieben werden – wir sprechen dann von »expliziter« Verarbeitung – oder sie können es nicht – wir sprechen dann von »impliziter« Verarbeitung. Dieses »explizite« Wissen umfasst theoretische Sachverhalte wie etwa mathematische Sätze oder Naturgesetze. In unserem Zusammenhang sind sprachliche Äußerungen einer Person gemeint, die über ihr eigenes inneres Erleben berichtet. Wenn sich Tätigkeiten oder Erlebnisse verbal nicht eindeutig beschreiben lassen, dann nennen wir das »implizit«. Es umfasst beispielsweise erlernte Bewegungsabläufe (Fahrradfahren, Spielen eines Musikinstrumentes) und nonverbale Verhaltensweisen, die wir meist nur schlecht in Worte fassen können. So ist es schwierig, eine Leistung wie Fahrradfahren sprachlich zu beschreiben. Ebenso haben wir Schwierigkeiten, einen Gesichtsausdruck im engen Wortsinn zu lesen. Wir können zwar den Gesichtsausdruck einer Person sehr detailliert beschreiben, aber die Bedeutung, die der

Gesichtsausdruck hat, ist nicht in der gleichen Weise detailliert beschreibbar.

Diese beiden Formate lassen sich sehr gut in Bezug zu sprachlichen und nicht-sprachlichen Äußerungen in den Abschnitten 1.2 und 1.3 setzen. Allerdings ist »implizit« nicht identisch mit »nicht-sprachlich« und »explizit« nicht identisch mit »sprachlich«. So kann etwa auch eine Geste eine klare Bedeutung haben, wie z. B. das »Victory«-Zeichen. In einer sprachlichen Äußerung kann »Bedeutung zwischen den Zeilen« enthalten sein im Sinne von impliziter Bedeutung.

> **Beispiel**
>
> In unseren wissenschaftlichen Untersuchungen sollen die Versuchspersonen in der Regel naiv sein, also das Experiment selbst nicht schon vorher kennen. Dies gilt insbesondere für Studien, die sich auf implizite Leistungen richten. Für die Interpretation der Ergebnisse ist es aber interessant zu wissen, ob die Teilnehmer den Hintergrund der Untersuchung erahnt haben, sodass wir in der Regel nach dem eigentlichen Experiment Fragen stellen wie »Haben Sie eine Vermutung, um was es bei dem Experiment geht?«. Darauf antwortete ein Teilnehmer mit »Ja.«. Tatsächlich hat der Teilnehmer also explizit völlig angemessen auf die Frage geantwortet, wenngleich wir natürlich an den konkreten Vermutungen interessiert waren. Aber die Frage war offenbar schlecht gestellt.

Wir können mit diesem Instrumentarium also zusammenfassen, dass uns sowohl implizite als auch explizite Formen von Wissen zur Verfügung stehen, die es uns erlauben, die innere Verfassung einer Person angemessen zu verstehen. Wir müssen so etwas wie »Personenmodelle« erzeugen, die auf verschiedene Informationen zurückgreifen, die wir aus sprachlichen und nicht-sprachlichen Äußerungen, aus dem Wissen über die Situation und über die Person beziehen.

1.6 Integration und Interaktion

Integration. Wir haben nun aus den vorigen Abschnitten lernen können, dass offenbar eine ganze Reihe von verschiedenen Informationsquellen verfügbar sind, die uns einen Eindruck von der Verfassung eines anderen Menschen verschaffen (sprachliche und nichtsprachliche Äußerungen, situativer Kontext, Vorwissen über die andere Person). Oft genug stoßen wir dabei auf eine gewisse Unsicherheit bei der Interpretation der Signale, die eine andere Person aussendet. Selbst sprachliche Äußerungen, die klar definierte Bedeutungen aufweisen, können in unterschiedlichen Situationen Unterschiedliches bedeuten. Man könnte also auch sagen, dass den Äußerungen anderer Menschen immer eine gewisse Unsicherheit oder Unschärfe eigen ist. Wir helfen uns dann damit, nach einer Art »Kern« des inneren Erlebens einer anderen Person Ausschau zu halten, um dann unsere Interpretationen auf Plausibilität zu prüfen. Dieser Aspekt wurde bereits in der Unterscheidung von Personen und Dingen ganz zu Anfang in Abschnitt 1.1 deutlich. Diese unterschiedlichen Informationen müssen also angemessen integriert werden.

Direkte oder indirekte Interaktion? Damit muss ein weiterer Aspekt angesprochen werden, der durch den Begriff der Interaktion bezeichnet wird. Es macht nämlich einen erheblichen Unterschied, ob wir diese sozialen Signale nutzen müssen, um zu einer Einschätzung einer anderen Person, zu einer Eindrucksbildung, zu gelangen, ohne dass wir mit ihr Kontakt haben, oder ob wir mit dieser Person direkt interagieren wie etwa in einem Gespräch. In einer »echten«, d.h. direkten Interaktionssituation müssen nämlich diese komplexen Signale sehr schnell zu einem Gesamteindruck zusammengebracht werden, und es bleibt nur sehr wenig Zeit, nach einer verbalen oder nonverbalen Äußerung des Partners angemessen zu reagieren und selbst zu sprechen oder Informationen nonverbal zurückzugeben. Eine echte interaktive Situation stellt so noch einmal eine besondere Herausforderung dar für die Person, die sich um eine Eindrucksbildung bemühen muss, um erfolgreich mit einer anderen Person zu kommunizieren. Etwas salopp könnte man auch sagen, dass die

Eindrucksbildung oder die Personenwahrnehmung »offline« stattfinden kann, also ohne direkte Interaktion mit dieser Person, oder »online«, also im Rahmen einer direkten Interaktion mit dieser anderen Person. Die Interaktion mit anderen ist somit dadurch gekennzeichnet, dass »online« eine ganze Fülle von verschiedenen Signalen oder Daten zusammengeführt und integriert werden muss, um dann in einer sehr kurzen Zeit auch schon wieder der Person zur Handlungsplanung zur Verfügung zu stehen. Dies macht aus der zwischenmenschlichen Interaktion eine hochkomplexe Angelegenheit.

»Mimikry«. Hier kommt schließlich noch die Nachahmung oder die Imitation von Verhaltensweisen des anderen im Sinne eines Spiegelns von Verhalten dazu. Auch dieser Aspekt spielt eine wichtige Rolle bei der Interaktion mit anderen. Wir alle kennen die Situation, in der wir das Verhalten einer anderen Person nachmachen und imitieren. Das kann lustig oder aber auch sehr unangenehm sein, wenn eine andere Person das tut und unser eigenes Verhalten bewusst imitiert, abhängig von verschiedenen Faktoren, die die Nachahmung begleiten. Daneben kann es aber auch zu einem unbewussten Imitieren der Körperhaltung oder von Körperbewegungen von anderen kommen, dieses unwillkürliche, automatische, unbewusste Imitieren von anderen wird in der Psychologie auch als »Mimikry« (»Nachahmerei«) bezeichnet. Man kann etwa nachweisen, dass sich Personen, die sich unbewusst in einer kurzen Gesprächssituation in ihrer Körperhaltung und ihren Körperbewegungen nachahmen, nach dem Gespräch sympathischer finden als Personen, die das nicht tun. Ähnliches kann man auch im Bereich der Mimik finden. So kann man zeigen, dass das mimische Verhalten einer anderen Person den Betrachter dazu veranlasst, selbst unwillkürlich die gleichen Muskeln des eigenen Gesichts anzuspannen und so unbewusst die Mimik des anderen »nachzuahmen«. Metaphorisch könnte man hier auch von einem Resonanzphänomen sprechen, ähnlich wie Saiten eines Musikinstrumentes mitschwingen, wenn sie durch eine passende Schwingung angeregt werden.

> **Beispiel**
>
> Sehr interessant ist in diesem Zusammenhang die Fähigkeit des Erkennens von »biologischer Bewegung« (»biological motion detection«). Wir sind in der Lage, andere Lebewesen lediglich anhand ihrer Bewegungen als Lebewesen zu identifizieren. Heftet man Lichtpunkte auf die Gelenke von Personen in einer dunklen Umgebung, lässt sich nur anhand der sich bewegenden Lichtpunkte entscheiden, ob sich hier eine Person bewegt im Gegensatz zu einer Darstellung von genauso vielen Lichtpunkten, die sich in einer beliebigen anderen Weise bewegen.

Körper als Informationsquelle. Der Körper selbst scheint also auch eine wichtige Rolle in der sozialen Informationsverarbeitung und insbesondere in der direkten Interaktion mit anderen zu spielen. Tatsächlich wird dieses Thema wissenschaftlich in der aktuellen Diskussion sehr ausführlich behandelt. Man spricht hier von einer »verkörperten Kognition« (»embodied cognition«). Damit soll zum Ausdruck gebracht werden, dass kognitive Leistungen (Verarbeitung von Information aus unserer Umwelt) – man könnte auch von »Denken« sprechen – auch auf wichtigen Informationen aus dem Körperinneren beruhen. Anders formuliert ist das Nachdenken über die Welt um uns herum und die Menschen darin nicht ohne unseren Körper denkbar.

1.7 Evolutionäre Entwicklung

Sprache und Empathie als Evolutionsvorteil. Die Fähigkeit, mit anderen Menschen zu sprechen und uns über unser inneres Erleben auszutauschen, gehört zu den vermutlich einzigartig menschlichen Eigenschaften, die uns von allen anderen Gattungen auf diesem Planeten unterscheiden. Diese Fähigkeit zur Interaktion und Kommunikation mit anderen Personen scheint uns also als menschliche Gattung besonders auszuzeichnen. Sie können vermutlich hinsichtlich ihrer Bedeutung für unser Überleben in einer sozialen Umgebung kaum überbewertet werden. So kann die Fähigkeit zum Erkennen von biologischer Bewegung helfen, rechtzeitig potenzielle Angreifer zu identifizieren. Nonverbale Signale können frühzeitig deutlich machen, welche Gattungsgenossen geeignete Kooperationspartner sein können. Besonders das menschliche Blickverhalten könnte hier eine besondere Rolle als eine Art soziales Fernmeldesystem gespielt haben. Schließlich scheint in der Fähigkeit, verschiedene Perspektiven oder Standpunkte einzunehmen, die Kernleistung menschlicher Fähigkeiten zu liegen. Sie erlaubt uns, mit anderen zu interagieren und uns mit anderen auszutauschen. So lässt sich neu erworbenes Wissen von Generation zu Generation effektiv und ohne Verluste an andere weitergeben, und es ist damit eine wesentliche Voraussetzung geschaffen für die vergleichsweise explosive evolutionäre Entwicklung der menschlichen Spezies. Menschen betreiben über ihre Lebensspanne hinweg auch einen erheblichen Zeitaufwand, um die eigene Stellung in sozialen Verbänden sowie die Stellung anderer zu überdenken und sich darüber auszutauschen.

Diese Position vertritt ausdrücklich der Anthropologe Michael Tomasello, der sich mit der Entwicklung des Menschen im Sinne der Evolution oder Stammesgeschichte beschäftigt (Tomasello, 2006). Selbst die Sprache, die uns ebenfalls als Gattung eigen ist, könnte eine Folge-Entwicklung der sozialen Fähigkeiten sein. Dies ist unter anderem deshalb plausibel, weil sich die Sprache erst nach den sozialen Fähigkeiten entwickelt. Viele nonverbale Leistungen, wie etwa die in Abschnitt 1.3 beschriebene Fähigkeit zur Manipulation des Blicks einer anderen Person, gehen interessanterweise der Entwicklung der Sprache voraus. So ist das Phänomen der sogenannten gemeinsamen Aufmerksamkeit bereits bei Kindern im Alter von neun Monaten zu beobachten, also lange bevor diese Kinder zum Spracherwerb kommen. Die Entwicklung unserer Sprachkompetenz, so könnte man spekulieren, ist somit eine Folge unseres sozialen Interesses am anderen, und es ist weniger plausibel, dass es die Sprache ist, die uns erst dazu befähigt hat, mit anderen in Kontakt zu treten.

Kultur aufgrund sozialer Fähigkeiten. Tomasello geht so weit zu sagen, dass diese sozialen Fähigkeiten uns als Menschen in evolutionärer Perspektive erst dazu befähigt haben, Kulturleistungen zu etablieren. Unter Kultur in einem sehr allgemeinen Sinn werden dabei alle solchen Leistungen und Errungenschaften zusammengefasst, die durch den Menschen selbst bewirkt wurden und entstanden sind. Dazu gehören Bereiche wie Wissenschaft, Philosophie, Technik, Kunst. Es ist plausibel anzunehmen, dass diese Kulturleistungen stark von unseren sozialen Fähigkeiten abhängen, weil sie in evolutionärer Perspektive nur in Gemeinschaft zu entwickeln waren. Außerdem wäre diese Fähigkeit zur sozialen Informationsverarbeitung eine gute Erklärung für unsere Kulturleistungen, obwohl wir uns im Vergleich zu unseren evolutionär nächsten Verwandten, den Schimpansen, nur in etwas mehr als einem Prozent unserer genetischen Ausstattung unterscheiden. Soziale Fähigkeiten können also als Voraussetzung unserer Kultur-Entwicklung in einem breiten Sinn plausibel gemacht werden.

Kulturelle Besonderheiten. Kultur kann dabei aber auch in einem spezifischen Sinn verstanden werden und sich auf unterschiedliche Eigenheiten von Menschen, die aus verschiedenen Kulturkreisen stammen, beziehen. So können etwa sogenannte emblematische Gesten, wie schon in Abschnitt 1.3 ausgeführt, bestimmte konventionalisierte Bedeutungen enthalten, auf die sich Gemeinschaften von Menschen in Kulturen über ihre Entwicklung »geeinigt« haben. Beispielsweise können Gesten kulturabhängig unterschiedliche Bedeutungen haben. Auch die Leistung zur Theory-of-Mind unterliegt Kultureinflüssen. So zeigen kulturvergleichende Studien, dass asiatische Kinder typische False-belief-Aufgaben erst deutlich später bestehen als europäische Kinder. In nicht-industrialisierten Kulturen finden wir noch größere Abweichungen: So können beispielsweise Sechsjährige aus der Tolai-Kultur auf Papua Neuguinea derartige False-belief-Aufgaben gar nicht beantworten.

Diese Überlegungen zur evolutionären Bedeutung des sozialen Erlebens können natürlich nicht bewiesen werden, aber sie erscheinen plausibel auf der Grundlage der hier vorgestellten Befunde. Soziale Leistungen sind also ein Kernbestandteil unserer kognitiven Ausstattung, und es ist zu vermuten, dass diese Leistungen wesentlich zu unserer Entwicklung als Gattung beigetragen haben. Vielleicht ist das auch der Grund dafür, dass diese sozialen Leistungen zu einem großen Teil automatisch oder intuitiv stattfinden.

1.8 Individuelle Entwicklung

Neben der stammesgeschichtlichen Entwicklung ist schließlich auch die individuelle Entwicklung sozialer Fähigkeiten zu betrachten.
Wahrnehmungspräferenzen. Wir hatten bereits bei der Besprechung der nonverbalen Signale im Abschnitt 1.3 gesehen, dass diese sehr früh entwickelt werden. Bei kleinen Kindern beginnt die vorsprachliche Interaktion, wie der Psychologe Andrew Meltzoff zeigte, schon unmittelbar nach der Geburt als Imitation von Gesichtsausdrücken (Meltzoff & Moore, 1977). Kinder haben auch bereits von Geburt an eine Wahrnehmungspräferenz für Gesichter und Gesichtsausdrücke, das heißt, wenn es verschiedene Objekte in ihrer Umgebung gibt, schauen nicht-autistische Kinder eher und häufiger Gesichter an als Gegenstände. Dies könnte auch einen interessanten Hinweis bieten für die schon sehr früh etablierte Unterscheidung zwischen Personen und Dingen (Abschn. 1.1). Im Alter von zwei Monaten folgt dann das wechselseitige Lächeln, das der Bezugsperson gegenüber, meist der Mutter, geäußert wird. Damit wird eine erste Kontaktaufnahme zur wichtigsten Bezugsperson dieser Zeit gestaltet. Ein weiterer wichtiger Entwicklungsschritt ist das Phänomen der »gemeinsamen Aufmerksamkeit« (»joint attention«), die mit neun Lebensmonaten zu beobachten ist. Es folgt dann die Entwicklung eines Bewusstseins von komplexen Sachverhalten oder Ereignissen etwa zwischen dem ersten und zweiten Lebensjahr.

Bereits sprachabhängig ist dann in einem nächsten Schritt die Entwicklung der Theory-of-Mind-Fähigkeit, die mit etwa drei bis vier Jahren in unserem Kulturkreis entwickelt ist. Die bereits besprochenen False-belief-Aufgaben müssen dabei nicht zwingend sprachlich präsentiert werden, weil die Kinder ja noch nicht über Schriftsprache verfügen können. Hier kann aber auch mit cartoonartigen Zeichnungen gearbeitet werden. Das lässt sich an folgendem Beispiel zeigen (vgl. Abb. 1.1).

Abbildung 1.1 False-belief-Aufgabe illustriert (© mit freundlicher Genehmigung von Axel Scheffler)

> **Beispiel**
>
> **Beispiel für eine False-belief-Aufgabe**
> »Zwei Kinder, Sally und Ann, beschäftigen sich mit einem Ball: Sally legt den Ball in den Korb und geht spazieren, danach nimmt Ann den Ball aus dem Korb und legt ihn, unbeobachtet für Sally, in eine Schachtel. Daraufhin kommt Sally zurück.«
>
> Die Frage an den Betrachter ist nun: »Wo sucht Sally den Ball?«
> Während Vierjährige antworten: »Im Korb, weil Sally denkt, dass er dort ist«, antworten Zwei- und Dreijährige noch: »In der Schachtel«, weil sie noch nicht den Wechsel der Perspektive vornehmen können und zwischen ihren eigenen Überzeugungen und denen der anderen Personen noch nicht sicher unterscheiden können. Kinder, die diesen Test bestehen, können explizit zwischen ihren eigenen Überzeugungen und den Überzeugungen anderer Personen unterscheiden und sich damit erfolgreich und adäquat in die Lage des anderen hineinversetzen.

Möglicherweise erwerben Kinder die Fähigkeit, anderen Menschen Gedanken zuzuschreiben, aber bereits früher. So wird vermutet, dass bereits einfache Verhaltensbeobachtungen, die sich in verändertem Blickverhalten äußern können (längeres Hinschauen), darauf hinweisen, dass auch jüngere Kinder im Alter von 18 Monaten erste Zuordnungen von Gedanken oder Überzeugungen leisten können.

1.9 Die beiden »sozialen Gehirne«

Diese Leistungen, die uns befähigen, mit anderen Menschen in Kontakt zu treten, hängen wesentlich von unseren Gehirnfunktionen ab. Tatsächlich sind verschiedene Aspekte der Prozesse, die ich vorher besprochen habe, bereits mit den Mitteln der modernen Hirnforschung untersucht worden. Sie werden deshalb hier kurz vorgestellt, weil sie auch bei den möglichen Ursachen von autistischen Störungen eine wichtige Rolle spielen können.

Das Gehirn »beim Denken beobachten«. Seitdem sich die Hirnforschung oder, genauer gesagt, die kognitiven Neurowissenschaften auch mit Alltagsphänomenen beschäftigen, sind sie eine der wichtigen Leitdisziplinen unserer Zeit geworden, und man versucht, ganz verschiedene Aspekte unseres Lebens und unserer Kultur auch neurowissenschaftlich zu verstehen oder zu erklären. Dabei ist das »soziale Gehirn« bereits ausführlich erörtert worden. (Das Gehirn kann selbst natürlich nicht sozial sein, sondern es können bestimmte Netzwerke des Gehirns sozialen Funktionen, also der Kommunikation oder Interaktion, dienen. Der Begriff des »sozialen Gehirns« ist also hier im übertragenen Sinn zu verstehen und daher in Anführungszeichen gesetzt.) Methodisch verfügt die moderne Hirnforschung über eine ganze Reihe von Verfahren, die es möglich machen, »dem Gehirn beim Denken zuzuschauen«, oder präziser formuliert: diejenigen Regionen und Netzwerke im Gehirn, die bei bestimmten Aufgaben und Leistungen verstärkt aktiviert werden, zeitlich und örtlich zu lokalisieren, also sichtbar zu machen. Das besondere Interesse an diesen sozialen Leistungen hat in den letzten Jahren sogar eine eigene wissenschaftliche Disziplin hervorgebracht, die »soziale Neurowissenschaft«. Mittlerweile ist eine Fülle von neurowissenschaftlichen Untersuchungen zu den sozialen Leistungen durchgeführt worden. Es hat sich gezeigt, dass es im Wesentlichen zwei verschiedene Netzwerke sind, die bei sozialen Leistungen beteiligt sind, das sogenannte Mentalisierungs-Netzwerk (»Mentalizing Network«, auch »Social Neural Network«, vgl. Abb. 1.2) und das sogenannte Spiegelneuronensystem (»Mirror Neuron System«, vgl. Abb. 1.4).

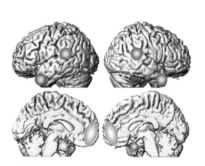

Abbildung 1.2 Die wichtigsten Bestandteile des Mentalisierungs-Netzwerks im menschlichen Gehirn umfassen Regionen im Stirnhirn und an der Grenze von Scheitel- zu Schläfenlappen in beiden Gehirnhälften

Mentalisierungs-Netzwerk

Das Mentalisierungs-Netzwerk ist insbesondere in Zusammenarbeit von Psychologie und kognitiven Neurowissenschaften ausführlich untersucht worden. Zusammenfassend kann man sagen, dass dieses Netzwerk immer dann aktiviert wird, wenn wir eine »Mentalisierung« vornehmen, also immer dann, wenn wir uns eine Vorstellung von dem inneren Erleben einer Person machen müssen, beispielsweise einen Gefühlszustand zuschreiben sollen. Dieses Netzwerk lässt sich besonders gut durch Theory-of-Mind-Aufgaben aktivieren (s. Abb. 1.2).

In einer eigenen Untersuchung haben wir in Zusammenarbeit mit dem Psychologen Gary Bente und Mitarbeitern am Forschungszentrum Jülich systematisch das Erleben von Blickverhalten untersucht. Unsere Versuchspersonen trafen im Labor dabei nicht mit Menschen aus Fleisch und Blut zusammen, sondern mit sogenannten virtuellen Charakteren. Es gibt in der Sozialpsychologie und der sozialen Neurowissenschaft mittlerweile einen erheblichen Rückgriff auf virtuelle Charaktere oder Avatare. Dahinter verbergen sich künstliche, mit Computerprogrammen hergestellte, medienvermittelte Darstellungen von Menschen, die sich auch bewegen können und so eine komplexe, dynamische Präsentation von menschlichem Verhalten erlauben. Der Vorteil ihrer Nutzung liegt in der vollen systematischen Kontrolle aller denkbaren Eigenschaften dieser Darstellungen, beispielsweise hinsichtlich der Blickrichtung oder des Gesichtsausdrucks. Die Verwendung dieser virtuellen Charaktere hat sich auch in der Autismusforschung etabliert (Georgescu et al., 2014). Die Figuren schauten die Betrachter für unterschiedliche Zeitdauern an, die von einer Sekunde bis zu vier Sekunden reichten (Abb. 1.3). Wie schon ausgeführt, entscheidet die Blickdauer wesentlich darüber mit, wie ein Blick wahrgenommen wird. Im Ergebnis zeigte sich, dass die Figuren umso sympathischer erschienen, je länger die Versuchsteilnehmer angeschaut wurden. Die Daten der Hirnuntersuchung zeigten, dass wir besonders eine bestimmte Region im Stirnhirn (sogenannter medialer präfrontaler Cortex) bemühen, um zwischen kurzem und langem Augenkontakt zu unterscheiden (Kuzmanovic et al., 2009).

Ebenso sind weitere eigene Untersuchungen erwähnenswert, in denen wir das Erleben von »gemeinsamer Aufmerksamkeit« (»joint

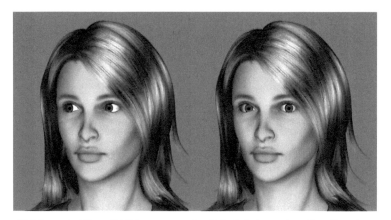

Abbildung 1.3 Diese Abbildung veranschaulicht bei einem virtuellen Charakter, wie wir sie in unseren Experimenten verwenden, den Unterschied von abgewandtem und zugewandtem Blick. Bei zugewandtem Blick fühlen wir uns üblicherweise stärker »angesprochen« als bei abgewandtem Blick

attention«) oder Blickfolgeverhalten untersucht haben. Wir haben auch diesmal virtuelle Charaktere präsentiert, die entweder auf den Blick der Versuchsperson reagierten oder dies eben nicht taten. In diesen Experimenten stellte sich heraus, dass es als angenehm erlebt wurde, wenn die Figur dem eigenen Blick folgte, und dass wir das Blickverhalten eines virtuellen Charakters umso eher als menschlich erleben, je öfter der virtuelle Charakter unserer Blickwendung mit seinem eigenen Blick folgt. Im Gehirn ließ sich zum einen die bereits eben besprochene Region des Stirnhirns aktivieren, zugleich war im Gehirn aber auch eine Aktivierung des Belohnungssystems zu sehen (sogenanntes ventrales Striatum) (Pfeiffer et al., 2014). Diese Untersuchungen unterstreichen damit die Bedeutung des Stirnhirns für unsere sozialen Fähigkeiten. Sie zeigen außerdem, dass wir es als belohnend erleben, wenn wir das Blickverhalten einer anderen Person nicht nur betrachten, sondern es auch manipulieren können. Die Teilnahme an Interaktionen wird also bei uns Menschen üblicherweise belohnt. Damit wird auch erklärbar, warum Gesichter attraktiver sind als Gegenstände und sie von Geburt an häufiger und länger angeschaut werden als Gegenstände.

»**Abschätzung von Unsicherheit**«. Eine besondere Rolle bei diesen beiden Untersuchungen und auch bei vielen anderen Studien spielt die genannte Region im Stirnlappen. Es ist aber nicht möglich, dieser Region ausschließlich soziale Funktionen zuzuweisen, weil man sie ebenso bei einer Reihe von anderen Leistungen aktiviert findet, die nicht direkt mit sozialen Fähigkeiten zu tun haben. Es ist daher der Versuch unternommen worden, so etwas wie einen »gemeinsamen Nenner« herauszufinden, der allen Leistungen gemeinsam ist, bei denen diese Stirnhirnregion aktiviert wird. Dabei hat der amerikanische Sozialpsychologe Jason Mitchell den spekulativen Vorschlag gemacht, dass dieser »gemeinsame Nenner« auf einer abstrakten Ebene darin bestehen könnte, »unscharfe Schätzwerte« zu erzeugen, die dann in einer ganzen Reihe von verschiedenen Bereichen unseres Lebens, nicht nur im sozialen Bereich, benötigt werden (Mitchell, 2009). Diese Überlegung ist sehr interessant, weil sie sehr gut zu der eingangs gemachten Unterscheidung von Personen und Dingen passen würde. Dort konnten wir uns ja davon überzeugen, dass das Hineinversetzen in Personen immer von einer gewissen Unsicherheit geprägt ist: Das Verhalten einer Person ist weniger gut vorhersagbar als das Verhalten von Gegenständen. Dazu würde diese Spekulation also sehr gut passen. Möglicherweise handelt es sich bei dieser »Toleranz für Unsicherheit« sogar um einen Kernaspekt dessen, was wir das »Soziale« nennen könnten.

Spiegelneuronensystem

Auch das sogenannte Spiegelneuronensystem (»Mirror Neuron System«) ist sehr ausführlich untersucht worden. Der Name geht auf Beobachtungen von Giacomo Rizzolatti und Vittorio Gallese zurück, die in eigenen Studien Nervenzellen im Stirnhirn von Affen elektrophysiologisch untersuchten. Diese Nervenzellen waren immer dann aktiv, wenn der Affe eine bestimmte Bewegung selbst ausführte, aber auch dann, wenn der Affe diese Bewegung bei einem anderen lediglich beobachtete (Gallese et al., 1996). Davon leitet sich auch der Name der »Spiegelneuronen« (»Mirror Neurons«) ab: Sie scheinen die Bewegungen des anderen für den Betrachter zu »spiegeln«. Beim Menschen sind viele Untersuchungen mittels hirnbildgebender Verfahren im Rahmen der sozialen Neurowissenschaft unternommen worden. Zusammenfassend ist dieses Spiegelneuronensystem immer dann aktiv, wenn wir Bewegungen einer anderen Person beobachten oder imitieren oder aber auch einfach nur vorstellen (vgl. Abb. 1.4). Da Bewegungen auch eine wichtige Rolle bei der Begegnung mit anderen Menschen spielen und viele wichtige Signale zum Ausdruck bringen können, ist dieses Netzwerk also ebenfalls relevant für das Verstehen anderer Personen anhand ihrer körperlichen Bewegungen. Die Hirngebiete, aus denen dieses Netzwerk besteht, umfassen im Wesentlichen den Scheitellappen (parietaler Cortex) und Regionen der äußeren Oberfläche des Stirnhirns (prämotorischer Cortex).

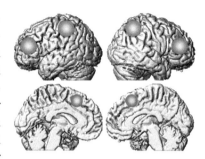

Abbildung 1.4 Diese Abbildung zeigt die wichtigsten Bestandteile des Spiegelneuronensystems im menschlichen Gehirn, sie umfassen Regionen im Stirnhirn und im Scheitellappen in beiden Gehirnhälften. Diese Regionen unterscheiden sich vom Mentalisierungs-Netzwerk (vgl. Abb. 1.2)

Geteilte Aufgaben für die beiden »sozialen Gehirne«. Empirische Untersuchungen im Bereich der sozialen Neurowissenschaft lassen folgende vorläufige Zuordnung der möglichen Funktionen der beiden genannten Netzwerke zu: Immer dann, wenn eine körperlich sichtbare Handlung oder eine Bewegung im Raum bzw. die Vorstellung einer solchen Handlung oder Bewegung stattfindet, übernimmt das Spiegelneuronensystem diese Aufgabe. Sobald wir zur Erklärung einer Situation oder des Verhaltens einer anderen Person auf das innere Erleben dieser Person einschließlich ihrer Wahrnehmungen, Gedanken, Gefühle oder Handlungsabsichten zurückgreifen müssen, wird das Mentalisierungs-Netzwerk rekrutiert. Eine zweite Differenzierung betrifft die Reihenfolge, mit der auf diese beiden Netzwerke zurückgegriffen wird. Das Spiegelneuronensystem scheint eher mit frühen Stufen der Verarbeitung von sozial relevanten Informationen im Sinne der »Erkennung« oder »Detektion« befasst zu sein (z. B. Detektion von körperlich ausgedrückten Signalen). Dagegen ist die Aufgabe des Mentalisierungs-Netzwerks die vergleichsweise späte Verarbeitung von sozial relevanten Informationen im Sinne der »Bewertung« oder »Evaluation« (z. B. Evaluation der inneren Verfassung einer Person auf der Grundlage ihres körperlich sichtbaren Verhaltens).

Das Zusammenwirken ermöglicht soziale Kognition. Zusammenfassend könnte man also formulieren: Das Mentalisierungs-Netzwerk brauchen wir, um das Innenleben anderer zu verstehen. Mit Hilfe des Spiegelneuronensystems können wir die Körperbewegungen unserer Mitmenschen nachvollziehen. Offenbar müssen beide Systeme zusammenspielen, um die alltägliche soziale Kognition zu ermöglichen, die uns mit unseren Mitmenschen verbindet. Damit kann das Spiegelneuronensystem zur Erklärung von verschiedenen Phänomenen herangezogen werden. Aber ohne auch das Mentalisierungs-Netzwerk heranzuziehen, werden soziale Fähigkeiten auf der Grundlage des sozialen Gehirns nicht umfassend erklärbar. Allerdings ist eine scharfe Abgrenzung der Funktionen dieser beiden Netzwerke bis heute nicht möglich. Die Annahmen darüber, welche Aufgaben sie übernehmen, sind bisher noch vorläufig, und ihre systematische Untersuchung ist noch am Anfang.

2 Problemzonen

Wir haben nun ausführlich die verschiedenen Teilaspekte kennengelernt, die der Interaktion und Kommunikation mit anderen zugrunde liegen, nämlich sprachlich und nicht-sprachlich vermittelte Signale, der situative Kontext und das Vorwissen über die Person, mit der wir interagieren oder kommunizieren. Wir können uns nun – entsprechend vorinformiert – den verschiedenen Störungen und Schwierigkeiten zuwenden, auf die Menschen mit Autismus in diesen Bereichen stoßen. Es ist dazu notwendig, das innere Erleben von autistischen Personen näher zu untersuchen. Im Folgenden werden auch einige Personen mit Autismus selbst zu Wort kommen.

Im Vordergrund dieses zweiten Kapitels steht das Mentalisierungsdefizit, also die Schwierigkeit des »Sich-Hineinversetzens« in andere. Damit hängen eine ganze Reihe von weiteren Schwierigkeiten im Sozialen zusammen, die ebenfalls erörtert werden. Dazu gehört etwa das Phänomen des »Eindrucks auf den ersten Blick« oder des »ersten Eindrucks«. Daneben sind aber auch weitere Auffälligkeiten zu erwähnen, über die autistische Personen oft berichten, nämlich das Bedürfnis nach Regelmäßigkeiten sowie andere Veränderungen im Bereich der Wahrnehmung.

Intelligente Kompensation bis ins Erwachsenenalter

Eine wichtige Vorbemerkung muss hier vorangestellt werden. Erwachsene Menschen mit einer autistischen Verfassung, die zum ersten Mal im Erwachsenenalter bei sich selbst das Vorliegen einer Diagnose aus dem Autismus-Spektrum erwägen, oder bei denen Angehörige diese Frage vorlegen, sind in mindestens zweierlei Hinsicht eine besondere Gruppe von Personen.

(1) Zum einen handelt es sich in aller Regel um »hochfunktional« autistische Personen. Das bedeutet, dass keine Intelligenzminderung oder Lernbehinderung und keine anderen relevanten kognitiven Einbußen vorliegen (bis auf die im Folgenden the-

matisierten Probleme im Bereich der Interaktion und Kommunikation). Die Intelligenz liegt meist mindestens in einem durchschnittlichen Bereich, in der Kölner Spezialambulanz liegt z. B. der Intelligenzquotient aller als autistisch Diagnostizierten sogar leicht über dem Durchschnitt der Gesamtbevölkerung. Man könnte also auch von einer Teil-Leistungsstörung sprechen, die im Kern die Fähigkeiten zur sozialen Kognition betrifft, also alle solchen Prozesse, die sich mit der Interaktion und Kommunikation mit anderen Personen beschäftigen. Dagegen sind andere Funktionen einschließlich Intelligenz, Gedächtnis, Aufmerksamkeit oder die komplexen Leistungen, die unserer Handlungsplanung im Sinne der sogenannten exekutiven Funktionen zugrunde liegen, oft unbeeinträchtigt.

(2) Zum anderen ergibt sich aus dieser normalen Intelligenz der zweite Aspekt, der diese Gruppe von erwachsenen Personen, die erstmals über eine Diagnose aus dem Autismus-Spektrum nachdenken, hervorhebt. Aufgrund der hohen Intelligenz ist davon auszugehen, dass diese Personen längst ein Bewusstsein von den eigenen Schwierigkeiten und Störungen bekommen haben. Diese Einsicht hat natürlich auch dazu geführt, dass sie Ersatzstrategien entwickelt haben, wie man mit den eigenen Defiziten umgehen kann. So kann ein Teil der Beeinträchtigungen von den Betroffenen selbst schon aufgefangen werden. Beispielsweise können intelligente autistische Kinder und Jugendliche soziale Regeln erlernen, wie man sich bei Geburtstagen oder Familienfeiern allgemein verhält, dass man bei Gesprächen anderen Personen in die Augen schaut, weil das Wegschauen üblicherweise als Unhöflichkeit oder Desinteresse interpretiert werden kann. Diese Kompensationsfähigkeit stößt allerdings regelmäßig an ihre Grenzen, und zwar immer dann, wenn entweder überwiegend nonverbale Kompetenz erforderlich wird, oder wenn sehr viel potenziell sozial relevante Information integriert werden muss wie etwa in einem laufenden Gespräch mit einer anderen Person, das nicht standardisierten Regeln folgt.

> **Beispiel**
>
> »Seit meiner Pubertät ist interpersonelle Kommunikation mein Lieblingsthema. (…) Zu lernen, das Handeln von Menschen vorausahnen zu können, interessierte mich.«
> (Lasse von Dingens, Risse im Universum, 2010, S. 160)

Konsequenzen, die sich aus diesen Besonderheiten ergeben: Überforderung und Stress

Die Betroffenen leben schon viele Jahre mit ihren Schwierigkeiten und haben sich mehr oder weniger hilfreiche Strategien gesucht und angeeignet, um ihren sozialen Alltag so gut wie möglich zu bestreiten und um so wenig wie möglich aufzufallen. Paradoxerweise kann es also sogar so sein, dass die Anpassungsleistungen sehr gut gelungen sind und die Schwierigkeiten im sozialen Umgang mit anderen oft gar nicht mehr ohne Weiteres erkennbar sind. So lassen sich Redewendungen, mit denen man Small-Talk-Situationen überstehen kann, lernen. Ebenso kann man sich im nonverbalen Bereich bestimmte Fähigkeiten aneignen wie beispielsweise das Anschauen anderer Personen während eines Gesprächs mit ihnen.

Manche Personen haben aufgrund ihrer hohen Grundintelligenz sogar Leitungsfunktionen im mittleren oder höheren Management erreicht. Je stärker aber die betroffenen Personen mit zunehmenden Leitungsfunktionen auch Aufgaben in der Personalführung zugewiesen bekommen oder je stärker Flexibilität abverlangt wird, umso eher werden Überforderungen deutlich, die auf die autistischen Kernsymptome zurückzuführen sind. Vielleicht wirkt der soziale Kontakt gelegentlich etwas unbeholfen, aber mehr wird von Außenstehenden manchmal gar nicht an der Oberfläche wahrgenommen. Die betroffenen Personen selbst beklagen aber einen sehr hohen Anspannungsgrad und eine schnelle Erschöpfbarkeit während sozialer Kontakte, was als kräftezehrend beschrieben wird. Die Konzentration ist schnell für den sozialen Kontakt verbraucht und kann, wenn der soziale Kontakt abgeschlossen ist, nicht mehr anderen Aufgaben zur Verfügung gestellt werden. Auf diese Weise erleben viele Betroffene ihr Leben als sehr anstrengend und stressreich.

> **Beispiel**
>
> »Ich vermute, dass ich deshalb so fertig bin, weil jegliche soziale Interaktionen während der Arbeitszeit meine ganze Energie verbrauchen.«
> (Carsten, Risse im Universum, 2010, S. 219)

Dieser Umstand des erlernten »Überspielens« der eigenen sozialen Schwierigkeiten kann dazu führen, dass einige Symptome im ersten Kontakt schwer zu erkennen sind. Diese Kompensationsstrategien können auch die Diagnosestellung im Erwachsenenalter deutlich erschweren. Bei hinreichender Kenntnis des autistischen Erlebens lässt sich aber verlässlich prüfen, ob sich unter der Oberfläche des Verhaltens tatsächlich autistisch geprägtes inneres Erleben verbirgt, das dann zu Überforderung und Stress führen kann. In einer eigenen Befragung betroffener autistischer Personen, die zur Vorbereitung einer Gruppenpsychotherapie durchgeführt wurde (Gawronski et al., 2012), zeigte sich, dass etwa zwei Drittel der Befragten Hilfe bei der Reduzierung von Stress wünschten. Woher dieser Stress vermutlich rührt und wie man ihm entgegentreten kann, soll im Folgenden erörtert werden.

2.1 Mentalisierungsdefizit

Die Kernschwierigkeit bei sozialen Interaktionen betrifft das automatische, unbewusste »Sich-Hineinversetzen« in andere, das für Menschen mit Autismus entweder nur schwer möglich oder gänzlich unmöglich ist. Wir haben diese Leistung auch schon als Mentalisierungsfähigkeit (Abschn. 1.2) kennengelernt. Der sonst schnell und intuitiv erfassbare Gesamteindruck eines anderen muss von betroffenen Personen aus verschiedenen Hinweisreizen erst »ausgelesen« und bestimmt werden. Dazu gehören unter anderem sprachliche Signale (Absch. 2.3) oder mimisch oder gestisch vermittelte Ausdrucksweisen (Abschn. 2.4), die ihrerseits ihre Schwierigkeiten aufweisen, wie noch weiter auszuführen sein wird. Während das intuitive oder automatische Erkennen psychischer Verfassungen von

Personen also zumindest erschwert oder aber auch ganz unmöglich ist, bleibt die Möglichkeit erhalten, über die Verfassung der anderen Person mittels schlussfolgerndem Denken nachzudenken, nachdem alle wichtigen Signale, die in der Kommunikation informativ sind, analysiert wurden.

Bewältigen strukturierter Situationen. Erwachsene autistische Personen absolvieren die meisten klassischen Testverfahren zur Mentalisierungsfähigkeit ohne Probleme (Abschn. 1.2), wohingegen sie im komplexen sozialen Alltag oft massive Schwierigkeiten haben, die innere Verfassung oder die mentalen Zustände bei anderen Personen zu erkennen. Dies ist dadurch erklärbar, dass intelligente autistische Erwachsene durchaus in der Lage sind, sich die Überzeugungen, Gefühle und Gedanken anderer Menschen mit Hilfe von oft mühsam erlernten, expliziten Regeln und Formeln zu erschließen. In den klassischen Testverfahren zur Theory-of-Mind besteht meist die Möglichkeit, auf diese erlernten Fertigkeiten zurückzugreifen, da in den Aufgaben oft eine klar strukturierte soziale Situation beschrieben wird und genügend Zeit zur Lösung der Aufgabe zur Verfügung steht. Diese eher rational und analytisch vorgehende Interpretation des Verhaltens und des inneren Erlebens anderer Personen wird von nicht-autistischen Personen oft fälschlich mit emotionaler Kälte oder mangelndem Interesse an der anderen Person verwechselt.

> **Beispiel**
>
> »Wenn man Probleme hat, Kontakt zu anderen zu finden, bedeutet das nicht, dass man kein Interesse an Beziehungen hat. Wenn man seine Gefühle nicht richtig zeigen kann, bedeutet das auch nicht, dass man gefühllos sei.«
> (Prinz Charles, Risse im Universum, 2010, S. 70)

»Erster Eindruck«. Diese Mentalisierungsleistung wird auch zur Bildung eines »ersten Eindrucks« oder eines zuverlässigen Gesamteindrucks »auf den ersten Blick« benötigt. Autistische Menschen haben damit oft große Schwierigkeiten. Nicht-autistische Menschen benötigen üblicherweise nicht länger als wenige Sekunden, um sich einen Gesamteindruck von einer anderen Person zu verschaffen. Autistische Personen können das oft nicht, es ist ihnen einfach in der Kürze der Zeit nicht möglich, einen solchen Gesamteindruck zu erzeugen. Vereinzelt berichten autistische Personen überraschenderweise, dass sie das durchaus leisten könnten. Auf Nachfragen wird dann aber deutlich, dass sie unverhältnismäßig viel Zeit dafür benötigen, nämlich etwa bis zu einer halben Stunde. Eine etwa halbstündige Analyse nur zum Zweck, sich einen ersten Eindruck vom Gegenüber zu bilden, würden Nicht-Autisten aber als viel zu lang erleben und vermutlich lange vorher ein solches Betrachtetwerden oder Analysiertwerden eines anderen abbrechen wollen. Eine derartig lange Analyse einer anderen Person ist nicht das, was man üblicherweise unter einem ersten Eindruck versteht.

Der »richtige Zeitpunkt«. Eine weitere wichtige Aufgabe in der sozialen Interaktion im Alltag ist, den angemessenen Zeitpunkt für die verschiedenen denkbaren verbalen Äußerungen oder nonverbalen Handlungen in sozialen Kontakten zu finden. Dass Interaktionen mit anderen auf einer integrativen Beurteilung einer Fülle von Signalen beruhen, die schnell ablaufen muss, hatten wir schon festgestellt. Weil autistische Personen dafür oft mehr Zeit benötigen, ist daher also überhaupt nicht verwunderlich, dass das Wahrnehmen des richtigen Zeitpunktes auch problematisch ist.

> **Beispiel**
>
> »Wenn ich, was selten genug vorkommt, einmal eine Einladung erhalte, jemanden zu besuchen, habe ich immer große Schwierigkeiten, den richtigen Zeitpunkt zu finden für den Aufbruch. Ich weiß dann nie, wie lange ich bleiben sollte, es muss mir meist recht deutlich von meinem Gegenüber gesagt werden, dass ich gehen müsse.«
> (Preißmann, 2005, S. 111)

Telefonate. Dies ist besonders schwierig bei Telefongesprächen, vermutlich deshalb, weil bei Telefonaten keine weiteren Signale mehr genutzt werden können außer den sprachlichen. Die Möglichkeit, aus irgendwelchen anderen Hinweisreizen (Gestik, Mimik etc.) herauszulesen, ob jetzt ein günstiger Zeitpunkt ist zu sprechen, muss allein auf der Basis des Gesprochenen herausgelesen werden. In normalen Gesprächssituationen ist es oft so, dass Menschen mit Autismus ihre eigenen Interessen mit großem Nachdruck und auch mit vergleichsweise langen Redezeiten vortragen, ohne dass Unterbrechungen möglich sind. In meinem eigenen beruflichen Kontakt mit autistischen Personen tritt diese Unsicherheit, den richtigen Zeitpunkt zu finden, besonders dort in den Vordergrund, wo die Gespräche nicht (mehr) regelgeleitet sind. Bei einem Arzt-Patienten-Gespräch, das über weite Strecken immer strukturiert abläuft und einem klaren, von allen einsehbaren Ziel dient, sind das im Wesentlichen der Anfang und das Ende der Gespräche, bei denen manchmal eine gewisse Unsicherheit aufkommt, z. B. hinsichtlich der Fragen, wann das Gespräch eigentlich beginnt oder beendet ist, wer das Gespräch eröffnet oder beendet und wie es beendet wird.

Simulationsprozesse. Viele Betroffene berichten, dass sie bewusst simulieren, wie es ihnen selbst in einer bestimmten Situation ergehen würde, um sich erfolgreich in andere »hineinzuversetzen«. Sie stellen sich dann vor, wie es ist, in der Situation des anderen zu sein. Das Ergebnis dieser bewusst vorgenommenen Simulation ist dann zugleich die Antwort auf die Frage, wie es dieser anderen Person gerade gehe (vgl. Abschn. 1.5). Tatsächlich gibt es Forscher, die annehmen, dass wir auf diese simulierende Weise das innere Erleben des anderen erfassen. Der entscheidende Unterschied ist aber der, dass autistische Personen diese Simulationsprozesse ganz überwiegend bewusst erleben und bewusst betreiben müssen, während bei nicht-autistischen Menschen angenommen wird, dass diese Simulationsprozesse zu einem großen Anteil, wenn nicht überwiegend, unbewusst ablaufen, ohne dass wir darauf Zugriff im Sinne eines bewussten Startens derartiger Simulationsprozesse haben. Da bewusst unternommene Prozesse oft mehr Zeit in Anspruch nehmen als unbewusste, ist es sehr plausibel, dass diese aktiven Prozesse bei Menschen mit Autismus wiederum mehr Zeit als gewöhnlich kosten. Daher ist auch das erlebte Verpassen des richtigen Zeitpunktes gut nachvollziehbar.

Ehrlichkeit. Ein sehr wichtiger und übrigens auch sehr angenehmer Aspekt im Umgang mit autistischen Menschen ist der, dass autistische Menschen in aller Regel nicht lügen, sondern sehr ehrlich sind. Sie wissen eigentlich gar nicht, warum überhaupt unter Menschen gelogen werden sollte, da Lügen die Dinge nur komplizierter machten als sie ohnehin schon seien. Manche Personen ergreifen Studiengänge (Jura, Psychologie), um mehr darüber zu erfahren, warum und worüber sich Menschen streiten können, nachdem sie selbst Streit entweder nicht bewusst erlebt oder bemerkt oder nicht verstanden haben. Autistische Menschen vertreten also meist auf eine sehr ehrliche Art und Weise ihre eigene Meinung, auch im Hinblick auf Partnerschaften oder im Kontakt mit Berufskollegen, was oft zu Schwierigkeiten führen kann. Treten solche Schwierigkeiten auf, ist auch hier wieder hilfreich, sich die dahinter liegende Motivation zu verdeutlichen (vgl. Kasten), um der Gefahr von Missverständnissen vorzubeugen.

> **Beispiel**
>
> Eine Person berichtete über ihre Tätigkeit als Außendienst-Mitarbeiter in einer größeren Firma. Bei einer großen Sitzung aller Mitarbeiter habe der Geschäftsführer der Firma einen Vortrag über die Erfolge der Firma im letzten Geschäftsjahr gehalten. Diese Rede sei übermäßig positiv ausgefallen, und die betroffene Person habe den Redner vor allen anderen offen kritisiert, um so die kritischen Aspekte gleich unter allen diskutieren und besprechen zu können. Der Geschäftsführer erlebte diese sachlich gemeinte Kritik aber als persönliche Kritik und kränkend. Der betroffenen Person wurde daraufhin zeitnah gekündigt.

Menschen mit Autismus berichten, dass die Dinge offen benannt und beschrieben werden sollen, damit man schnell einen guten und zuverlässigen Zugang zu ihnen bekommt. Kritik oder Verbesserungsvorschläge sind autistischen Personen willkommen, weil sie ihnen und anderen helfen sollen und können, sich zu verbessern und angemessener zu verhalten. Dass die eigene Kritik nicht nur als Kritik an Sachinhalten, sondern auch als Kritik an einer Person verstanden werden und andere beleidigen oder kränken kann, ist ihnen oft nicht bewusst.

2.2 Begegnungen mit anderen

Die echte Interaktion im Sinne eines Gesprächs oder einer Begegnung mit einer anderen Person ist eine besondere Herausforderung, weil hier – anders als in schon erwähnten formalen False-belief-Aufgaben – nur wenig Zeit ist, um zu reagieren, und weil sehr viele Signale zugleich in einem kleinen Zeitraum »verrechnet« und in angemessene Handlungen umgesetzt werden müssen. Die echte Interaktion ist also vor dem Hintergrund der einzelnen Komponenten, die dabei alle zugleich eine entscheidende Rolle spielen (sprachliche und nicht-sprachliche Signale, Situation, Vorwissen über die Person) und in Anbetracht der Kürze der Zeit eine sehr komplexe Anstrengung, insbesondere dann, wenn diese verschiedenen Informationen bewusst und über rationales, analytisches Vorgehen integriert werden müssen und daraus ein Gesamtbild erschlossen werden muss.

Die Begegnungen folgen zudem noch nicht einmal klaren »logischen« Regeln, wie schon eingangs aus der Betrachtung der Differenz von Personen und Dingen hervorgegangen war (Abschn. 1.1). Menschen scheinen sich manchmal anders zu verhalten als es eigentlich zu erwarten wäre. Damit werden Interaktionen mit anderen nicht nur komplex, sondern auch unübersichtlich und wenig zuverlässig bzw. nicht verlässlich vorhersagbar. Viele autistische Personen meiden sie deshalb nach Möglichkeit.

Beispiel

»In den Formeln entdeckte ich die Logik, die mir im sozialen Leben und im Umgang mit Menschen so häufig fehlte.«
(Florian P., Risse im Universum, 2010, S. 111)

> »Zum einen ist mir kaum etwas so sehr zuwider, wie etwas zu tun, was nicht logisch oder zielführend erscheint oder was der mir empfundenen Wahrheit widerspricht. Andererseits bestand die Interaktion mit anderen Menschen fast ausschließlich daraus, anders zu handeln, als mir eigentlich war.«
> (Lasse von Dingens, Risse im Universum, 2010, S. 164)

Hier taucht also wieder ein Gedanke auf, den wir schon früh als vermutlich entscheidende Differenz zwischen Personen und Dingen ausgemacht hatten (Abschn. 1.1), nämlich die Tatsache, dass wir im Umgang mit Dingen auf Naturgesetze zurückgreifen können, während das im Umgang mit Personen im sozialen Leben nicht der Fall ist.

Vertrauen und Freundschaften

Vertrauensbildung. Der erste Eindruck entscheidet oft genug natürlich auch schnell und zuverlässig darüber, wie vertrauenswürdig eine andere Person eingeschätzt wird. Vertrauen ist eine wichtige Grundlage für die Initiierung, die Entwicklung und Aufrechterhaltung von Freundschaften. Autistischen Betroffenen fällt es oft schwer, Freundschaften zu gestalten oder auch nur zu initiieren, da auch hier wieder Kompetenzen erforderlich sind, über die autistische Menschen oft nicht in der gleichen Weise wie die als Freunde Angesprochenen verfügen.

Beispiel

> »Vor allem ist es schwierig zu entscheiden, wem man vertrauen kann und wem nicht.«
> (Preißmann, 2005, S. 100)
>
> »Gleich am ersten Tag (…) hatten sich viele Mitstudenten in Gruppen zusammengefunden, ich habe keine Ahnung, wie ihnen das so schnell gelungen war.«
> (Preißmann, 2005, S. 23)

Die fehlende Registratur für das Erleben anderer kann auch dazu führen, dass autistische Personen die schlechte Verfassung anderer erst spät mitbekommen und auch nicht angemessen darauf reagieren können. Darunter leiden Freundschaften sehr schnell, denn üblicherweise haben Freunde die Erwartung, dass der andere mit zunehmender Dauer der Freundschaft immer besser voraussahnen kann, was in seinem Gegenüber vorgeht, wie dieser sich fühlt, was er sich wünscht. Genau das ist aber bei autistischen Menschen nicht möglich oder erheblich erschwert. Die Freundschaft mit ihnen muss sich also anders gestalten lassen.

Beispiel

»Ich finde es sehr schwierig bis nahezu unmöglich, Kontakte zu anderen Leuten zu knüpfen, und ich wundere mich immer wieder, wie schnell andere Leute, die sich vorher nicht kannten, miteinander ins Gespräch kommen.«
(Preißmann, 2005, S. 110)

Nutzen von Freundschaften. Oft genug ist auch der Wert von Freundschaften oder Partnerschaften nicht eindeutig benennbar. Warum eigentlich sollte man Freundschaften führen? Oft werden Freundschaften als »Geschäftsbeziehungen« geschildert, die dem Austausch von Wissen oder Sachinhalten dienen, oder sie werden nur aus konventionellen Gründen geführt, also etwa deshalb, weil die Eltern den Heranwachsenden dazu geraten haben oder sie angehalten haben, Freundschaften zu etablieren. Es kommt auch vor, dass erwachsene Personen mit Autismus auf die Frage nach Freundschaften antworten, dass sie bisher im Leben noch keine Freunde gehabt hätten, weil es noch nicht nötig gewesen sei. Eine besondere Herausforderung ist übrigens bei der Entwicklung von Freundschaften und insbesondere Partnerschaften in der Jugend auch die Beurteilung von Attraktivität. Offenbar unterliegen unsere Standards der Attraktivitätsbeurteilung Kriterien, die in der Gruppe erzeugt und ausgetauscht werden, sodass wir auf gemeinsame Kriterien zurückgreifen können. Auch das ist für autistische Menschen außerordentlich schwierig, und sie wundern sich oft, wie andere eigentlich zu bestimmten Attraktivitätsbeurteilungen kommen.

> **Beispiel**
>
> »In dieser Zeit [Pubertät] wurde mir bewusst, dass ich keine Freunde hatte. Ich hätte gern auch welche gehabt, aber ich wusste nicht, wie ich das hätte anstellen sollen, wie, wo und nach welchen Kriterien ich sie hätte auswählen, wie ich sie hätte fragen und was ich dann mit ihnen hätte anfangen sollen. Diese Fragen waren für mich damals nicht zu lösen.«
> (Preißmann, 2005, S. 88)
>
> »Ich wollte eine Freundin haben (…) Jedoch war mir weder klar, wie ich so eine Freundin finden sollte, noch wusste ich, was das bedeutet oder wozu es gut sein sollte.«
> (Miggu, Risse im Universum, 2010, S. 22)

Wenn autistische Personen über bestehende Freundschaften oder Partnerschaften berichten, ist oft auch informativ, wie genau diese Freundschaften gestaltet sind, etwa wie oft man sich trifft oder wozu die gemeinsamen Treffen dienen. Nicht selten sind auch die besten Freunde Menschen, die man nur in sehr großen, mehrmonatigen Abständen trifft. Meist war das auch im Jugendalter nicht anders, so dass etwa berufliche Veränderungen im mittleren Erwachsenenalter nicht der einzige Grund für die geringe Frequenz der Treffen sind. Zweck der gemeinsamen Treffen sind meist Sachinhalte, also Austausch von Wissen über bestimmte Sachverhalte oder Gegenstände, an denen beide interessiert sind, während persönliche Erlebnisse oder besondere Lebensereignisse für die Gestaltung von Freundschaften oder Partnerschaften keine wesentliche Rolle spielen. In Partnerschaften wird es von autistischen Menschen oft nicht als besonders beglückend erlebt, möglichst viel gemeinsam zu unternehmen oder zu erleben, sondern eher, dass beide ihren je eigenen, spezifischen Interessen nachgehen, am besten, ohne durch den anderen am Vollzug gehindert oder gestört zu werden.

Informelle Situationen
Eine besondere Herausforderung für Menschen mit Autismus sind solche Situationen, die nicht durch vorgegebene Regeln oder Rollenverständnisse vorgeformt sind. So werden die Pausen zu dem »Schlimmsten an der Schule« (Preißmann, 2005, S. 20), am Arbeitsplatz sind es entsprechend die Mittags- oder Kaffeepausen, die von den nicht-autistischen Personen meist dazu genutzt werden, um private Kontakte zu pflegen oder private Informationen auszutauschen, wie z. B. zum letzten Urlaub.

Autistische Personen versuchen sehr oft, diese Gespräche aktiv zu meiden und schweigen stattdessen lieber, was natürlich ihre Einsortierung als »Sonderlinge« begünstigt. Diese Schweigsamkeit wird von der Umgebung als eine Unbeholfenheit im Sozialen erlebt. Besondere Herausforderungen sind für viele auch Familienfeiern, bei denen man auf eine Vielzahl von Personen trifft, mit denen man aus rein familiären Gründen verbunden ist, aber nur unter Schwierigkeiten in einen Kontakt kommt.

Im Rahmen der Kölner Spezialambulanz werden seit einiger Zeit auch Gesprächsabende zu bestimmten Themen mit einer größeren Anzahl von autistischen Personen durchgeführt. Hier ist eine sehr bemerkenswerte Beobachtung, dass die betroffenen Personen kaum untereinander sprechen, solange der äußere Rahmen nicht eröffnet ist und nicht die Gesprächsthemen vorgestellt wurden.

Small-Talk oder die »sinnlosen Gespräche«. Beim Small-Talk zeigen sich die Probleme aus der sogenannten Pragmatik der verbalen Kommunikation besonders deutlich (Abschn. 1.2). Missverständnisse sind hier für erwachsene Personen mit autistischer Verfassung vorprogrammiert. Oft genug ist der Sinn eines solchen Gesprächs, das von Menschen mit Autismus auch als »größtmögliche Verschwendung von Sauerstoff« definiert wird, nicht nachvollziehbar. Ferner bestehen in der konkreten Umsetzung auch erhebliche Schwierigkeiten dabei, ein geeignetes Thema für ein solches »kleines Gespräch« zu finden. So erscheint es schlechthin sinnlos, mit einem Taxifahrer über das Wetter zu reden: Da beide Gesprächspartner die Wetterlage unmittelbar vor Augen haben, gibt es ja hier nichts sinnvoll auszutauschen. So kann Small-Talk manchen autistischen Menschen nur als Verschwendung von Zeit oder Energie oder Sauerstoff vorkommen: Wie kann geredet werden, wenn es eigentlich nichts zu bereden gibt, also keine konkreten Sachinhalte zu besprechen sind, über die man sich austauschen und über die man im Verlauf des Gesprächs etwas lernen kann? Dass Small-Talk im Wesentlichen oder zuallererst eine soziale Funktion hat, bleibt Menschen mit Autismus oft verschlossen. Auch dann, wenn die soziale Funktion erkannt ist, bleibt das Führen dieser informellen Gespräche weiterhin schwierig. Small-Talk-Situationen sind aber nicht immer zu umgehen. Die autistischen Erwachsenen, die wir kennengelernt haben, berichten gelegentlich über eigene, interessante Ersatzstrategien, wie solche informellen Situationen gemeistert werden können. Dazu werden verschiedene algorithmisch vorgegebene Abläufe entwickelt, die dann standardisiert angewendet werden (vgl. Kasten).

> **Beispiel**
>
> Eine betroffene Person machte die Erfahrung, dass männliche Gesprächspartner ganz überwiegend in ein Gespräch über den regional jeweils wichtigsten Fußball-Club (z. B. 1. FC Köln) eingebunden werden können, während weibliche Gesprächspartner sich sehr gut durch ein Kompliment für ein kleines Gespräch gewinnen ließen. Das Kompliment bestand darin, das Alter der Gesprächspartnerin zu schätzen, von diesem Schätzwert einen bestimmten Wert abzuziehen und dieses reduzierte Alter dann der Person als geschätztes Alter zu präsentieren. So kann auf einfache Weise algorithmisch ein Kompliment generiert werden. (Das Kompliment ist so lange funktionstüchtig, so lange der Schätzwert des Alters der Gesprächspartnerin adäquat ist.)

Gruppengröße. Ein wichtiger Aspekt ist auch die Größe der Gruppe von Personen, mit der autistische Personen sich beschäftigen. Oft genug sind schon Gruppen mit drei Personen unübersichtlich, während die Interaktion mit einer Person noch gerade eben zu bewältigen ist. Führt man sich vor Augen, dass es für die Betroffenen ja gerade schwierig ist, mit anderen Menschen spontan umzugehen, ist das auch nicht weiter verwunderlich. Je mehr Personen es sind, umso schwieriger wird es, die Reaktionen jedes einzelnen vorherzusagen und vorauszuberechnen. Beispielsweise müssen in einer Teamdiskussion oder womöglich in einem informellen Gespräch mit mehreren anderen, z. B. auf einer Feier, innerhalb kürzester Zeit die Beweggründe und Motivationen mehrerer Personen gleichzeitig erfasst werden, um angemessen handeln und reagieren zu können. Weil daher die Reaktionen autistischer Menschen den anderen, nicht-autistischen Menschen oft nicht »angemessen« erscheinen, werden sie als ungeschickt, meist auch als unhöflich, unbeteiligt, arrogant oder gefühlskalt bewertet.

Hintergrundwissen. Hilfreich kann das Hintergrundwissen über eine Person sein, wie z. B. Wissen über die aktuelle berufliche und familiäre Situation oder ein Interessensgebiet der Person, mit der man interagiert. Es kann dabei helfen, eine gegebene soziale Situation zu verstehen. Meist werden diese Inhalte durch den Gesprächstermin selbst schon vorgegeben. Wenn also etwa ein Gespräch zwischen Arzt und Patient, zwischen Lehrer und Schüler, zwischen Bankkaufmann und zu beratendem Kunden stattfindet, gibt der Gesprächsrahmen bereits weitgehend vor, worüber zu sprechen sein wird. Wird aber beispielsweise bei dem Übergabegespräch eines bestimmten Produktes an Kunden plötzlich dieser Rahmen verlassen, und es werden statt der Sachinformationen zu dem verkauften Produkt plötzlich informell Urlaubserlebnisse ausgetauscht, so ist dieser Formatwechsel eine oft genug unüberwindbare Hürde für autistische Menschen, weil sie sich auf diesen Gesprächsrahmen nicht (auch noch zusätzlich) vorbereiten konnten und es im Übrigen auch nicht verstehen würden, warum in einem sachlichen Rahmen plötzlich der Wechsel auf persönliche Themen notwendig wird. Das Vorwissen über andere Personen spielt hier eine wichtige Rolle und kann gelegentlich herangezogen werden. So werden bekannte Personen wie beispielsweise Familienangehörige besser »verstehbar« als andere unbekannte Personen.

»Portionierte Sozialkontakte«. Diese verschiedenen Aspekte führen dazu, dass das Zusammensein mit anderen nicht-autistischen Personen wenig interessant erscheint und nicht ohne Weiteres einen

Eigenwert darstellt. Vielmehr erzeugt ein tatsächliches Treffen oder die Vorstellung einer unmittelbar bevorstehenden Begegnung eher ein grundsätzliches, allgemeines Unbehagen. Autistische Menschen wie Florian P. stellen sich oft selbst die Frage, warum sie überhaupt Zeit mit anderen verbringen sollen. Wenn es keine sachlichen Gründe gibt, mit anderen zu kommunizieren, dann lässt man es am besten ganz oder reduziert die Kontakte mit anderen auf ein Minimum. Man führt ein Leben, in dem der Kontakt mit anderen dosiert werden muss im Sinne einer »Portionierung von Sozialkontakten« (Florian P., Risse im Universum, 2010, S. 115).

> **Beispiel**
>
> »Ich wusste auch nicht, wozu gemeinsames Beisammensein gut sein sollte.«
> (Miggu, Risse im Universum, 2010, S. 30)
>
> »Das Zusammensein sollte man schließlich nicht übertreiben.«
> (Anathema, Risse im Universum, 2010, S. 102)

Manche autistischen Menschen berichten auch darüber, dass sie mit Tieren besser zurechtkommen als mit Menschen. Als Grund wird dann häufig angegeben, dass Tiere sich »übersichtlicher« verhalten als Menschen und über eine endliche Menge an differenzierbaren Innenzuständen verfügen. Eine betroffene Person berichtete, dass das Zusammensein mit dem Hund angenehmer sei als das Zusammensein mit der eigenen Ehefrau: Den Hund finde man in etwa 30 verschiedenen Zuständen vor, die sich an der Art des Bellens bestimmen ließen, während dagegen die Zahl der inneren Verfassungen, in denen sich die Ehefrau befinden könne, unendlich seien. Dies mache das Zusammensein mit der Ehefrau deutlich weniger attraktiv als die Zeit mit dem Hund zu teilen.

»Autistische Begegnungen«. Bisher überhaupt nicht angemessen untersucht worden sind Begegnungen von autistischen Menschen unter sich. Natürlich gibt es derartige Begegnungen im Rahmen von Selbsthilfegruppen, und worin genau die Unterschiede zwischen der

Kommunikation von autistischen Menschen und nicht-autistischen Menschen bestehen, könnte hier vielleicht besonders gut untersucht und studiert werden. Jedenfalls finden sich immer wieder anekdotische Berichte von betroffenen Personen darüber, dass die Kommunikation mit anderen Betroffenen viel leichter fällt als in Begegnungen, bei denen eine autistische auf eine nicht-autistische Person trifft.

Menschen mit Autismus kommunizieren miteinander ganz überwiegend oder ausschließlich über verbal vermittelte Signale miteinander, während nicht-autistische Menschen entweder überwiegend oder zumindest wesentlich auch zusätzlich über nonverbal vermittelte Signale kommunizieren (Kuzmanovic et al., 2011). Wenn diese Vermutung richtig ist, dann sprechen Menschen mit und ohne Autismus gewissermaßen »unterschiedliche Sprachen«. Erschwerend kommt dazu, dass beide Gesprächspartner sich darüber nicht im Klaren sind, weil die fehlende Wahrnehmung und die fehlende Produktion nonverbaler Signale bei Menschen mit Autismus in der Regel beiden Gesprächspartnern nicht zugänglich sind. Damit entstehen gewissermaßen Verständigungsschwierigkeiten oder Missverständnisse, ohne dass einer der beiden Partner verstehen würde, dass überhaupt Missverständnisse vorliegen, geschweige denn, wie diese Missverständnisse zustande gekommen sind. Autistische Verfassungen sind also »unsichtbar« (Abschn. 2.7).

Beispiel

»Dieses Erlebnis zeigte mir, dass es etwas Besonderes sein konnte, wenn zwei Autisten sich begegneten. Die Tatsache, auf ähnliche Weise eine ähnliche Welt wahrzunehmen, kann etwas wirklich Verbindendes sein und Kontakte möglich machen, die wirklich besonders sind.«
(Hajo, Risse im Universum, 2010, S. 95)

2.3 Sprachliche Kompetenz

Sprachliche Kompetenzen sind bei hochfunktional autistischen Personen im Erwachsenenalter oft sehr gut ausgebildet. Das bedeutet aber nicht nur, dass sie sich sprachlich gut ausdrücken können, sondern auch, dass sie Dinge oft sehr genau nehmen und schlecht ertragen können, wenn andere Menschen unpräzise mit Sprache umgehen, so dass auch hier wieder Schwierigkeiten im sozialen Miteinander entstehen können.

Monologisieren. Im Gespräch mit anderen neigen viele Betroffene zu Monologen über für sie interessante Themen. Dabei geht ihnen oft die Information verloren, ob der Gesprächspartner, der zuhört, daran eigentlich interessiert ist oder nicht. Gespräche können auch ins Stocken geraten, wenn das von anderen Vorgetragene nicht verstanden wird, die autistische Person aber nicht sofort nachfragt, sondern darüber erst für sich nachdenkt. Das Gespräch wird dann später zu einem schon desynchronisierten Zeitpunkt wieder aufgenommen, zu dem beide Gesprächspartner auf unterschiedliche Aspekte des Gesprächs fokussieren.

»Wie ist das gemeint?« Eine besondere Herausforderung stellen übertragene Bedeutungen dar, wie sie bei Ironie, Metaphern oder auch Sprichwörtern und Redewendungen zum Ausdruck kommen. So hat etwa das Wort »schlagfertig« in einer verbal geführten Begegnung mit einer anderen Person nichts mit »Schlagen« im engen Sinn zu tun, und man kann damit auch nicht »fertig« werden. Andere Beispiele:

▶ Besonders ruhige Gegenden in Städten oder Dörfern werden häufig so beschrieben, dass man dort »abends die Bürgersteige hochklappen« könne, was aber natürlich in einem wortgetreuen Sinn physikalisch nicht passiert. (Was übrigens die übertragene Bedeutung dieser Ausdrucksweise eigentlich beschreibt, dürfte den meisten unklar sein. Obwohl ich die Verwendungsweise dieser Phrase kenne, kann ich selbst auch nur darüber spekulieren: Vielleicht hat es etwas damit zu tun, dass sich in einer wenig belebten Gegend bzw. in einem wenig belebten Zeitraum, in der

bzw. zu der nicht viel »los« ist, auch die Bürgersteige nicht benutzt werden und dann gleich ganz hochgeklappt werden könnten.)
▶ Die eigene intellektuelle Anstrengung wird gelegentlich mit der metaphorischen Beschreibung eines Gefühls gefasst, dass der eigene »Kopf zu zerspringen drohe«. Derartige Äußerungen werden von autistischen Personen, wenn sie noch nicht vorher von der übertragenen Bedeutung Kenntnis genommen haben, zunächst wörtlich verstanden und erregen dann nachvollziehbarerweise ein beträchtliches Maß an Irritation und Unruhe: Wer möchte schon tatsächlich gern miterleben, wie ein Kopf zerspringt.

Diese übertragenen Bedeutungen im Sinne von Metaphern sind nicht ohne Weiteres aus dem buchstäblichen Bedeutungsgehalt ersichtlich, sondern müssen erst aus dem sprachlich vermittelten Kontext erschlossen werden. Kompliziert wird diese Aufgabe weiter dadurch, dass bei sprachlichen Äußerungen gar nicht unbedingt erkannt werden kann, was metaphorisch gemeint ist und was nicht. Diese Einordnung ergibt sich erst aus dem Gesamtkontext. Für erwachsene autistische Personen sind solche semantischen Herausforderungen nur durch jahrelange Erfahrung im Umgang mit anderen einigermaßen gut zu bewältigen.

Eine besondere Rolle spielen solche semantischen Unklarheiten, wenn sie sich auf andere Personen beziehen. Hier kann ja durchaus vorkommen, dass eine Person, der es eigentlich schlecht geht und die das auch durch ihre körperliche Erscheinung oder durch nonverbale Signale, wie z. B. Mimik, zum Ausdruck bringt, behauptet, ihr gehe es gut.

Beispiel

»Das Komplizierte an meinen Mitmenschen ist mitunter auch die Tatsache, dass sie nie richtig sagen, was sie meinen, und umgekehrt auch nie richtig meinen, was sie sagen.«
(Florian P., Risse im Universum, 2010, S. 116)

»Warum sollte ich etwas sagen, das ich nicht meine?«
(Miggu, Risse im Universum, 2010, S. 18)

Hier tritt dann eine Situation ein, in der die sprachliche Äußerung allein nicht mehr ausreicht, um die Verfassung einer anderen Person abzuschätzen. Vielmehr müssen auch andere, insbesondere nonverbale Signale, mitaufgenommen werden, um zu einer angemessenen, ausgewogenen Einschätzung zu kommen, die uns, um bei dem Beispiel zu bleiben, wohl dazu bewegen würde, Widerspruch einzulegen, wenn wir den zuverlässigen Eindruck haben, dass es der anderen Person schlecht geht. Eine möglicherweise völlig andere Bedeutung aus dem sprachlichen Material herauszulesen als die, die tatsächlich geäußert wird, kann also nur gelingen, wenn wir den Konflikt auflösen zwischen den verbalen und den nonverbalen Äußerungen der anderen Person. In einer eigenen experimentellen Untersuchung ließ sich zeigen, dass sich autistische Erwachsene in ihrer Eindrucks- und Urteilsbildung stärker auf die verbale Information verlassen, wenn die verbal und nonverbal präsentierten Informationen unterschiedliche Bedeutungen haben (Kuzmanovic et al., 2011).

Humor. Humor ist ebenfalls ein besonders interessantes Thema bei Autismus. Natürlich sind autistische Personen auch humorvolle Menschen. Dass Nicht-Autisten oft nicht den gleichen Humor teilen, heißt nicht, dass er nicht auch auf eine andere »autistische« Weise existieren kann. Da nicht die gleiche Art von Humor vorausgesetzt werden kann wie bei nicht-autistischen Personen, ist es sinnvoll, den spezifischen Humor der betroffenen Personen abzuwarten und herauszubekommen. So geht es dabei etwa oft um Wortspiele oder Klänge von Wörtern, die amüsant erlebt werden, während ironisch gemeinte Bemerkungen oft nicht als Ironie wahrgenommen werden.

Arten des Schweigens. Üblicherweise beginnen Diskussionen mit autistischen Personen oft etwas schleppend. Das hat vermutlich damit zu tun, dass die autistischen Personen in der Regel ein »konstruktives Schweigen« betreiben, d.h., dass sie darüber nachdenken, was sinnvollerweise gesagt werden könnte. Bei nicht-autistischen Personen dürfte es sich im Fall des Schweigens um andere Motivationen handeln, so könnte es sein, dass eine Person schweigt, weil sie vermutet, dass der Gesprächspartner Interessanteres zu sagen hat als sie selbst, oder weil sie nichts von sich preisgeben möchte, zumindest nicht zu früh. Natürlich kann eine länger andauernde

Schweigephase auf die Dauer beklemmend wirken. Man sollte sie dann auch irgendwann abbrechen und das Schweigen selbst thematisieren. Menschen mit Autismus reden üblicherweise nur dann, wenn es auch Sachinhalte zu besprechen gibt. Die Schweigepausen sollten also nicht »zu früh« abgebrochen werden. Das einfachste ist unter diesen Umständen wohl, das Reden ganz einzustellen und zu schweigen. Dem Schweigen kommt nach all dem Gesagten also eine besondere Bedeutung zu, und man muss dazu gar nicht mehr viele Worte machen.

> **Beispiel**
>
> »Erstens galt es zu klären, wann ich überhaupt einen Redebeitrag abgeben könnte, und wenn dies geklärt war, musste ich in etwa auch noch wissen, wie lange ich denn nun reden könnte – und vor allem über was.«
> (Florian P., Risse im Universum, 2010, S. 117)
>
> »Wäre es nicht schön, wenn jeder schwiege?«
> (Brauns, 2004, S. 273)

2.4 Gestik und Mimik

Nonverbale Kommunikation ist ein großes Feld, in dem Schwierigkeiten auftreten, vielleicht die meisten und größten Schwierigkeiten autistischer Personen überhaupt. Natürlich sind starke mimische Ausdrücke, wie z. B. Weinen oder Lachen, auch für autistische Menschen sehr gut erfassbar. Subtilere, differenziertere nonverbale Äußerungen aus den Bereichen Mimik, Gestik und Körpersprache sind oft nur schwer verständlich und mühsam auszulesen. Ebenso wie die angemessene Wahrnehmung dieser nonverbalen Signale ist auch die eigene Produktion passender und angemessener Körpersignale besonders schwierig. Sie muss gelernt und lebenslang bewusst und konzentriert umgesetzt werden, ähnlich wie bei einem Schauspieler, der ein bestimmtes Repertoire von Bewegungen für eine bestimmte Rolle erlernen muss. Von Betroffenen wird gelegentlich berichtet, dass er oder sie sich das mimische und gestische Verhalten überhaupt erst in Seminaren zur nonverbalen Kommunikation erschlossen hat, die man als Erwachsener besucht hat, oder dass Gestik und Mimik wie Vokabeln einer Fremdsprache gelernt werden müssten.

Regelbasiertes Wissen kann aber helfen, mit anderen Menschen besser umzugehen. Eine betroffene Person berichtete dazu, dass der Großteil der Alltagssituationen bereits allein dadurch erheblich erleichtert werden könne, dass die andere Person angeblickt und angelächelt werde. Problematisch können auch solche Alltagsphänomene wie Umarmungen werden. So schilderte eine betroffene Person, dass sie sich bereits seit geraumer Zeit Gedanken darüber mache, wie eigentlich genau eine andere Person zu umarmen sei und welche Aspekte die Art und Dauer der Umarmung in welcher Weise beeinflussen (Geschlecht, Bekanntheit, Körperfülle der anderen Person etc.). Diese Fragen sind für autistische Personen oft explizit ausformulierte Fragen, die nicht-autistische Personen meist nicht nachvollziehen können.

> **Beispiel**
>
> »Schwierig im Kontakt mit anderen Menschen ist meine mangelnde Mimik, Gestik und Körpersprache.«
> (Preißmann, 2005, S. 78)
>
> »Kommunikation, Gestik und Körperhaltung ist ein kontinuierliches und anstrengendes, Ressourcen fressendes Schauspiel, das ich kognitiv betreiben muss, statt es einfach intuitiv ›laufen zu lassen‹.«
> (Lasse von Dingens, Risse im Universum, 2010, S. 155)
>
> »Die Fähigkeit zur Kommunikation ist für mich keine Selbstverständlichkeit, ich muss sie immer wieder trainieren, um mich ihrer nicht zu entwöhnen.«
> (Florian P., Risse im Universum, 2010, S. 119)

Blickverhalten. Das Blickverhalten ist eine besonders relevante Leistungsfähigkeit, wie wir schon gesehen haben, und sie ist besonders beeinträchtigt bei Autismus. Der Blick des anderen ist nicht informativ, es lässt sich daraus keine relevante Information ableiten. Autistische Menschen schauen oft andere Personen gar nicht an, da sie sich abgelenkt fühlen und sich dann nicht mehr angemessen auf ihre eigenen Sachinhalte konzentrieren können, die sie an andere vermitteln wollen. Viele Betroffene haben mit der Zeit auch gelernt oder von Angehörigen vermittelt bekommen, dass es sinnvoll ist, andere Personen anzuschauen, während man mit ihnen spricht. Dann ist aber oft auch nicht klar, wie lange eine andere Person angeschaut werden soll. Vor allem wird bei genauer Beobachtung auch deutlich, dass der Blick autistischer Personen keine Funktion hat, er lenkt nicht die Aufmerksamkeit der angeschauten Person. Dass Blicke auch eine »zeigende« Funktion haben können, wie am Beispiel der gemeinsamen Aufmerksamkeit (»joint attention«) bereits ausgeführt wurde (Abschn. 1.3), ist selbst vielen erwachsenen Menschen mit Autismus neu und wurde in der eigenen Erfahrung bisher nicht beobachtet und erlebt. Der zugewandte Blick autistischer Personen bekommt daher häufig einen starrenden Charakter, weil er nicht moduliert und nicht nach einigen Sekunden auf ein anderes Blickziel wechselt – was wir üblicherweise tun.

> **Beispiel**
>
> »Schon immer fühlte ich mich so fremd auf dieser Erde ... Jede gelungene soziale Interaktion ist und war nur möglich, weil ich es stundenlang allein im Wald und vor dem Spiegel übte. Jede Mimik, jede Gestik ist mühselig erarbeitet.«
> (Carsten, Risse im Universum, 2010, S. 223)

Bereits bei zweijährigen autistischen Kindern lässt sich nachweisen, dass sie signifikant weniger auf die Augen, aber länger auf den Mund einer anderen Person schauen (Jones et al., 2008). Autistische Jugendliche nehmen zwar Blickänderungen von anderen Personen wahr, diese Beobachtungen sind aber nicht gefolgt von einer längeren Verweildauer des eigenen Blicks auf dem Blickziel der beobachteten Person (Freeth et al., 2010). Mit anderen Worten, die Blickänderung einer anderen Person wird wahrgenommen, aber nicht das Objekt, auf das die Person schaut.

Gesichter erkennen. Eine besonders prägnante Störung stellen Schwierigkeiten bei der Gesichtswahrnehmung dar. Autistische Personen können andere Menschen oftmals nicht anhand ihres Gesichts wiedererkennen. Oft schließt diese Schwäche auch solche Personen ein, die sie schon oft gesehen haben. Dabei ist eine offene Frage, ob diese Schwierigkeit mit der mangelnden Aufmerksamkeit zu tun hat, die anderen geschenkt wird, oder mit der Schwäche der Gesichtserkennung selbst. Natürlich entstehen bei Personen, die von autistischen Menschen nicht wiedererkannt werden, obwohl sie schon mehrfach aufeinandergetroffen sind, schnell Missverständnisse, und der autistische Mensch wird schnell als uninteressiert, unhöflich oder arrogant erlebt.

> **Beispiel**
>
> »Ich wusste nicht, wie ich mit den Kindern [andere Schulkinder] umgehen und was ich mit ihnen machen sollte. Bei manchen von ihnen wusste ich überhaupt nicht, dass ich sie schon einmal gesehen hatte, ich kannte sie nicht.«
> (Preißmann, 2005, S. 18)
>
> »So ist man als ein Mensch, der über dieses Mittel der Kontaktaufnahme [Blickkontakt] nicht voll verfügt, schon von Anfang an bei der Herstellung von Beziehungen behindert. Sehr schwierig ist es auch für mich, Gesichter von anderen Menschen wieder zu erkennen und mich an sie zu erinnern. (…) Wenn ich mir einen Menschen vorstelle, dann sehe ich ihn nur im Umriss vor mir, und auch nur bis zum Hals. Der Kopf ist irgendwie aus meiner Vorstellung ausgeblendet.«
> (Preißmann, 2005, S. 103)

»In die Gesichter habe ich nur selten geschaut. Dort war nichts Interessantes zu sehen, warum hätte ich die Leute anschauen sollen?«
(Miggu, Risse im Universum, 2010, S. 14)

In einer eigenen Untersuchung zusammen mit den Psychologen Bente und Schwartz ließ sich zeigen, dass sich hochfunktional autistische Personen auch beim Kontakt mit virtuellen Gegenübern von nicht-autistischen Personen unterscheiden: Im Vergleich erlebten die autistischen Teilnehmer das Betrachten von virtuellen Charakteren, die mit unterschiedlichen mimischen Ausdrücken versuchten, »Kontakt« zum Betrachter aufzunehmen, als weniger ansprechend als nicht-autistische Versuchspersonen. Allerdings machten auch sie dabei einen Unterschied zwischen lächelnden und neutral blickenden Gesichtern, was zeigt, dass sie die computergenerierten Personen zumindest prinzipiell als soziale Interaktionspartner wahrnahmen und deutliche nonverbale Signale differenzieren können (Schwartz et al., 2010).

2.5 Regelmäßigkeit und Rituale

Klare Rahmenbedingungen schaffen Sicherheit. Autistische Menschen haben einen sehr hohen Bedarf an regelmäßigen Strukturen und regelmäßigen Abläufen. Entsprechend führen Unregelmäßigkeiten dazu, dass eine hohe Unzufriedenheit entsteht, die von erstaunlich vielen Betroffenen als »Stress« erlebt wird, in eigenen Untersuchungen von etwa zwei Drittel der Betroffenen (Gawronski et al., 2011). Dazu gehören natürlich insbesondere klare Rahmenbedingungen im Alltag und am Arbeitsplatz, aber auch bei besonderen Gesprächen (z. B. Arzt-Patienten-Gespräch, Psychotherapie-Gespräch) einschließlich des Beginns und des Endes von Gesprächen, damit eine angemessene Vorbereitung auf diese Gespräche gelingen kann. So sollte der Aufbau von sich wiederholenden Gesprächen in psychotherapeutischem Rahmen immer gleich sein. Auch andere Details, wie die Sitzordnung, sollten immer gleich sein (Gawronski et al., 2012). Veränderungen gewohnter Abläufe stören die eigene Konzentration und lenken ab. Autistische Menschen sind also sehr stark auf wiederkehrende und vorhersagbare Abläufe ausgerichtet. Stärker als andere Personengruppen sind autistische Menschen darauf angewiesen, sich mit anderen verbal und explizit zu unterhalten, also direkt in Austausch zu treten und nicht über den Umweg nonverbaler Kommunikation zu gehen.

Mit Ritualen den Alltag meistern. Strikt eingehaltene Routinen und täglich wiederkehrende Rituale sind für viele Menschen mit Autismus sehr wichtig. Abweichungen von diesen routinierten und ritualisierten Abläufen erzeugen große Irritationen. So müssen bei vielen Betroffenen spätestens am Ende einer Arbeitsphase sämtliche Utensilien wieder die alte Position einnehmen, Bücher müssen zurückgestellt, Lesezeichen entfernt werden. Eingespielte und immer gleiche Tagesabläufe sind von großer Wichtigkeit. Manchmal werden über Jahre hinweg exakt die gleichen Speisen zu verschiedenen Mahlzeiten eingenommen, eine gewisse Bekanntheit hat hier die Vorliebe von Nicole Schuster (einer Person mit autistischer Verfassung, die bereits einige sehr lesenswerte Bücher über Autismus geschrieben hat) für Wirsing bekommen, der von ihrer Mutter täglich zubereitet werden musste, auch dann, wenn er nur schwer erhältlich war und nicht in die jeweilige Saison passte. Auch die Kleidung wird oft immer gleich ausgewählt. Die Kleidung spielt mit ihrer Außenwirkung oder Signalwirkung auf andere noch eine weitere Sonderrolle, weil in der Auswahl der angemessenen Kleidung auch das Ausmaß der sozialen Anpassung, die viele anstreben, deutlich wird und man zum Ausdruck bringen kann, dass man gelernt hat, »worauf es ankommt«, zumindest in Kleidungsdingen. Derartige routinierte Abläufe werden als ausgesprochen angenehm und stabilisierend und unverzichtbar beschrieben.

> **Beispiel**
>
> »Der einzige Gewinn der unerwünschten Arbeitsplatzwechsel war, die Vielfalt der menschlichen Charaktere kennenzulernen.« (Prinz Charles, Risse im Universum, 2010, S. 66)

Ordnung. Eine andere Ausdrucksform ist neben den Routineabläufen und Ritualen die besondere Ordnungsliebe. So werden Bücher nach bestimmten Kriterien sortiert (Größe, Farbe etc.), sämtliche CDs werden in ihren Hüllen so ausgerichtet, dass man unmittelbar die Beschriftung der CD lesen kann, wenn man die CD-Hülle öffnet, Tassen werden im Küchenschrank so angeordnet, dass man mit dem Zeigefinger direkt in den Henkel greifen kann, um die Tasse herauszunehmen, ohne die Tasse vorher im Schrank drehen zu müssen. Jede noch so kleine Veränderung dieser Ordnungen und Abläufe wird sofort registriert und korrigiert. Hier ist im Vergleich zu den sozialen Schwierigkeiten vielleicht weniger deutlich, ob es sich wirklich um Störungen oder »Behinderungen« handelt, die die Person am Vollzug des Alltags hindern. Die entscheidende Frage bei der Beurteilung dieses Aspektes ist die nach der Toleranz von Abweichungen. Werden Abweichungen in gewissem Rahmen toleriert, so sind die Einschränkungen, die sich daraus für den Alltag ergeben, auch übersichtlich. Ist die Toleranz für solche Veränderungen aber klein und muss alles Abweichende unmittelbar korrigiert werden, wird unmittelbar evident, dass damit ein erheblicher Aufwand verbunden ist, der schnell die Teilhabe am Alltags-, Familien- oder Berufsleben einschränken oder sogar ganz aufheben kann.
Detailwissen. Viele autistische Personen haben eine besondere Stärke für Details. Es kann vorkommen, dass ihnen Dinge auffallen, die anderen nicht auffallen. Das kann auch sehr hilfreich sein, wenn man als Angehöriger einer autistischen Person den Wohnungsschlüssel verlegt hat und ihn nicht mehr finden kann, wie Nicole Schuster berichtet. Autistische Menschen, die Details eine hohe Aufmerksamkeit schenken, können oft verloren gegangene Gegenstände schnell wiederfinden, während andere sie erst viel später registrieren. Darunter leiden jedoch Fähigkeiten, globale Sachverhalte einzuschätzen, bestimmte Aufgaben in umschriebenen Zeiträumen zu lösen oder Texte zusammenzufassen, weil sich die betroffenen Personen im Detail »verlieren«.
Spezialinteressen. Eine weitere Facette in den verschiedenen Erscheinungen autistischer Züge sind besondere Interessen an oft sehr engen, fokussierten Wissensgebieten. Darin zeigen sich oft sehr

deutlich die Vorlieben für Regelmäßigkeiten, bestimmte Ordnungsvorlieben und die Detailversessenheit. Nicht-autistischen Menschen erscheinen diese Spezialinteressen oft als in besonderem Maße nutzlos oder sinnlos. Bis zu einem gewissen Grad trifft das natürlich auf viele Hobbys oder Freizeitaktivitäten zu, denen wir nachgehen, sie dienen nicht immer unmittelbar irgendwelchen Zwecken, z. B. dem Geldverdienen bei beruflichen Tätigkeiten. Autistische Spezialinteressen sind aber oft in einer besonderen Weise abgekoppelt von irgendwelchen Nutzanwendungen. So kann es beispielsweise sinnvoll sein, über Züge der Bundesbahn, die man oft benutzt, gut informiert zu sein, aber es ist weniger nachvollziehbar, warum es interessant sein kann, den gesamten Fahrplan aller Züge der Bundesbahn auswendig im Kopf zu haben. Es ist gut nachvollziehbar, alle Ergebnisse seines eigenen Lieblingsfußball-Clubs der letzten Jahre oder Jahrzehnte im Kopf zu haben, aber es ist weniger gut verständlich, warum es spannend sein kann, alle Spielergebnisse der Fußball-Bundesliga zu kennen oder zu archivieren, möglicherweise ohne sich in einer besonderen Weise für die Fußballspiele selbst zu interessieren. Von manchen autistischen Personen werden sogar Ergebnisse von Begegnungen, die nie stattgefunden haben, oder ganze Sportarten erfunden, um mit diesen Ergebnissen Tabellen zu füllen und Statistiken zu berechnen, sodass das Hobby weiter ausgebaut und gepflegt werden kann.

Derartige Spezialinteressen und Detailkenntnisse sollten Personen mit Autismus sicher zugestanden werden. Vielleicht lässt sich daraus zusammen mit Angehörigen oder Freunden auch sogar ein gemeinsames Hobby machen, oder man entwickelt gemeinsam Ideen dafür, wie die Kenntnisse und Fähigkeiten des autistischen Partners »gewinnbringend« und nutzbringend für eigene Interessen eingebracht werden können. Diese Interessen werden in sozialen Situationen von Menschen mit autistischen Störungen repetitiv – meist an eher unangebrachten Stellen – thematisiert, was zu abendfüllenden Monologen führen kann, vorausgesetzt, die umgebenden Personen lassen dies zu.

Besonderheiten der Sinneswahrnehmung. Etwas gewagt erscheint es, an dieser Stelle auch auf Besonderheiten der Sinneswahrnehmung einzugehen. Ob es sich dabei um Eigenschaften handelt, die mit dem Bedürfnis nach Regelmäßigkeiten und großer Detailorientierung in Verbindung zu bringen sind, ist sicher spekulativ. Es ist aber vielleicht nicht ganz unplausibel, weil zahlreiche autistische Menschen immer wieder über eine besondere Vielfalt von Sinneseindrücken berichten, die kaum zu ertragen ist und entsprechende Schutzmaßnahmen im Sinne einer besonders reizarmen Umgebung notwendig macht. Hieraus ergeben sich natürlich auch unmittelbar besondere Anforderungen für angemessene Arbeitsplatzumgebungen. Wissenschaftliche Untersuchungen haben ebenfalls derartige Besonderheiten in der Sinneswahrnehmung bei autistischen Personen bestätigt. Erwachsene haben über die Lebensspanne oft gelernt, mit dieser Reizfülle umzugehen, das ist auch wichtig, weil diese Besonderheiten in der Regel im Erwachsenenalter weiter bestehen. Vor allem Eindrücke in der akustischen Sinnesmodalität sind oft belastend wie laute und unerwartete Geräusche oder Lärm, aber auch gleichförmige Geräusche, z. B. von elektrischen Geräten, die aus unserem Alltag kaum noch wegzudenken sind. Die Geräusche werden als unangenehm empfunden oder als übermäßig laut. Ebenso ist die Berührungsempfindlichkeit von autistischen Menschen ein häufig beschriebenes Merkmal, sie kann sich auf Berührungen von anderen beziehen, einschließlich eines Händedrucks, oder auch auf Kleidungsstücke, die als unangenehm erlebt werden. Ebenso können auch der Geschmackssinn und das Sehen betroffen sein von diesen Formen der Überempfindlichkeit. Temperatur- und Schmerzempfinden werden häufig als weniger sensibel geschildert. Veränderungen in der Wahrnehmung von Sinnesreizen sind in der aktuell gültigen, nordamerikanischen Klassifikation psychischer Störungen, der DSM-5 (APA, 2013) neuerdings auch als diagnostisches Kriterium aufgenommen (Abschn. 3.3).

Synästhesie. Eine weitere Besonderheit, die zumindest kurz erwähnt werden muss, ist das Phänomen der sogenannten Synästhesie. Damit bezeichnet man üblicherweise Wahrnehmungen einer bestimmten Sinnesmodalität bei Reizung einer anderen. So können etwa Töne plötzlich Farbwahrnehmungen auslösen. Bei autistischen Personen wird immer wieder in Fallberichten oder autobiographischen Darstellungen von teilweise sehr komplexen und eindrucksvollen Phänomenen berichtet, in denen z. B. komplexe innere Bilder erscheinen, die bestimmte kognitive Leistungen begleiten, z. B. Rechenoperationen. In Einzelfällen werden anhand der präsentierten Ergebnisse ganz herausragende Begabungen deutlich, wie bei Daniel Tammet. Diese Phänomene werden aber in unserer Kölner Sprechstunde vergleichsweise selten von den betroffenen Personen vorgetragen und scheinen autistische Menschen nicht in besonderer Weise auszuzeichnen.

2.6 Verlauf über die Lebensspanne

Kritische Phase Pubertät. Zum Abschluss soll noch ein Blick auf den Verlauf der hier beschriebenen Phänomene geworfen werden, bevor wir uns der eigentlichen Diagnosestellung zuwenden. Gelegentlich berichten autistische Personen, dass die Welt in ihrer Zeit als Kind oder Jugendlicher, etwa bis zum Einsetzen der Pubertät, als »inszeniert«, nur für sie »gestellt« oder »unwirklich« erlebt wurde. Die Einsicht, dass es sich bei den anderen Menschen um sie selbst herum auch um empfindende Wesen mit Gefühlen, Gedanken und Wünschen handelt, stellt sich erstaunlicherweise bei manchen erst zum Zeitpunkt der Pubertät ein. Bis dahin sind andere Menschen oft »unwirklich« und lassen sich nach einigen Schilderungen auch nicht verlässlich von Dingen oder Gegenständen unterscheiden.

Warum diese Einsichten etwa an der Schwelle von der Kindheit zur Jugend auftreten, ist eine offene Frage. Vielleicht kann dieser Prozess mit bestimmten neurobiologischen Reifungsprozessen in Verbindung gebracht werden. Vielleicht ist es auch eine Folge der zunehmenden Orientierung an einer Gruppe von Gleichaltrigen, wie in der Pubertät üblich, auch wenn die Pubertät autistischer Menschen sicher in vielem unterschiedlich verläuft als bei nicht-autistischen Menschen. Die erforderliche Neuorientierung und der Bedarf nach Anpassung zeigen in besonderer Weise die Schwierigkeiten in der sozialen Interaktion mit anderen auf und können möglicherweise als zusätzliche Motivation dienen, sich diesen Schwierigkeiten neu zu stellen. Der Wunsch nach Freundschaft und Partnerschaft, auch wenn er nur wegen des Erfüllens von Konventionen entsteht, ist hier vielleicht außerdem wirksam.

> **Beispiel**
>
> »Bis zu meiner Pubertät war mir nicht klar, dass andere Menschen eine eigene Geschichte, ein eigenes Leben und eine eigene Identität besitzen. Für mich waren andere Menschen lediglich Statisten meines Lebens, die einfach nur dafür da waren, mein Leben in irgendeiner Form zu füllen, sie gehörten einfach dazu. Ich erkannte nicht, dass hinter jedem Menschen ein eigenes Individuum steckt, das gesellschaftlich den gleichen Wert besitzt wie ich und das ebenso Gefühle hat, auf die man Rücksicht nehmen sollte.«
> (Lasse von Dingens, Risse im Universum, 2010, S. 160)
>
> »Die Welt, in der ich meine Kindheit verbrachte, war menschenleer. (…) Ich lebte in einer menschenleeren Welt. All diese Wesen, die mich umgaben, schienen einer anderen Spezies anzugehören, schienen sich qualitativ nicht zu unterscheiden von Tieren, Pflanzen oder Dingen. (…) Als Bewohner einer inneren Welt, war ich alleine, der Einzige.«
> (Hajo, Risse im Universum, 2010, S. 150)
>
> »Im Kindesalter habe ich oft die Erwachsenen beobachtet, wie sie miteinander interagierten. Es hat mich interessiert, wie sie miteinander umgingen. Ich dachte, wenn ich einmal erwachsen bin, werde ich auch so. Ich dachte, diese Fähigkeit, so miteinander umzugehen, erlange man, wenn man erwachsen wird.«
> (Miggu, Risse im Universum, 2010, S. 12)

»Erlernen einer Fremdsprache«. Offenbar verhalten sich autistische Kinder und Jugendliche im Laufe der Zeit zwar zunehmend regelkonform entsprechend der erlernten Normen und Konventionen, aber der Sinn ihrer Handlungen erschließt sich noch nicht unmittelbar. Dies gilt sicher für den Personenkreis, an den sich dieses Buch wendet, nämlich erwachsene Personen, die für sich eine autistische Diagnose erwägen müssen. So werden häufig rigide und starre Regeln erlernt und auch konsequent befolgt, so dass der Gesprächspartner vielleicht konsequent angeschaut wird, ohne dass aber der Blick sinnvoll oder situationsangemessen unter Ansteuerung wechselnder Blickziele moduliert wird. Es fehlt also der flexible Umgang in der Anwendung dieser Regeln. Nicht-autistische Kinder erlernen solche Regeln intuitiv, am ehesten durch Imitation ihrer Bezugspersonen in den ersten Lebensjahren. Dieses Defizit kann dann später nur in gewissen Grenzen überwunden werden (z. B. durch Befragung von anderen sozial kompetenten Personen: Familienangehörige oder Lebens- bzw. Ehepartner). Dieses Vorgehen wird von autistischen Personen selbst gelegentlich mit dem Lernen einer fremden Sprache verglichen. So wie Vokabeln und Grammatikregeln gelernt werden müssen, müssen auch die Regeln des sozialen Umgangs erlernt werden. Nur der enorm aufwendige tägliche Umgang mit dem Erlernten kann eine gewisse Flexibilität in der Anwendung gewährleisten. Das fortwährende Analysieren von menschlichem Verhalten und sozialen Situationen, in denen es auftritt, sowie das angemessene Verhalten erfordern daher eine dauernde intellektuelle Anstrengung. Trotzdem aber bleibt der Umgang mit dieser »Fremdsprache« immer eine Bemühung, die eine besondere Konzentration erfordert, und selbst dann können immer wieder neue, unbekannte Situationen auftreten, die durch das bisher Erlernte noch nicht abgedeckt sind.

Ersatzstrategien. Deutlich wird an der Schilderung dieser »Problemzonen« nicht nur die Fülle der Schwierigkeiten und Missverständnisse, auf die autistische Menschen mit ihren spezifischen Eigenschaften stoßen, sondern auch die Kreativität in der Entwicklung von Ersatzstrategien, die ihnen helfen, die Schwierigkeiten in der Alltagskommunikation mit anderen Personen zu umgehen. Sie sind daher oberflächlich oft recht gut in der Lage, sich im Alltag erfolgreich zu bewegen oder relevante Informationen über die innere Verfassung anderer Menschen zu erfassen und zu verarbeiten. Diese Informationen können von dem Auslesen einzelner Teileigenschaften von Äußerungen anderer Personen bis hin zu komplexen Typologien anderer Personen reichen, die nach Art einer eigenen Persönlichkeitstheorie zusammengestellt werden.

> **Beispiel**
>
> Autistische Menschen schilderten, dass sich die Frage, ob eine Person aufgeregt sei, auch aus der Sprechgeschwindigkeit beantworten lasse, also nach der Schätzung, wie viele Worte pro Minute gesprochen werden.
> Eine Person, die in der KFZ-Branche tätig ist, berichtete, dass die Zufriedenheit eines Kunden nach Begutachtung des Autos und erfolgter Rückmeldung über den Zustand und die Reparaturbedürftigkeit des Fahrzeugs aus der Lautstärke abgelesen werden könne, mit der die Autotür zugeworfen würde.

In der Kölner Spezialambulanz haben sich auch einige Studierende bzw. Absolventen von Studienfächern vorgestellt, die sich mit dem Menschen und seinem Verhalten beschäftigen (Psychologie, Pädagogik, Jura). Viele sind auch sehr erfolgreich in ihrem Beruf. Mit dieser Form der Tätigkeit geht aber auch eine besondere Anstrengung für die Betroffenen einher, die die übliche Anstrengung bei nicht-autistischen Menschen sicher übersteigt.

Autistische Menschen sind, auch das dürfte deutlich geworden sein, natürlich nicht grundsätzlich desinteressiert an anderen Personen. Sehr viele, die den Kontakt zu anderen Menschen suchen, stehen aber der enormen Herausforderung gegenüber, die Schwächen in der intuitiven Erfassung anderer Personen kompensieren zu müssen und alternative Signalsysteme zu suchen, die darüber informieren können. Es muss dann auf »äußerliche« Hinweise geachtet werden, also Merkmale, die sich auch von außen leicht bestimmen lassen. Der Kompromiss besteht also darin, wenige, gut messbare Hinweise zu sammeln und auf dieser Grundlage zu einem Gesamturteil zu kommen. Interaktionsmuster, Verhaltensweisen sowie gestische und mimische Signale können bis zum Erwachsenenalter in gewissem Umfang gelernt und im Hinblick auf ihre Aussagekraft für die Verfassung und das innere Erleben einer anderen Person erschlossen werden. Dabei handelt es sich aber immer um »Gelerntes«, das erst aktiv abgerufen und reflexiv überprüft werden muss. Solches Wissen erreicht nie den intuitiven, automatischen Charakter, den derartige Merkmale üblicherweise für nicht-autistische Menschen haben. Soziale Kognition bleibt auch dann, wenn sie in gewissem Umfang erlernt werden konnte, immer eine vergleichsweise hohe kognitive Anforderung und Anstrengung für autistische Menschen. Interessanterweise erscheinen im Gegensatz dazu häufig algorithmische oder Rechenprozesse als einfach, leichtgängig oder sogar entspannend.

> **Beispiel**
>
> »Bis heute erkenne ich Menschen am ehesten an ihrer Stimme, an bestimmten Wendungen und Begriffen, die sie häufig verwenden, wieder.«
> (Rainer, Risse im Universum, 2010, S. 126)

2.7 Die »doppelte Unsichtbarkeit«

Erste Unsichtbarkeit: das innere Erleben. Im Sinne eines zusammenfassenden Verständnisses des Wesens oder des Kerns autistischer Verfassungen bietet sich die Metapher der »doppelten Unsichtbarkeit« an. Die erste Unsichtbarkeit bezieht sich auf die Tatsache, dass alle inneren Erlebnisse unserer Wahrnehmungen, Gedanken, Gefühle oder Handlungsabsichten von außen nicht unmittelbar sichtbar sind. Diese erste Unsichtbarkeit bezieht sich natürlich auch auf Abweichungen des inneren Erlebens im Sinne von psychischen Störungen, mit anderen Worten, auch psychische Störungen sind in diesem Sinne »unsichtbar«. So ist bei einer Person mit einer Beinverletzung unmittelbar evident, dass sie nicht laufen kann. Dagegen ist der Umwelt vergleichsweise sehr viel schwerer vermittelbar, dass eine Person sich nicht mehr wie früher um ihre Alltagsaufgaben kümmern kann, nachdem sie eine schwere Depression erleidet. Das führt übrigens oft auch zu Scham bei psychisch Erkrankten. Innere Erlebnisweisen und ihre Störungen sind also auf einer äußerlichen oder körperlichen Ebene nicht unmittelbar sichtbar. Natürlich können auch innere Erlebnisweisen über verschiedene Ausdrucksformen unter Nutzung sprachlicher und nicht sprachlicher Äußerungen sichtbar gemacht werden. Davon handelt ja das erste Kapitel des Buches. Aber dieses Verstehen und das Auslesen des inneren Erlebens anderer machen verschiedene Fähigkeiten, die oben ausführlich vorgestellt wurden, – und auch die Bereitschaft – erforderlich, das innere Erleben anderer wahrzunehmen. Diese erste Unsichtbarkeit bezieht sich auf alle Arten und Weisen des inneren Erlebens, nicht nur auf die autistische, und sie ist damit allen psychischen Störungen gemeinsam.

Zweite Unsichtbarkeit: intuitive Kommunikation. Die zweite Unsichtbarkeit ist ein Alleinstellungsmerkmal von autistischen Verfassungen bzw. Autismus-Spektrum-Störungen. Sie bezieht sich darauf, dass hier im Wesentlichen Prozesse der nonverbalen Kommunikation betroffen sind, die überwiegend intuitiv, also ohne aktives Nachdenken oder Bewusstmachen dieser Prozesse, verarbeitet werden; sie sind für uns üblicherweise »unsichtbar«. Im Bereich des inneren Erlebens sind uns manche andere Phänomene sehr viel besser bewusst zugänglich und leichter zu vermitteln als andere. Dies wird an Schilderungen von Patienten mit psychotischen Symptomen deutlich, die in ihrem Erleben einen nachvollziehbaren Rahmen von Erlebnissen, die wir in dieser oder ähnlicher Art bereits selbst erlebt haben, verlassen. So kann uns ein auf die linke Seite gewendetes Kleidungsstück, das eine Person angezogen hat, zwar als skurriles Verhalten auffallen, wenn die Person beispielsweise dazu vorträgt, dass auf diese Weise das Kleidungsstück besser geschont werden könne. Den nachvollziehbaren Rahmen verlässt dieses Verhalten aber dann, wenn mit diesem Manöver beispielsweise feindliche Strahlen aus dem All abgewehrt werden sollen. In diesem Fall psychotischen Erlebens würde also das Besondere auf eine einfache Art sprachlich vermittelt und in seiner Abweichung vom Normalen sofort deutlich werden können. Diese Möglichkeit der expliziten sprachlichen Darstellung der nonverbalen vermittelten Kommunikationssignale haben wir aber normalerweise nicht geschult oder ausgebildet, sie bleiben eben »unsichtbar«.

»Gemischte Kommunikation« zwischen Menschen mit und ohne Autismus

Die doppelte Unsichtbarkeit wird besonders deutlich in einer gemischten Kommunikationssituation, bei der eine nicht-autistische Person mit einer Person mit Autismus interagiert. Die nicht-autistische Person wird aufgrund ihrer eigenen Verfassung nonverbale Signale sowohl selbst produzieren und senden als auch bei dem Interaktionspartner unbewusst unterstellen und erwarten. Die autistische Person dagegen wird aufgrund ihrer eigenen autistischen Verfassung weder über die Fähigkeit zur Produktion noch zur angemessenen Wahrnehmung nonverbaler Signale verfügen können. Das könnte ausgeglichen oder gelernt werden – wenn es bewusst zugänglich wäre. Das ist es aber nicht. Wesentlich ist also nun, dass im Regelfall weder der nicht-autistischen Person ihre nonverbalen Leistungen noch der autistischen Person ihre nonverbalen Defizite bekannt oder bewusst sind. Das bedeutet, dass beide Interaktionspartner von unterschiedlichen Voraussetzungen ausgehen. Da diese unterschiedlichen Voraussetzungen nicht bewusst zugänglich sind, entsteht ein grundlegendes Missverständnis zwischen beiden Kommunikationspartnern, das aber für beide unsichtbar bleibt und daher auch nicht ohne weiteres von einem der beiden Partner korrigiert werden kann.

Unterschiedliche unausgesprochene Erwartungen. Die Abweichungen des Erlebens autistischer Personen werden im Allgemeinen nicht explizit gemacht. Sie können auch nicht explizit gemacht werden, weil sie in der Regel weder der autistischen Person selbst noch den ungeschulten Interaktionspartnern bewusst sind. Während also die erste Unsichtbarkeit allen psychischen Störungen gemeinsam ist, ist diese zweite Unsichtbarkeit ein besonderes Merkmal von Autismus.

Diese intuitiven Prozesse, die sich unter normalen Umständen dem bewussten Nachdenken entziehen, bilden den Bereich, der sich bei Menschen mit Autismus in besonderer Weise vom Erleben und Verhalten nicht-autistischer Menschen unterscheidet. Es benötigt eine besondere Anstrengung und Mühe, diese üblicherweise intuitiv verarbeiteten kommunikativen Signale über rationale Analyseverfahren zu rekonstruieren. Menschen mit Autismus, die erst im Erwachsenenalter diagnostiziert werden, sind manchmal über Jahrzehnte damit beschäftigt, Wege zu finden, wie man das innere Erleben anderer erarbeiten kann – das ist meist ein mühsamer Rekonstruktionsprozess, der viel Kraft kostet.

> **Zitat**
>
> »Wenn ich Autismus in einem einzigen Satz erklären müsste, würde er so lauten: Autisten müssen mit ihrem bewussten [*scientifically*] Verstand lernen, was Nichtautisten intuitiv [*instinctively*] lernen.«
> (Segar, Coping: A Survival Guide for People with Asperger Syndrome, 1997, S. 28)

Inneres Erleben anderer

Autistische Menschen haben, auch dann, wenn sie hochintelligent sind, oft erst in der späten Kindheit oder in der Jugend zum ersten Mal einen Eindruck davon, dass andere Menschen auch ein inneres Erleben haben, das sich oft erst aufgrund von nonverbalen Informationen vollständig erschließen lässt. Wir haben im ersten Kapitel erfahren, dass sich Menschen und Dinge in verschiedener Hinsicht voneinander unterscheiden (Abschn. 1.1). Dinge folgen in ihrem Verhalten aufgrund ihrer »äußeren«, physikalischen Eigenschaften, die relativ leicht objektiven Messungen zugänglich sind, physikalischen Naturgesetzen und sind daher vorhersagbar. Menschen dagegen weisen so etwas wie einen »inneren Kern« auf, den wir aufgrund einzelner Hinweissignale erst erschließen und rekonstruieren müssen. Menschen folgen in ihrem Verhalten keinen Naturgesetzen, sondern psychologisch nachvollziehbaren Regeln, die aber keine volle Vorhersagbarkeit erlauben. Menschen mit Autismus haben besondere Schwierigkeiten, diese »inneren« Regeln zu verstehen und müssen sie erst mühsam lernen, während nicht-autistische Menschen diese Kenntnisse früh und intuitiv erwerben. Dieses Lernen findet bei vielen Personen mit Autismus erst erstaunlich spät in der Entwicklung statt, nämlich etwa in der Pubertät. Bis dahin gelten andere Menschen für Autisten oft noch nicht als »animiert« oder »beseelt«, sie scheinen über keine eigenen Gefühle, Gedanken oder Wünsche zu verfügen und sich am ehesten wie Automaten zu verhalten.

Empathie. Haben andere Menschen auch ein inneres Erleben, haben sie auch eigene Gefühle und Gedanken? Das ist die Frage, die sich Betroffene oft stellen. So beschreibt der von Autismus betroffene, hochintelligente Axel Brauns, dass er mit 15 Jahren zum ersten Mal darüber nachdachte, dass seine Mutter möglicherweise so empfinden könnte wie er selbst und dass sie ihm seitdem nicht mehr länger mehr als »hohl« erscheinen konnte (Brauns, 2004, S. 243). Interessant ist, dass Brauns das für kaum vorstellbar hält, weil es ja bedeuten würde, dass die anderen – wenn sie auch über ein inneres Erleben verfügen wie er selbst – dann so wären wie er selbst, und das erscheint ihm in seiner Pubertät zunächst nur schwer bis gar nicht vorstellbar (Brauns, 2004, S. 243 f.). Dieses Erlebnis ist so bemerkenswert, weil das innere Erleben anderer Menschen ja in der Tat nicht direkt einsehbar ist und immer nur indirekt erschlossen werden kann, wie wir schon gesehen haben. Interessanterweise sind nicht-autistische Menschen aber auf eine automatische Weise darauf eingestellt, einen solchen inneren Kern in der anderen Person anzunehmen und zu unterstellen, es ist also wegen dieses automatischen Mechanismus für nicht-autistische Menschen gar nicht verwunderlich, dass andere so sind wie sie selbst. Genau das ist aber ein wesentliches Merkmal: Autistische Menschen müssen im zwischenmenschlichen Kontakt vieles erst erschließen oder mühevoll »errechnen«, was nicht-autistische Menschen automatisch und ohne jede Mühen unmittelbar erleben.

> **Beispiel**
>
> »Mir war nicht bewusst, dass auch andere Menschen Gefühle hatten.«
> (Miggu, Risse im Universum, 2010, S. 14)
>
> »In meiner Welt gab es nur mich und Literatur.«
> (Frauke, Risse im Universum, 2010, S. 35)

Anders sein

Die zahlreichen verschiedenen Aspekte, die in diesem Kapitel ausgeführt sind und sich am besten in der Metapher der doppelten Unsichtbarkeit zusammenfassen lassen, führen dazu, dass sich die betroffenen Personen insgesamt und lebenslang als »anders« erleben. Viele autistische Menschen haben jedoch ein großes Interesse am Erleben und Verhalten anderer, oft schon deshalb, weil es ein besonders interessantes Wissensgebiet ist, auf dem sie sich bisher noch wenig auskennen. Jeder von uns ist anders, in irgendeiner Hinsicht. Die Andersartigkeit, von der hier die Rede ist und von der hochfunktional autistische Personen betroffen sind, ist aber von einer ganz besonderen Art, die besonderer Erörterungen bedarf.

> **Beispiel**
>
> »Es wurde mir bewusst, dass ich anders war als die anderen, das störte mich, das wollte ich nicht. Es gelang mir jedoch nicht, herauszufinden, was ich hätte tun müssen, um mehr soziale Anerkennung zu erhalten, um dazugehören zu dürfen.«
> (Preißmann, 2005, S. 106)

Dieses in der Regel unausgesprochene und gewissermaßen implizite Verständnis dafür, dass andere Menschen Erlebnisse, Gedanken oder Gefühle haben können wie man selbst, ist die Grundvoraussetzung dafür, dass es uns unter normalen, gesunden Umständen möglich ist, effektive und stabile Beziehungen zu anderen Menschen zu etablieren und aufrechtzuerhalten. Dass andere Menschen Erlebnisse, Gedanken oder Gefühle haben, ist üblicherweise selbstverständlich und unmittelbar evident, ohne dass man sich dieser Grundtatsache immer wieder vergewissern müsste. Diese Intuition ist bei hochfunktional autistischen Personen aber gestört, oder sie fehlt ganz. Andere Menschen, denen dieses Sich-Hineinversetzen oder diese Leistung zur Mentalisierung möglich ist, erscheinen oft wie »Lebewesen von einem anderen Planeten« oder wie auf einem »Nichtheimatplaneten« oder »Menschen aus einem fremden Land«, die wie aus dem Blickwinkel eines Ethnologen studiert werden müssen.

> **Beispiel**
>
> »Es ist, als wenn er [der Autor selbst] die ersten Jahre seines Lebens in einer anderen Welt auf einem anderen Planeten, vielleicht in einer anderen Galaxis verbracht hatte. In einer Welt ohne Menschen, weswegen es vermutlich auch nicht seinen Erwartungen entsprach, irgendwann auf Menschen zu treffen. Es war wie ein Schock, diese Begegnung.
> (…)
> Was sich dabei ebenfalls als unüberwindlich herausstellte, war das Gefühl, fremd zu sein; mehr noch, in einer ganz und gar falschen Welt zu leben, in die er nur irrtümlich geraten sein konnte.«
> (Hajo, Risse im Universum, 2010, S. 76)

Von Seiten der Betroffenen wird gelegentlich berichtet, dass der Aufenthalt in fremden Kulturen hilfreich sei, weil dort andere Regeln herrschten und man sich als Ausländer anders benehmen könne, ohne übermäßig aufzufallen, und dennoch akzeptiert werde, aber eben als Ausländer. Das andersartige Verhalten werde im eigenen Land oftmals nicht akzeptiert, weil hier die Kenntnisse und das Verfügen über die allgemein anerkannten sozialen Regeln vorausgesetzt würden. Kulturbedingte Unterschiede in der Art und Weise, wie wir unsere Umwelt erleben und uns verhalten, können also für Menschen mit Autismus insofern zu einem Vorteil werden, als sie sich gewissermaßen im Schutz der Unbekanntheit einer anderen Kultur bewegen können. Offenbar entspricht also das Andersartige im Verhalten von Menschen mit Autismus in seiner Ausprägung etwa den Unterschieden, die wir kulturvergleichend wahrnehmen können.

> **Beispiel**
>
> »Ich habe die Erfahrung machen dürfen, dass es in anderen Kulturkreisen erheblich leichter ist, in der Gesellschaft zurechtzukommen. Hier spielen viele Verhaltensauffälligkeiten keine so

große Rolle, werden sie doch häufig einfach der verschiedenen Kultur zugeschrieben.«
(Preißmann, 2005, S. 60)

Dieses Beispiel führt Nicht-Betroffenen ein weiteres Mal sehr plastisch vor Augen, von welcher Qualität das autistische Anderssein eigentlich ist und wie es sich anfühlt, ein Fremder unter seinesgleichen zu sein. Das wird noch im letzten Kapitel nachzuverfolgen sein.

3 Krankheitsbegriff und Klassifikation

Bevor in Kapitel 4 die einzelnen Kriterien und der Prozess der Diagnosestellung besprochen werden, geht es in diesem Kapitel zunächst um Hintergrundfragen. Diese betreffen im Wesentlichen den Begriff der Störung oder Krankheit in der Psychiatrie. Es soll dann an ein besonders für Autismus interessantes Konzept erinnert werden, das sich nicht – wie die gesamte moderne Medizin – auf den Einzelnen richtet, sondern auf die Kommunikation zwischen zwei Personen. Es werden dann die beiden Klassifikationen oder Symptomkataloge besprochen, die die Grundlage für die Diagnosestellung von Autismus-Spektrum-Störungen bilden.

3.1 Krankheitsbegriff in der Psychiatrie

Bei Störungen, die unsere psychische Verfassung betreffen, fällt es uns in der Regel viel schwerer zu sagen, wann wir »krank« oder »gestört« sind und wann nicht. Dies ist bei körperlichen Erkrankungen wie z. B. bei Verletzungen einfacher: Körperliche Erkrankungen sind in der Regel gut »sichtbare«, oft schmerzhafte Veränderungen, die eine Funktionsbeeinträchtigung mit sich bringen. Ganz wichtig ist auch, dass uns diese Störungen nicht während unseres ganzen Lebens begleitet haben, sondern erst irgendwann im Verlauf unseres Lebens eingetreten sind und hoffentlich auch wieder beseitigt werden können.

Das ist bei psychischen Erkrankungen weniger einfach, weil wir hier die Veränderungen nicht ohne Weiteres sichtbar machen können. Darauf verweist die Metapher der »doppelten Unsichtbarkeit« (Abschn. 2.7). Auch die Funktionsstörungen sind nicht so schnell zu benennen, weil wir im psychischen Bereich weniger gut sagen können, was eigentlich zu einer gesunden Ausstattung dazu gehört und was nicht. Besonders schwierig wird es dann, wenn diese Eigenschaften – wie bei Autismus-Spektrum-Störungen – im Wesentlichen schon lebenslang bestanden haben und es eine Zeit vor der Störung bzw. ohne Störung im Fall von Autismus gar nicht gibt. Gerade dieser Aspekt des lebenslangen Bestehens von Autismus-Spektrum-Störungen ist ebenfalls eine Besonderheit von Autismus und bedarf besonderer Berücksichtigung.

Gesundheit und Krankheit
Grundlage der verschiedenen diagnostischen und therapeutischen Bemühungen in der gesamten Medizin ist die Vorstellung, dass bei der zu betreuenden Person ein ursprünglich »gesunder« Zustand verlassen worden ist (oder womöglich nie erreicht worden ist) und nun in einen »kranken« Zustand übergegangen ist (oder aber ein krankhafter Zustand unmittelbar bevorsteht). Aufgabe der Medizin ist es, die zu betreuende Person vor dem Zustand der Krankheit zu bewahren oder diesen abzuwenden, um die Person wieder einer möglichst gesunden Verfassung zuzuführen. Diese Konzeption ist nachvollziehbar und ethisch gut legitimierbar: Jeder von uns wünscht sich einen möglichst gesunden Zustand und möchte unter normalen Umständen nicht krank sein.

Unmittelbar deutlich wird dieser einfache Krankheitsbegriff bei einer einfachen Verletzung. Bei einem Sturz könnten wir uns unglücklicherweise einen Knochenbruch zugezogen haben. Er führt dazu, dass wir uns entweder nur unter großen Schmerzen oder gar nicht mehr bewegen können. Eine Ruhigstellung oder vielleicht eine chirurgische Maßnahme können zur Wiederherstellung des alten, gesunden Zustandes führen und damit auch die vollständige Beweglichkeit wiederherstellen.

Grenzen sind fließend. In vielen Fällen ist es aber gar nicht so einfach, eine brauchbare Definition von »Krankheit« abzuliefern, z. B. wenn die Grenzen zwischen Gesundheit und Krankheit fließend sind. Definieren wir in erster Näherung Krankheit als die Abwesenheit von Gesundheit, dann ist die unmittelbar folgende Frage: Was genau bedeutet es, »gesund« zu sein? Die Weltgesundheitsorganisation (World Health Organisation, WHO) definiert Gesundheit als einen Zustand des völligen körperlichen, psychischen und sozialen Wohlbefindens. Wenn wir einmal überlegen, wann wir uns zuletzt in einem solchen Zustand befunden haben, in dem wir uns körperlich, psychisch und sozial im Einklang mit unseren Mitmenschen »völlig wohl« gefühlt haben, müssen wir vermutlich weit zurückschauen und uns somit immer irgendwie als krank bezeichnen und unter ärztlicher oder psychologischer Betreuung stehen. Das kann offenbar keine brauchbare Strategie sein. Übrigens würde dies auch eine medizinethische Komplikation mit sich bringen, weil bei einer Verschiebung der Grenze zwischen Gesundheit und Krankheit, nach der immer mehr Menschen als krank zu bezeichnen wären, immer mehr Menschen im Gesundheitssystem versorgt werden müssten. Es liegt dann nahe zu befürchten, dass »weniger Kranke« ebenfalls aufwendig versorgt werden zum Nachteil von »schwerer Erkrankten«.

Insbesondere auf dem Gebiet des Psychischen ist es nun ganz und gar nicht einfach, Wohlbefinden zu definieren. Wie gehen wir beispielsweise mit persönlichen Charaktereigenschaften wie Introvertiertheit und Extrovertiertheit um? Der primäre Referenzrahmen für die Definition psychischer Störungen ist der Raum des inneren Erlebens. Psychische Störungen oder Krankheiten werden also als Normabweichungen davon verstanden. Diese können sich auf das emotionale Erleben (z. B. Depression), die Wahrnehmung und Interpretation der äußeren Welt und anderer Menschen oder auf Veränderungen im Erleben von Interaktion und Kommunikation mit anderen richten.

Krankheit und Kranksein
Die Definition von Krankheit wird auch dann schwierig, wenn Ärzte und Patienten unterschiedlicher Auffassung darüber sind, ob ein Krankheitszustand vorliegt oder nicht. Hier ist eine Unterscheidung von »Krankheit« und »Kranksein« angebracht: Während Krankheit von außen auf der Basis objektiver Kriterien zugeschrieben wird, ist Kranksein ein Begriff, der das individuelle Erleben einer betroffenen Person in den Blick nimmt. Diese beiden Sichtweisen können auch als objektive (»Krankheit«) und subjektive Dimension (»Kranksein«) des psychiatrischen Krankheitsbegriffs aufgefasst werden.

Natürliche Erklärung oder normative Festlegung? Mit den bisher gemachten Ausführungen ist aber immer noch nicht ausgemacht, wie objektive Kriterien der Krankheit in Abgrenzung zum Kranksein im Sinne einer subjektiv erlebten Einschränkung des eigenen Befindens bestimmt werden können. Im Wesentlichen folgt diese Diskussion zwei unterschiedlichen Positionen, entweder dem sogenannten Naturalismus oder dem sogenannten Normativismus. Nach dem Naturalismus können naturwissenschaftliche Befunde wie etwa genetische oder neurobiologische Phänomene herangezogen werden, um sicher bestimmen zu können, ob eine Krankheit vorliegt oder nicht. Eine sorgfältige biologische Beschreibung einer Person sollte dann ausreichen, um den Status einer Krankheit oder Störung zuschreiben zu können oder nicht. Dagegen wendet die Position des Normativismus ein, dass die Abgrenzung von Krankheiten von Zuständen der Gesundheit nicht denkbar ist, ohne dass auf Normen oder Konventionen zurückgegriffen wird, die in der Regel historisch, kulturell oder gesellschaftlich geprägt und definiert sind.

Wie lassen sich psychische Funktionseinschränkungen definieren? In unserer naturwissenschaftlich geprägten Welt liegt es nahe, zunächst naturalistisch zu denken, also nach biologischen Merkmalen zu suchen, die psychische Krankheiten definieren können, das könnten genetische, neuropsychologische oder neurobiologische Merkmale sein (Kap. 5). Entscheidend ist aber, dass das Verhältnis von psychischen Fähigkeiten und ihren neurobiologischen Grundlagen komplex sein kann. Da das innere Erleben für psychische Störungen maßgeblich ist, müssen wir also Einschränkungen in den psychischen Funktionen heranziehen. Es müssen also Leitsymptome als Störungszeichen von »wesentlichen«, nämlich lebenswichtigen menschlichen Funktionen identifiziert werden (Heinz, 2014, S. 292). Darin besteht die eigentliche Herausforderung in der Definition von psychischen Störungen oder Krankheiten. Im Hinblick auf Autismus müssen die Fähigkeit, sich in andere hineinversetzen zu können, im Sinne der sogenannten Mentalisierung oder eines Perspektivwechsels, und das angemessene Verarbeiten von nonverbaler Kommunikation als solche wesentlichen Funktionen eingeordnet werden.

Soziale Dimension psychischer Störungen. Zusätzlich zu der Differenzierung zwischen objektiver Krankheit und subjektivem Kranksein muss auch die kulturelle, gesellschaftliche oder soziale Dimension psychischer Störungen betont werden (Heinz, 2014). Ob bestimmte Normabweichungen als psychische Erkrankungen oder

Störungen definiert werden, hängt also von kulturellen Normen ab, aber auch vom geschichtlichen Hintergrund. Niemand wird beispielsweise bezweifeln, dass Menschen mit autistischen Verfassungen, so wie sie hier beschrieben sind, bereits vor den Erstbeschreibungen von Kanner (1943) und Asperger (1944) existiert haben. In Ermangelung eines Störungskonzepts von Autismus haben diese Menschen aber keine (adäquate) Diagnose erhalten, es sei denn eine Fehldiagnose – aus heutiger Sicht.

Komplexer Krankheitsbegriff. Der Psychiater Andreas Heinz, Direktor der Psychiatrischen Universitätsklinik der Charité in Berlin, hat vorgeschlagen, dass ein Krankheitsbegriff definiert werden kann, wenn man diese drei Differenzierungen, nämlich Krankheit, Kranksein und die soziale Dimension, zusammennimmt: Von einer Erkrankung ist dann zu sprechen, wenn objektivierbare Funktionseinschränkungen im psychischen Bereich entweder subjektives Leiden oder eine Beeinträchtigung der Teilhabe am sozialen Leben erzeugen (Heinz, 2014, S. 170). Das Besondere an diesem Krankheitsbegriff ist also, dass Krankheit nicht allein bei dem Nachweis von objektiven Funktionseinschränkungen zugeschrieben werden kann, sondern es muss zusätzlich entweder zu subjektivem Leiden im Sinne des Krankseins oder zu einer Beeinträchtigung der sozialen Teilhabe oder im Alltagsleben kommen. Objektive Funktionseinschränkungen sind also notwendig zur Zuschreibung von Krankheit, reichen aber allein nicht aus, um Krankheit zu definieren.

Spektrum autistischer Störungen

Die Schwierigkeiten in der Abgrenzung von Gesundheit und Krankheit oder des Krankseins haben so ausführliche Diskussionen darüber ausgelöst, ob es überhaupt klar definierbare Störungszustände geben kann, die man im Sinne einer Kategorie einer Person und ihrer jeweiligen psychischen Verfassung klar und sicher zuordnen kann. Alternativ dazu wird in der Psychiatrie schon seit langem das Konzept vom »dimensionalen« Krankheitsverständnis in Abgrenzung zum »kategorialen« Krankheitsverständnis diskutiert. Ein kategoriales Verständnis geht von scharfen Grenzen zwischen Krankheit und Gesundheit und auch zwischen verschiedenen Störungszuständen aus. Favorisiert wird dagegen heute ein dimensionales

Verständnis, danach sind unsere psychischen Zustände auf einem Kontinuum in einer Dimension aufgereiht und bilden so ein »Spektrum« oder »Spektren« im Hinblick auf verschiedene Krankheitsgruppen. Neue empirische Untersuchungen zum Autismus in den letzten Jahren haben gezeigt, dass es zwar eine vergleichsweise scharfe Grenze zwischen Personen mit Autismus und Personen ohne Autismus gibt. Dagegen sind innerhalb des Spektrums autistischer Störungen die in der ICD-10 noch differenzierten Untergruppen aber nicht verlässlich zu unterscheiden (z. B. Frazier et al., 2012). Das hat dazu geführt, dass nun in der DSM-5 nur noch eine einzige Diagnose, nämlich die Autismus-Spektrum-Störung vergeben werden kann (Abschn. 3.3).

Autistische Verfassung oder autistische Störung?
Unter Anwendung des oben ausgeführten komplexen Krankheitskonzepts, das objektive Krankheit, subjektives Kranksein und die soziale Dimension mit einschließt (Heinz, 2014), lässt sich zumindest theoretisch auch die Frage beantworten, ob Autismus eher als eine Verfassung ohne Krankheitswert oder als psychische Störung mit Krankheitswert zu bewerten ist. Selbst dann, wenn psychische Funktionseinschränkungen vorliegen, beispielsweise im Sinne eines Mentalisierungsdefizits, ist noch nicht von psychischer Störung zu sprechen, wenn nicht auch noch entweder subjektives Leiden unter den Funktionsstörungen oder Einschränkungen der sozialen Teilhabe durch die Funktionsstörungen vorliegen.

Lebenslange Störungen. Im Fall autistischer Störungen kommt noch ein weiterer Aspekt hinzu, der eine einfache Antwort auf die Frage, ob es sich bei Autismus um eine Krankheit handelt oder nicht, erschwert. Dieser betrifft den Verlauf autistischer Störungen über die Lebensspanne. Wir hatten schon gesehen, dass intuitive soziale Fähigkeiten über das gesamte Leben gestört bleiben, während soziale Lernprozesse einen Teil der Störungen kompensieren können. Diese Einsicht schließt die Tatsache ein, dass es sich bei autistischen Störungen um lebenslange Störungen handelt, mit denen die Betroffenen bereits geboren werden. Erste Hinweise für das Vorliegen einer autistischen Störung können bereits im ersten Lebensjahr gewonnen werden. Eine erste, recht zuverlässige Diagnose ist meist schon zu Ende des zweiten Lebensjahres möglich. Autistische Menschen sind also immer schon autistisch gewesen und haben sich selbst nie als »nicht-autistisch« kennenlernen können. Die anfangs aufgestellte Definition zum Begriff der Krankheit, die aus einem »gesunden« Zustand hervorgeht und nur gegen ihn sinnvoll abzugrenzen ist, findet hier also keine sinnvolle Anwendung mehr. Die autistischen Personen waren schon immer von der Störung oder Krankheit Autismus betroffen, und die betroffene Person ist ohne die autistischen Merkmale nicht denkbar.

Pragmatisches Vorgehen

Die Frage, ob bei einer autistischen Person immer eine psychische Störung oder Krankheit vorliegt, wird intensiv diskutiert. Ich halte aus den beiden folgenden Gründen die Zuschreibung einer Diagnose aus dem Spektrum autistischer Störungen für sinnvoll – natürlich nur dann, wenn die aktuell gültigen diagnostischen Kriterien nach ICD-10 auch erfüllt sind:

(1) Erstens schafft die Diagnosestellung bei den betroffenen Personen, die über ihr lebenslanges Anderssein und wie sie sich besser integrieren können nachdenken, auch Klarheit darüber, warum manche Situationen oder Lebensbereiche immer wieder Schwierigkeiten bereithalten, und wie man diesen Schwierigkeiten begegnen kann. In eigenen Untersuchungen, die in Abschnitt 7.1 skizziert werden, ist deutlich geworden, dass Menschen mit Autismus von einer Diagnosestellung erheblich profitieren, weil sie lebenslange Schwierigkeiten im Kontakt mit anderen erklären kann und eine Aktualisierung des eigenen Lebensentwurfs zulässt. Da dieser normative Charakter aber natürlich auch eine wertende Komponente hat, werden wir darauf in Kapitel 7 des Buches noch einmal zurückkommen, insbesondere unter dem Aspekt des lebenslangen Andersseins.

(2) Zweitens ist die Diagnose bei manchen Betroffenen ein wichtiger Baustein, um Förder- und Hilfsmaßnahmen in Anspruch zu nehmen. Diese reichen von der Anerkennung einer Schwerbehinderung bis zur Vermittlung von beruflichen Fördermaßnahmen und von Plätzen in Wohneinrichtungen, die auf die Bedürfnisse von autistischen Menschen eingerichtet sind. Na-

türlich sind viele hochfunktional autistische Personen auf dem Arbeitsmarkt sehr erfolgreich und können ihr Privatleben sehr gut ohne Hilfe gestalten. Das gilt aber nicht für alle betroffenen Personen.

Sicher besteht immer die Gefahr, dass eine Diagnosestellung auch zu einer Negativ-Bewertung im Sinne einer Stigmatisierung und im schlimmsten Fall auch zu einer Ausgrenzung führen kann. Ich hoffe sehr, dass die ganz unterschiedlichen Bemühungen von betroffenen Personen und professionellen Experten, das Thema von Autismus öffentlich bekannt zu machen, dazu führen werden, dass sich ein differenziertes Bild von Autismus in der Öffentlichkeit entwickelt (Kap. 7).

Eine wichtige Frage, die Menschen mit einer diagnostizierten Autismus-Spektrum-Störung immer wieder bewegt, ist, welche Menschen bei einer erfolgten Diagnosestellung ins Vertrauen gezogen werden sollen. Dazu kann es natürlich keine allgemeingültige Regel geben. Im Sinne der vorigen Bemerkung erscheint es mir aber sinnvoll, bei dem jetzigen Stand der Vertrautheit der Öffentlichkeit mit dem Thema Autismus im Zweifel eher zurückhaltend zu sein. Personen, die ins Vertrauen gezogen werden, sollten nicht nur die Diagnose mitgeteilt bekommen, sondern darüber auch ausführlich und differenziert informiert werden.

3.2 Psychische Störungen als Störungen der Kommunikation

Es wurde bereits ausgeführt, dass Menschen mit Autismus ganz überwiegend oder ausschließlich über verbal vermittelte Signale miteinander kommunizieren (Abschn. 2.2). Bei nicht-autistischen Personen scheint dagegen die nonverbale Kommunikation die größere Rolle zu spielen. Die Vermutung oder Spekulation, dass Menschen mit Autismus untereinander möglicherweise besser kommunizieren können als Menschen mit und ohne Autismus miteinander, gibt Anlass zu der Frage, ob und in welcher Weise psychopathologische Phänomene mit unserer Fähigkeit zur Kommunikation in Verbindung stehen.

Am Beispiel von autistischen Störungen ist daher eine wichtige Konzeption psychischer Störungen oder psychischer Krankheit neu zu diskutieren. Dabei handelt es sich um die These, dass psychische Störungen im Wesentlichen Störungen der Kommunikation zwischen zwei Interaktionspartnern sind. Diese Auffassung steht im Gegensatz zu der aktuell nicht nur in der Psychiatrie, sondern auch in der gesamten Medizin dominierenden Vorstellung, dass Krankheit ein Prozess ist, der lediglich eine, nämlich die kranke Person betrifft und von einem objektiv tätigen Arzt oder Psychologen diagnostiziert und geheilt werden kann. Dazu gibt es die alternative Überlegung, nach der psychopathologische Phänomene als Störung der Kommunikation aufzufassen sind. Abweichungen oder Störungen des inneren Erlebens kommen danach dann zustande, wenn zwei Personen an unterschiedlichen Kommunikationssystemen teilnehmen. Damit ist gemeint, dass die beiden Interaktionspartner auf unterschiedliche Art und Weise miteinander kommunizieren. Metaphorisch könnte man auch sagen, dass Personen dann gewissermaßen »unterschiedliche Sprachen« sprechen.

Diese Position ist insbesondere von dem Psychiater Jürgen Ruesch (1957), zum Teil in Zusammenarbeit mit dem Anthropologen Gregory Bateson (1951), dem Psychologen Paul Watzlawick und Kollegen (1967) entwickelt und vertreten worden. Eine ähnliche Position hat Johann Glatzel als »interaktionale Psychopathologie« (1977) vertreten. Aufgabe der Psychopathologie ist damit nicht die Katalogisierung von auffälligen Erlebnisweisen des einzelnen, sondern vielmehr die Beschreibung von Typen gestörter Kommunikation.

Gegenseitige Wahrnehmung

Berühmt ist in diesem Zusammenhang der Satz geworden: »Man kann nicht nicht kommunizieren« (Watzlawick et al., 1967). Jedes Verhalten eines Menschen hat also bereits kommunikativen Charakter für einen Betrachter des Verhaltens oder Empfänger einer Botschaft. Wie unausweichlich diese Feststellung ist, zeigt sich daran, dass dies sogar auch dann gilt, wenn ein bestimmtes Verhalten gar nicht mit einem kommunikativen Zweck geäußert wurde. Diese automatischen Rückkopplungsmechanismen sind ein wesentlicher Mechanismus erfolgreicher Kommunikation, sie erlauben dem Sender einer Botschaft eine Einsicht darüber, wie diese Botschaft beim Empfänger aufgenommen wurde, der Empfänger selbst wird damit auch zugleich ein Sender neuer Informationen.

> **Zitat**
>
> »Eine soziale Situation besteht, wenn Leute in Kommunikation getreten sind, der Status der Kommunikation ist von der Tatsache bestimmt, daß ein Mensch wahrnimmt, daß seine Wahrnehmung von anderen zur Kenntnis genommen wird. Sobald dies geschehen ist, kann davon gesprochen werden, daß ein Kommunikationssystem besteht. Jetzt finden selektiver Empfang, zielgerichtete Übertragung sowie korrigierende Prozesse statt.«
> (Ruesch & Bateson, Kommunikation – Die soziale Matrix der Psychiatrie, 1951, S. 40)

Situativer Kontext. Wenn sich psychische Störungen erst in der Kommunikation und Interaktion mit anderen Personen konstituieren, bedürfen sie eines wahrnehmenden und teilnehmenden Beobachters, um als psychische Störung bezeichnet werden zu können. Zugleich sind psychische Störungen dann auch maßgeblich abhängig von dem situativen Kontext, in dem sie sich zeigen. Wie schon in Abschnitt 1.4 ausgeführt, wird sich die Antwort auf eine einfache Frage wie etwa »Wie geht es Ihnen?« in Abhängigkeit davon, ob diese Frage beispielsweise im Rahmen eines Bewerbungsgesprächs oder im Rahmen einer ärztlichen Konsultation stattfindet, unterscheiden. Damit wird die Angemessenheit der Antwort auch wesentlich davon abhängen, ob die antwortende Person die allgemein üblichen Konventionen kennt, die die Antwort auf die gestellte Frage bestimmen. Diese Konventionen, die üblicherweise stillschweigend als gemeinsame Grundlage von Kommunikation und Interaktion vorausgesetzt werden, müssen beachtet werden. Wenn, wie im Fall von Menschen mit Autismus, derartige Konventionen erst mühsam und spät erlernt werden, ist es daher nicht verwunderlich, wenn nicht-konventionelle Antworten gegeben werden. Sind beide Gesprächspartner nicht darüber informiert, dass der eine, zum Beispiel der Personalchef, eine Antwort im Rahmen der üblichen Konventionen erwartet, und der andere, zum Beispiel der Bewerber, eine Antwort im Rahmen der Konventionen nicht geben kann, weil er sie nicht kennt, so sind Missverständnisse unausweichlich. Da dieser konventionelle Rahmen aber üblicherweise stillschweigend vorausgesetzt wird, wird eine nicht-konventionelle Antwort in der Regel als unpassend erlebt und die Person als arrogant oder hochnäsig oder sozial unangemessen fehlbeurteilt.

Die »logische Person«. Ruesch (1957) beschreibt einen Typus im Rahmen seiner Theorie der gestörten Kommunikation, den er »logische Person« nennt. Diesen Personentyp beschreibt er als rational und an verbaler Kommunikation interessiert, wenig emotional und wenig an nonverbaler Kommunikation interessiert. Dieser Personentyp zeigt weiter wenig Interesse an den Absichten anderer Personen und ist wenig gut angepasst an Kommunikationen mit anderen. Dieser Typ zeigt auffällige Gemeinsamkeiten mit dem Kommunikationsverhalten von Menschen mit Autismus.

> **Zitat**
>
> »Psychopathologie wird als Kommunikationsstörung definiert.« (Ruesch & Bateson, Kommunikation – Die soziale Matrix der Psychiatrie, 1951, S. 96)

Unterschiedliche Sprachen
Wenn die gegenseitigen Reaktionen nicht angemessen aufeinander bezogen sind, etwa zu früh oder zu spät erfolgen oder situativ nicht passend sind, entstehen Kommunikationsstörungen. Dabei ist immer eine Auswahl von einer Fülle von Handlungsoptionen zu treffen, von denen aber nur manche adäquat und viele unangemessen erscheinen können. Wenn der Kontext einer bestimmten Situation nicht dazu führt, bestimmte Handlungsoptionen zu wählen, die denen des Handlungspartners entsprechen, so kann es zu Störungen in der Kommunikation kommen. Eine sehr wichtige Aufgabe in der Kommunikation ist es also gewissermaßen, die Sprache des anderen

kennen zu lernen oder zu identifizieren und dann eine ähnliche Sprache wie der andere zu benutzen.

Vorprogrammierte Missverständnisse. Wie im Sinne der doppelten Unsichtbarkeit (Abschn. 2.7) bereits ausgeführt, machen nicht-autistische Personen intuitiv von nonverbaler Kommunikation Gebrauch und erwarten sie auch bei den Gesprächspartnern. Menschen mit Autismus können aber über nonverbale Kommunikation nicht verfügen. Führt man sich vor Augen, dass die nonverbale Kommunikation üblicherweise einen geschätzten Anteil von etwa zwei Drittel unserer Kommunikation beträgt, so wird deutlich, dass Menschen mit Autismus, wenn sie auf Menschen ohne autistische Verfassung treffen, völlig andere Erwartungen an die Kommunikation mit dem Partner haben müssen. Während der nicht-autistische Partner sowohl verbale als auch nonverbale Signale sendet und auch erwartet, wird der autistische Partner ganz überwiegend verbale Signale senden und erwarten, sodass der nonverbale Austauschkanal gewissermaßen unterbesetzt ist. Es wird also eine Inkongruenz zwischen verbalen und nonverbalen Äußerungen entstehen, die den nicht-autistischen Empfänger irritieren bzw. den autistischen Empfänger überfordern wird. Beide Personengruppen sind sich ihrer Leistung (nicht-autistische Personen) oder ihres Defizits (autistische Personen) im Sinne der »zweiten« oder »doppelten Unsichtbarkeit« (Abschn. 2.7) nicht bewusst, weil es sich um eine intuitive Verarbeitung handelt, über die wir normalerweise nicht nachdenken. Die ungleichen Partner gehen also von unterschiedlichen Voraussetzungen aus, ohne diese Voraussetzungen selbst zu kennen. Damit entsteht ein fundamentales Missverständnis in der Kommunikation zwischen beiden Partnern, aber ohne dass dieses Missverständnis den Partnern bewusst wäre.

Vertrauen. Angemessenes kommunikatives und interaktives Verhalten in bestimmten gegebenen situativen Kontexten ist auch Grundlage von Vertrauen, das in zwischenmenschlichen Beziehungen üblicherweise erarbeitet wird. Bekanntermaßen gelten Menschen mit Autismus als gutgläubig, weil sie die oft nur hintergründig erfahrbar gemachten Täuschungsabsichten ihrer Interaktionspartner nicht erkennen können.

> **Zitat**
>
> »Vorhersehbarkeit des Verhaltens der anderen aber ist Grundlage jenes Vertrauens, ohne das eine zwischenmenschliche Beziehung nicht beständig und damit auf Dauer nicht möglich ist.«
> (Glatzel, Das psychisch Abnorme, 1977, S. 81)

3.3 Klassifikation psychischer Störungen

Die Psychiatrie und die gesamte Medizin arbeiten heute zur Erfassung von »Krankheit« international mit sogenannten Klassifikationssystemen, die die Kriterien für psychische Störungen festlegen und die verbindlich für die Diagnosestellung sind. Diese Kriterien werden in jahrelangen Prozessen, an denen weltweit Experten aus allen Gebieten der Psychiatrie teilnehmen, festgelegt. Sie sind also nicht willkürlich entstanden.

Atheoretische, beschreibende Klassifikationssysteme

Die Diagnosestellung erfolgt auf der Grundlage beschreibender und »atheoretischer« Klassifikationssysteme. Das heißt, dass dort lediglich eine Beschreibung des Störungsbildes vorgenommen wird, aber keine Annahmen darüber enthalten sind, wie die Störung entstanden ist und wie sie dann – auf Grundlage dieser Kenntnisse – am besten zu behandeln ist. Das ist vielmehr Aufgabe der aktuellen Ursachenforschung. Hinweise für die Entstehung autistischer Störungen sind auf verschiedenen wissenschaftlichen Gebieten erarbeitet worden. Sie werden in Kapitel 5 skizziert. Die Klassifikationen geben eine Liste von Symptomen vor, die gegeben sein müssen, sowie Zeiträume, über die die Symptome mindestens vorliegen müssen, um eine Diagnose zu rechtfertigen.

ICD-10 und DSM-5. Weltweit existieren zwei relevante operationalisierte Kataloge, die die Kriterien für die Klassifikation psychischer Störungen enthalten. Dabei handelt es sich zum einen um die »International Classification of Disease« (ICD) in ihrer zehnten Version (ICD-10). Die ICD-10 wird von der Weltgesundheitsorganisation vertreten, die im Wesentlichen seit 1992 fortbesteht. Daneben existiert das von der nordamerikanischen Psychiatrie, der American Psychiatric Association (APA), herausgegebene »Diagnostic and Statistical Manual of Mental Disorders« (DSM), das 2013 in der fünften Version (DSM-5) erschienen ist. Beide Klassifikationen nehmen sich natürlich gegenseitig zur Kenntnis, und es wird auch eine starke Homogenisierung angestrebt. Die nächste Version der ICD, die ICD-11, ist bereits in Bearbeitung und wird sich vermutlich stark am DSM-5 orientieren. Hinsichtlich der bereits ausgeführten Schwierigkeit der Definition eines angemessenen Krankheits- oder Störungsbegriffs in der Psychiatrie (Abschn. 3.1) ist noch einmal zu betonen, dass die Notwendigkeit wiederholter Überarbeitungen und der Revisionsbedarf dieser Klassifikationen bestätigt, dass von einem einheitlichen, allgemein bestätigten Krankheitsbegriff in der Psychiatrie nicht die Rede sein kann.

Gültigkeit der ICD-10 in Deutschland. Bis zum Erscheinen der ICD-11 ist in Deutschland weiterhin die ICD-10 in Kraft. In Kapitel 4 wird also weiterhin das Diagnoseverfahren nach ICD-10 vorgestellt. Da es aber einige substanzielle Veränderungen zwischen DSM-5 und ICD-10 hinsichtlich Autismus-Spektrum-Störungen gibt, folgt hier ein Vergleich beider Klassifikationen (s. Tab. 3.1). Zu den autistischen Störungen wird diese Symptomliste nach ICD-10 in Abschnitt 4.1.1 ausgeführt. Hinsichtlich des Zeitkriteriums handelt es sich um tiefgreifende Entwicklungsstörungen, die daher bereits von früher Kindheit an nachweisbar sein müssen.

»Tiefgreifende Entwicklungsstörungen« nach ICD-10

Sowohl der »Frühkindliche Autismus«, das »Asperger-Syndrom« als auch der »Atypische Autismus« gehören der ICD-10 zufolge zu der diagnostischen Gruppe der »Tiefgreifenden Entwicklungsstörungen«. Diese drei Störungen umfassen im Wesentlichen das Spektrum autistischer Störungen, die in der ICD-10 definiert sind. All diesen Störungen ist gemeinsam, dass sie sämtlich im Kleinkindalter oder der Kindheit beginnen und dann stetig verlaufen und bis ins Erwachsenenalter reichen.

Frühkindlicher Autismus. Der Frühkindliche Autismus bezeichnet eine Form der autistischen Störung, die sich typischerweise vor dem dritten Lebensjahr manifestiert und sich symptomatisch in

Tabelle 3.1 Relevante Unterschiede der Diagnosekriterien für Autismus-Spektrum-Störungen zwischen ICD-10 und DSM-5

ICD-10		DSM-5
Verschiedene Diagnosegruppen (F84.0, F84.1, F84.5, F84.8, F84.9)	Diagnosegruppen	Eine Diagnosegruppe (»Autismus-Spektrum-Störung«)
Differenzierung nur über F84.0, F84.1, F84.5	Schweregrad	Einteilung nach Schweregrad und Unterstützungsbedarf; Sprache; Intelligenz
Undifferenziert	Lebensspanne	Differenziert
Nur somatische Störungen und Intelligenzminderung diagnostizierbar	Zusatzdiagnosen	Weitere psychische Störungen diagnostizierbar
Nicht spezifizierte tiefgreifende Entwicklungsstörungen (PDD-NOS)	Differentialdiagnosen	Sozial (pragmatische) Kommunikationsstörung
Keine	Notwendige Zusatzinformationen	(1) intellektuelles Leistungsniveau (2) mögliche sprachliche Behinderung (3) mögliche Assoziation mit medizinischen, genetischen oder Umweltfaktoren (4) mögliche Assoziation mit anderen Störungen (5) das Vorliegen von Katatonie

den Bereichen soziale Interaktion, Kommunikation sowie hinsichtlich repetitiver und stereotyper Verhaltensmuster zeigt. Der frühkindliche Autismus wird auch oft etwas salopp als »Kanner-Autismus« nach dem Erstbeschreiber Leo Kanner bezeichnet. Diese Bezeichnung existiert aber nicht als diagnostische Kategorie. Da bei autistischen Personen ohne Intelligenzminderung (IQ < 70) auch die Diagnose »Hochfunktionaler Autismus« oder »Asperger-Syndrom« gestellt werden kann, sind Personen mit Frühkindlichem Autismus in der Regel auch intelligenzgemindert.

Atypischer Autismus. Diese Kategorie ist dann anzuwenden, wenn »atypische« Merkmale auftreten. Atypisch bedeutet hier, dass nur zwei der drei Kernkriterien nachweisbar sind, oder dass das Manifestationsalter nach dem dritten Lebensjahr liegt.

Asperger-Syndrom. Schließlich gehört auch das »Asperger-Syndrom«, das nach dem Erstbeschreiber Hans Asperger (1944) benannt ist, zu dieser Gruppe der Autismus-Spektrum-Störungen nach ICD-10. Angehörige dieser diagnostischen Gruppe weisen ebenfalls die drei genannten Kernsymptome des Frühkindlichen Autismus auf, sie zeigen aber keine Verzögerung der allgemeinen kognitiven Entwicklung und keine Intelligenzminderung. Bezüglich der Entwicklung wird hier darauf Bezug genommen, dass keine Verzögerung der Entwicklung gesprochener oder rezeptiver Sprache oder der kognitiven Entwicklung vorliegt. Einzelne Worte sollen vor dem zweiten Lebensjahr und kommunikative Phrasen spätestens im dritten Lebensjahr benutzt werden. Die Anpassung und die Neugier an der (sozialen) Umgebung sollen normal sein. Spezialinteressen finden sich häufig, sind aber für eine formale Diagnosestellung nicht zwingend erforderlich. Im Erwachsenenalter ist die fehlende Sprachentwicklungsverzögerung oft nicht mehr mit hinreichender Sicherheit erfragbar. Bei der Diagnosestellung des Asperger-Syndroms nach ICD-10 nicht berücksichtigt werden Auffälligkeiten in den sprachlichen Kompetenzen (Wortneuschöpfungen, Wortspiele, veränderte Prosodie).

»Hochfunktionaler Autismus«. Häufig wird im Kindes- und Jugendalter zwischen hochfunktionalem Autismus und Asperger-Syndrom unterschieden. Abgegrenzt wird der hochfunktionale Autismus vom

Asperger-Syndrom dadurch, dass bei erstem eine Verzögerung in der Sprachentwicklung vorliegt: Das ist beim Asperger-Syndrom nicht der Fall. Beiden Diagnosen ist die dauernd bestehende, sozial kognitive Störung bei Erhalt anderer kognitiver Leistungen und insbesondere einer durchschnittlichen bis überdurchschnittlichen Grundintelligenz gemeinsam. Patienten mit Asperger-Syndrom zeigen dabei im Durchschnitt eine höhere Grundintelligenz und verstärkt motorische Ungeschicklichkeiten. Verschiedene Untersuchungen haben gezeigt, dass klinische und testpsychologische Merkmale beider Diagnosen im Jugend- und Erwachsenenalter nicht mehr sichtbar sind. Hier wird zunehmend vermutet, dass beide Störungsbilder lediglich unterschiedliche Ausprägungen derselben zugrundeliegenden Beeinträchtigung darstellen könnten (Abschn. 3.1).

»Störungen der neuronalen und mentalen Entwicklung« nach DSM-5
Die sowohl konzeptuell als auch klinisch weitreichendste Veränderung des DSM-5 ergibt sich aus der konsequenten Anwendung des dimensionalen Krankheitskonzeptes in der Psychiatrie. Für Autismus bedeutet das, dass alle autistischen Störungen, die in der ICD-10 differenziert wurden, nun in der diagnostischen Kategorie der Autismus-Spektrum-Störungen aufgehen. Autistische Störungen werden unter dem Oberbegriff der »Störungen der neuronalen und mentalen Entwicklung« geführt und dort mit anderen diagnostischen Gruppen zusammengefasst (»intellektuelle Beeinträchtigungen«, »Kommunikationsstörungen«, »Aufmerksamkeitsdefizit- / Hyperaktivitätsstörung«, »spezifische Lernstörung«, »motorische Störungen«, »andere Störungen der neuronalen und mentalen Entwicklung«).

Veränderte diagnostische Kriterien. Die Formulierung der einzelnen diagnostischen Kriterien ist dagegen sehr viel differenzierter vorgenommen. Es sind nun insgesamt fünf Hauptkriterien (s. Tab. 3.2) zu überprüfen, die alle zutreffen müssen, bevor die Diagnose gestellt werden kann. Diese umfassen:

▶ Interaktionsstörungen und Kommunikationsstörungen (Kriterium A),
▶ repetitives, stereotypes Verhalten (Kriterium B),
▶ der Entwicklungsaspekt (Kriterium C),

- der Schweregrad und das Ausmaß des Unterstützungsbedarfs (Kriterium D) sowie
- die Nichterklärbarkeit durch andere Störungen (Kriterium E).

Zusätzlich zu den Hauptkriterien sind unter anderem das intellektuelle Leistungsniveau, mögliche sprachliche Behinderungen und andere bekannte Faktoren zu überprüfen, auf die die Diagnose alternativ zurückgeführt werden könnte.

Interaktions- und Kommunikationsstörungen. Im diagnostischen Kriterium A müssen anhaltende Defizite in der sozialen Kommunikation und sozialen Interaktion mit anderen nachgewiesen werden, die in allen der drei folgenden Subkriterien nachvollziehbar sein müssen: (1) Defizite in der sozial-emotionalen Gegenseitigkeit, (2) Defizite im nonverbalen Kommunikationsverhalten, (3) Defizite im Verständnis von Beziehungsgestaltungen. Die Trennung von Interaktions- und Kommunikationsstörungen wird im DSM-5 also aufgegeben. Damit folgt das DSM-5 einer starken klinischen Intuition, wobei Störungen der Interaktion und der Kommunikation regelhaft gemeinsam auftreten und tatsächlich schwer voneinander zu trennen sind.

Repetitive, stereotype Verhaltensweisen. Für dieses Kriterium B sind ebenfalls Subkriterien definiert, die (1) stereotype oder repetitive Bewegungsabläufe, (2) Festhalten an Routinen oder Ritualen, (3) hochgradig begrenzte oder fixierte Interessen, (4) Hyper- oder Hyporeaktivität auf sensorische Reize umfassen; von diesen Subkriterien müssen mindestens zwei erfüllt sein. Hier findet sich im vierten Subkriterium zum ersten Mal auch die Befundlage erhöhter oder erniedrigter Wahrnehmungsschwellen in verschiedenen Sinnesmodalitäten wieder.

Entwicklungsaspekt. Besonders ausdifferenziert ist nun der Aspekt der Entwicklung über die Lebensspanne. Während in der ICD-10 noch ein starres Alterskriterium festgelegt war, ist im DSM-5 keine scharfe Altersgrenze mehr angegeben. Damit wird in dieser Klassifikation zur Kenntnis genommen, dass viele Menschen mit Autismus erst im Erwachsenenalter zum ersten Mal zu einer Diagnose kommen. Ausdrücklich formuliert ist, dass die Symptome sich auch erst dann manifestieren können, wenn die Anforderungen der eigenen

Tabelle 3.2 Diagnostische Kriterien des DSM-5 für Autismus-Spektrum-Störungen im Vergleich zur ICD-10

ICD-10 »Tiefgreifende Entwicklungsstörungen«		DSM-5 »Autismus-Spektrum-Störungen«
Qualitative Abweichungen in den wechselseitigen sozialen Interaktionen	Kriterium A: Interaktionsstörung	(1) Defizite in der sozial-emotionalen Gegenseitigkeit
Qualitative Abweichungen in den wechselseitigen Kommunikationsmustern	Kriterium A: Kommunikationsstörung	(2) Defizite im nonverbalen Kommunikationsverhalten
		(3) Defizite im Verständnis von Beziehungsgestaltungen
		(alle drei Kriterien müssen erfüllt sein)
Eingeschränktes, stereotypes, sich wiederholendes Repertoire von Interessen und Aktivitäten	Kriterium B: Repetitive, stereotype Verhaltensweisen	(1) stereotype, repetitive Bewegungsabläufe
		(2) Routinen oder Rituale
		(3) fixierte Interessen
		(4) Hyper- oder Hyperaktivität auf sensorische Reize
		(mindestens zwei von vier Kriterien müssen erfüllt sein)

Tabelle 3.2 (Fortsetzung)

ICD-10 »Tiefgreifende Entwicklungsstörungen«		DSM-5 »Autismus-Spektrum-Störungen«
Manifestation bis zum dritten Lebensjahr	Kriterium C: Entwicklungsaspekt	Manifestation während der Entwicklung bis ins Erwachsenenalter
Klinisch signifikante Beeinträchtigung	Kriterium D: Beeinträchtigung	Klinisch oder sozial oder beruflich signifikante Beeinträchtigung (Schweregrade)
Autistische Störung darf nicht durch andere Störungen erklärbar sein	Kriterium E: Nichterklärbarkeit durch andere Störungen	Autistische Störung darf nicht durch andere Störungen erklärbar sein

Lebenswelt die Möglichkeiten von Interaktion und Kommunikation überschreiten. Das könnte insbesondere in der Pubertät der Fall sein, weil in dieser Zeit das schützende Umfeld der Ursprungsfamilie an Bedeutung verliert. Eine zweite Herausforderung dürfte mit dem Eintritt ins Berufsleben bestehen. Diese Formulierung entspricht auch gut der klinischen Erfahrung, dass in solchen besonders herausfordernden Phasen die bis dahin erlernten Kompensationsmechanismen versagen können. Mit diesen Ausführungen und auch einigen Fallbeispielen aus dem Erwachsenenalter erleichtert das DSM-5 also die Diagnosestellung im Erwachsenenalter.

Schweregrad und Unterstützungsbedarf. Von großer klinischer Relevanz im DSM-5 ist darüber hinaus die Einteilung des Schweregrads und des Unterstützungsbedarfs. Beeinträchtigungen können im sozialen Bereich, im Berufsleben oder in anderen Funktionsbereichen entstehen und sollen in drei Schweregrade eingeteilt werden, die sich nach Ausmaß des nötigen Unterstützungsbedarfs unterscheiden. Damit ist ein wichtiger Schritt getan, um die unterschiedlichen Grade der Bedürftigkeit der betroffenen Personen hinsichtlich Therapie- und Unterstützungsmaßnahmen zu formulieren. In der klinischen Praxis spielt die Anerkennung einer Schwerbehinderung insbesondere im beruflichen Kontext eine wichtige Rolle. Die in Deutschland gültige Versorgungsmedizin-Verordnung nimmt ebenfalls eine Einteilung in drei verschiedene Schweregrade vor, nämlich leichte, mittlere und schwere soziale Anpassungsstörungen. In dieser Variante wird so vorgegangen, dass nur mittlere und schwere Anpassungsstörungen einer Unterstützungsperson (z. B. Integrationshelfer, Arbeitstrainer) bedürfen. Führt diese Unterstützung zur erfolgreichen Teilhabe, so ist eine mittlere Anpassungsstörung festzustellen, ist das nicht der Fall, so ist von einer schweren Anpassungsstörung auszugehen.

Vergleich ICD-10 und DSM-5. Erste empirische Untersuchungen unter Anwendung von DSM-5 lassen vermuten, dass insbesondere im »niedrigfunktionalen« Grenzbereich (nicht näher spezifizierte, tiefgreifende Entwicklungsstörungen) sowie im »hochfunktionalen« Grenzbereich des Spektrums (hochfunktionaler Autismus, Asperger-Syndrom) die Diagnosestellung von Autismus-Spektrum-Störungen nach DSM-5 restriktiver sein wird. Das kann zu einem erschwerten Zugang zu Therapien und psychosozialen Unterstützungsmaßnahmen führen. Außerdem kann der Wegfall der diagnostischen Kategorie des Asperger-Syndroms zu einem Identitätsverlust für Betroffene führen.

4 Diagnosestellung

Nach den theoretischen Hintergrundüberlegungen wird in diesem Kapitel ausgeführt, wie eigentlich die medizinische Diagnose einer Störung aus dem Autismus-Spektrum zustande kommt. Was sind die Kernkriterien? Welche Rolle spielt hier das Arzt-Patienten-Gespräch und was messen verschiedene Testverfahren, die bei der Diagnose einer autistischen Störung angewandt werden? Schließlich können auch Begleiterkrankungen auftreten, die sich entweder zufällig oder systematisch aus dem Vorliegen einer Störung aus dem Autismus-Spektrum ergeben. Mit den Ausführungen folge ich auch den 2016 veröffentlichten S3-Leitlinien, die gemeinsam von der »Deutschen Gesellschaft für Kinder- und Jugendpsychiatrie, Psychosomatik und Psychotherapie« (DGKJP) und der »Deutschen Gesellschaft für Psychiatrie und Psychotherapie, Psychosomatik und Nervenheilkunde« (DGPPN) vertreten werden. Dabei handelt es sich um ein Instrument, das klinisch tätigen Praktikern einen schnellen, zusammenfassenden Zugriff auf die relevante Weltliteratur im Hinblick auf Diagnostik und Therapie ermöglichen soll. Entsprechend aufwendig ist das Verfahren zur Erstellung von Leitlinien, das durch die »Arbeitsgemeinschaft Wissenschaftlich-Medizinischer Fachgesellschaften« (AWMF) vorgegeben wird.

4.1 Wann liegt eine autistische Störung vor?

Das unverzichtbare Kernstück jeder Diagnosestellung ist das Gespräch des Arztes oder des klinischen Psychologen mit der betroffenen Person selbst (»Eigenanamnese«) und nach Möglichkeit auch mit Angehörigen, die über den Umgang mit der zu diagnostizierenden Person im Alltag und/oder über die Entwicklung der beklagten Schwierigkeiten aus der Kindheit und Jugend berichten können (»Fremdanamnese«). Die Kernkriterien werden in diesem Gespräch geprüft. Die Kernsymptome autistischer Störungen nach ICD-10, die bis heute und bis auf Weiteres Grundlage des Diagnoseprozesses in Deutschland und in weiten Teilen der Welt ist, umfassen Störungen der Interaktion, der Kommunikation sowie stereotype, repetitive Verhaltensweisen. Darüber hinaus handelt es sich um sogenannte tiefgreifende Entwicklungsstörungen, die bereits seit frühester Kindheit bestehen und im Lauf des zweiten Lebensjahres zuverlässig diagnostisch nachweisbar sind. Bemerkenswert ist, dass es in der ICD-10 keine spezifischen diagnostischen Kriterien für das Erwachsenenalter gibt, sondern nur für das Kindesalter. Dass das DSM-5 nun auf die Besonderheiten von Erstdiagnosen im Erwachsenenalter eingeht, wurde in Abschnitt 3.3 ausgeführt. Diagnosestellungen im Erwachsenenalter können mit bedeutsamen Unterschieden einhergehen, weil Erwachsene ja über Lernstrategien und Kompensationsmechanismen ihr konkretes Verhalten verändern können. Trotzdem kann hinter dem Verhalten auch weiterhin das autistische Erleben deutlich werden. So kann erlernt werden, dass es sinnvoll ist, andere Menschen in Gesprächssituationen anzublicken oder anzulächeln, obwohl gar keine Sympathie für den anderen erlebt wird oder gar kein Kontaktwunsch mit dem anderen besteht.

4.1.1 Kernsymptome autistischer Störungen

Störungen der Interaktion

Charakteristischer Kern autistischer Störungen ist die Beeinträchtigung oder das weitgehende Fehlen sozial kognitiver Fähigkeiten im Bereich der sozialen Interaktion. Damit wird auf die vermutlich überwiegend automatisch, unbewusst und schnell ablaufende Leistung Bezug genommen, sich in andere Menschen hineinzuversetzen (»Mentalisierung«, Abschn. 2.1). Die psychische Verfassung kann aber kompensatorisch aus verschiedenen anderen Merkmalen »ausgelesen« werden. Dazu gehören unter anderem mimisch oder gestisch vermittelte Ausdrucksweisen. Das ist für die Betroffenen ein kognitiv aufwendiger und mühsamer Prozess. Dies zeigt sich besonders dann, wenn erwachsene autistische Personen auf fremde Personen in ihnen unbekannten Situationen treffen, in denen die mittlerweile gelernten Regeln nicht weiterhelfen. Nach ICD-10 sind

unter Störungen der Interaktion die folgenden Aspekte zu verstehen:
- ▶ die Unfähigkeit, Blickkontakt, Mimik, Körperhaltung oder Gestik zur Gestaltung sozialer Interaktionen zu verwenden;
- ▶ die Unfähigkeit, trotz hinreichender »äußerer« Gelegenheiten, Beziehungen zu Gleichaltrigen aufzunehmen und mit ihnen gemeinsame Interessen, Aktivitäten und Gefühle zu teilen;
- ▶ der Mangel an sozio-emotionaler Gegenseitigkeit, die sich in einer Beeinträchtigung oder abweichenden Reaktion auf die Emotionen anderer äußert; oder der Mangel an Verhaltensänderung entsprechend dem sozialen Kontext; oder nur schwache Fähigkeit zur Integration sozialen, emotionalen und kommunikativen Verhaltens;
- ▶ der Mangel, spontan Freude, Interessen oder Tätigkeiten mit anderen zu teilen.

Hier soll erneut betont werden, dass die angesprochene Gruppe von erwachsenen autistischen Personen einige Verhaltensregeln im Umgang mit anderen lernen kann, erst recht dann, wenn nicht zusätzlich eine Lernbehinderung oder Intelligenzminderung besteht. Wenn in der Untersuchungssituation die genannten Symptome nicht in einer für Erwachsene angemessenen Weise wiederzufinden sind, können hier durchaus erfolgreiche Kompensationsmechanismen am Werk sein. So können etwa Blickkontakt, Mimik oder Gestik erfolgreich zur Gestaltung von Interaktionen eingesetzt werden. Hier ist dann wichtig zu erfahren, wie die betroffenen Personen auf die Idee gekommen sind, sie zu nutzen, oder wo sie es gelernt haben (z. B. von Familienangehörigen, in Seminaren über nonverbale Kommunikation, in einschlägigen Studiengängen wie Psychologie etc.). Die Beziehungen zu anderen können auch in gewissem Umfang selbst initiiert und oft auch aufrechterhalten werden. Hier ist dann interessant, wann damit begonnen wurde, Freundschaften und Partnerschaften aufzubauen, wie sie tatsächlich ausgestaltet sind und welchem Zweck sie dienen. Häufig erfährt man, dass der Kontakt mit Freunden erstaunlich selten stattfindet, überwiegend oder ausschließliche inhaltliche Interessen verfolgt werden, und die Bekannten eher wie »Geschäftspartner« anmuten oder auch so genannt werden. Wenn die betroffenen Personen mittels bestimmter Konventionen oder Regeln gelernt haben, in gewissen Grenzen mit anderen umzugehen, so wird diese Beziehungsgestaltung dennoch immer etwas Künstliches oder Gelerntes an sich haben. Die Personen wirken oft hölzern oder ungeschickt bei sozialen Verrichtungen. In der Regel werden entsprechende Signale nicht intuitiv oder spontan, sondern bewusst und reflektiert eingesetzt, da es sich immer auch um »Gelerntes« handelt, was erst aktiv abgerufen, überprüft, berechnet oder verglichen werden muss. Dieses Wissen erreicht daher nie den intuitiven, automatischen Charakter, den es üblicherweise für Nichtbetroffene hat.

Störungen der Kommunikation
In enger Verbindung zu den Störungen der Interaktion stehen die im Folgenden aufgeführten Kriterien zu den Störungen der Kommunikation. Dabei ist mit Kommunikation der Gebrauch von sprachlichen und nicht-sprachlichen Werkzeugen zum Zweck der Interaktion mit anderen gemeint, während sich die Störungen der Interaktion eher auf die Beziehungsgestaltung selbst richten. Tatsächlich ist eine Abgrenzung oft schwierig, und Störungen der Interaktion und Kommunikation treten fast immer zusammen auf. Tatsächlich werden im DSM-5 diese beiden Symptomgruppen zu einem Diagnosekriterium zusammengefasst, in der ICD-10 sind aber beide noch getrennt. Störungen der Kommunikation nach ICD-10 umfassen:
- ▶ die verspätete oder gestörte Entwicklung der gesprochenen Sprache, die nicht durch eine Kommunikation über Gestik oder Mimik »ersetzt« wird;
- ▶ die relative Unfähigkeit, einen sprachlichen Kontakt zum gegenseitigen Kommunikationsaustausch mit anderen Personen zu beginnen oder aufrechtzuerhalten;
- ▶ die stereotype und repetitive Verwendung der Sprache oder eigenwilliger Gebrauch von Worten oder Phrasen;
- ▶ der Mangel an verschiedenen »Als-ob«-Spielen (bei denen man »in die Rolle von anderen schlüpft«) oder sozialen Imitationsspielen.

Fehlende Motivation zu kommunizieren. Bei der spät diagnostizierten Gruppe von erwachsenen autistischen Personen, die wir in der Kölner Sprechstunde treffen, spielt eine gestörte Entwicklung der Sprache oder die Schwierigkeit, Kontakt zum anderen auf sprachliche Weise vorzunehmen, keine große Rolle mehr. In unseren eigenen Untersuchungen zeigt sich oft eine hohe sprachliche Intelligenz, was darauf hindeutet, dass die verspätete oder gestörte Sprachentwicklung bei autistischen Kindern keine Störung der sprachlichen Leistungsfähigkeit als solche ist, sondern vermutlich eine fehlende Motivationslage widerspiegelt, die in der frühen Entwicklung den Kontakt zu anderen weniger attraktiv erscheinen lässt als bei nicht-autistischen Kindern. Allerdings sind autistische Personen auf eine besondere Weise bis ins Erwachsenenalter eingeschränkt bei der verbalen Kommunikation. Darunter fallen Schwierigkeiten im Bereich der Pragmatik und Semantik (z. B. Monologisieren, Verständnis der Signalwirkung von bestimmten Floskeln, Verständnis von übertragener Bedeutung in Metaphern, Redensarten) und auch der Prosodie (z. B. mangelnde Modulation der eigenen Sprachäußerungen). Eine besondere Schwierigkeit, die schon angesprochen wurde, ist der Problembereich des sogenannten Small-Talk (Abschn. 2.2).

Eigenwilliger Sprachgebrauch. Zu ergänzen ist, dass sich die kommunikativen Schwierigkeiten auch auf die nicht-sprachliche Domäne erstrecken können (s. Kap. 2). Hier ist ein gestörtes Verständnis für nicht-sprachlich vermittelte soziale Signale (Gestik, Mimik, Blick) ebenso zu finden wie für sprachlich vermittelte soziale Signale (Ironie, Witze, Metaphern, Redensarten). Hier ist das fehlende soziale Blickverhalten besonders auffällig. Der »soziale Blick« ist für hochfunktional autistische Personen üblicherweise nicht-informativ. Ein eigenwilliger Sprachgebrauch mit Wortneuschöpfungen oder einem besonders auf Sprachspiele angelegten Humor können allerdings auch im Erwachsenenalter noch vorgefunden werden. Sprachliche Entwicklung sowie die mangelnde Betätigung bei »Als-ob«-Spielen ist dann eine wichtige Frage für die sogenannte Fremdanamnese. Eine Fremdanamnese ist eine Befragung von anderen Personen aus dem Umfeld des Patienten, die ihn gut oder sehr gut kennen und eine Beschreibung des Alltagsverhaltens »von außen«

leisten können. Bei dem Verdacht des Vorliegens einer autistischen Störung sollten idealerweise ältere Familienangehörige, die auch die frühe Entwicklung der betroffenen Person erlebt haben, befragt werden.

> Beispiel

»Was die anderen Kinder im Puppenhaus machten, war mir ein Rätsel.«
(Miggu, Risse im Universum, 2010, S. 16)

»Aber dieses ›so tun als ob‹-Spiel war noch nie etwas für mich. Darin habe ich keinen Sinn gesehen.«
(Preißmann 2005, S. 73)

Stereotype, repetitive Verhaltensweisen (nach ICD-10)
Damit sind alle solchen Verhaltensweisen gemeint, die immer wiederkehren und sich immer auf die gleiche Weise wiederholen, ohne dass von außen deutlich würde, welchem Zweck diese Verhaltensweisen dienen könnten. Nach ICD-10 sind hier folgende Aspekte zu berücksichtigen:

▶ die umfassende Beschäftigung mit gewöhnlich mehreren stereotypen und begrenzten Interessen, die in Inhalt, Schwerpunktlegung, Intensität oder Begrenztheit der Interessen für die Umwelt wenig gut nachvollziehbar sind;
▶ die zwanghaft anmutende Bindung an bestimmte Handlungen oder Rituale, die keinem erkennbaren oder nachvollziehbaren Zweck dienen;
▶ wiederkehrende Bewegungsmuster oder -sequenzen (z. B. Hand- oder Fingerschlagen oder komplexe Bewegungen des ganzen Körpers);
▶ die vorherrschende Beschäftigung mit Teilobjekten oder Elementen oder Eigenschaften von Spielmaterial, die nicht dem eigentlichen Gebrauchszweck der Materialien entsprechen (z. B. Geruch, Oberflächenbeschaffenheit oder das von ihnen hervorgebrachte Geräusch oder Vibration).

Hier sind im Erwachsenenalter insbesondere die Spezialinteressen und Detailkenntnisse zu benennen, die in Kapitel 2 besprochen wurden, sowie bestimmte Gewohnheiten, Ordnungsvorlieben oder ritualisierte Prozesse im Tagesablauf, bei der Kleidung oder bei der Speisenauswahl. Charakteristisch ist hier, dass diese Spezialinteressen »scheinbar nutzlos« sind. Das gilt zwar bis zu einem gewissen Grad für alle Hobbies auch nicht-betroffener Personen. Allerdings wird bei autistischen Spezialinteressen oft ein Grad an Perfektion für Details erreicht (z. B. Bahnfahrpläne) oder eine bestimmte Teilbeschäftigung von dem ursprünglichen Hobby ganz isoliert weiter betrieben (z. B. Tabellenführen erfundener Sportarten), die keinem offensichtlichen Zweck mehr dienen, sondern nur noch als »Selbstzweck« erscheinen. Wiederkehrende Bewegungsmuster sowie die konkrete, andauernde Beschäftigung mit physikalischen Gegenständen und ihren Eigenschaften sind eher Phänomene des Kindesalters und nach meiner Einschätzung weniger Phänomene des Jugend- und Erwachsenenalters, sodass diese Punkte im Erwachsenenalter auch eher zu vernachlässigen sind. Wichtig ist hier zu bemerken, dass dieses wiederkehrende Verhalten als angenehm, stabilisierend und gewinnbringend im vermeintlichen Chaos des Alltags, der über weite Strecken unvorhersehbar und unübersichtlich ist, erlebt wird.

»Tiefgreifende Entwicklungsstörung« (nach ICD-10)

Gewissermaßen als viertes Kriterium, das durch den Überbegriff in der ICD-10 vorgegeben wird, ist zuletzt die anhaltende Dauer über die Lebensspanne und das plausible Vorliegen dieser Störungsphänomene auch schon in der Kindheit und Jugend nachzuweisen. Dies gelingt natürlich am besten über die Fremdanamnese. Autistischen Störungen ist mit den anderen sogenannten »tiefgreifenden Entwicklungsstörungen« gemeinsam, dass sie ohne Ausnahme im Kleinkindalter oder der Kindheit beginnen und ohne spontane Verbesserungen der Symptomatik stetig fortschreitend verlaufen und bis ins Erwachsenenalter fortbestehen. Anamnestisch ist insbesondere der seit der frühen Kindheit chronisch andauernde Verlauf zu erfragen. Phasische Verläufe oder zeitliche Lücken in der Symptomatik widersprechen der Diagnose.

4.1.2 Alternative Kriterien

Damit sind die Kernkriterien der ICD-10 benannt. Es soll nicht unerwähnt bleiben, dass es auch alternative Entwürfe für Kriterienkataloge gibt, die allerdings bisher keinen Eingang in die internationalen Kriterienkataloge gefunden haben. Beispielhaft soll hier der Entwurf des schwedischen Forscherehepaars Carina und Christopher Gillberg vorgestellt werden, die sich beide intensiv mit autistischen Störungen beschäftigt haben (Gillberg et al., 2001). Nach ihrer klinischen Erfahrung sind autistische Störungen im Wesentlichen durch die folgenden Kriterien ausgewiesen:

▶ soziale Beeinträchtigung oder extreme Egozentrizität (bei Vorliegen von mindestens zwei der folgenden vier Merkmale: Schwierigkeiten mit Gleichaltrigen zu interagieren; mangelnder Wunsch, mit Gleichaltrigen zu interagieren; mangelndes Verständnis für soziale Signale; sozial und emotional unangemessenes Verhalten);
▶ eingegrenzte Interessen (bei Vorliegen von mindestens einem der folgenden drei Merkmale: starkes Interesse für ein Thema, das die Zeit für andere Aktivitäten einschränkt; repetitive Qualität der besonderen Interessen; Interessen sind stärker durch Routinequalität als durch Inhalte getragen);
▶ repetitive Routinen (bei Vorliegen von mindestens einem der folgenden zwei Merkmale: Routinen führen zu Schwierigkeiten für sich selbst; Routinen führen zu Schwierigkeiten bei anderen);
▶ Rede- und Sprachbesonderheiten (bei Vorliegen von mindestens einem der folgenden fünf Merkmale: Sprachentwicklungsverzögerung; scheinbar »perfekte« Sprache; formale, »altkluge« Sprache; Besonderheiten der Stimme; Sprachverständnisschwierigkeiten, z. B. Fehlinterpretation wörtlicher Bedeutung);
▶ nonverbale Kommunikationsprobleme (bei Vorliegen von mindestens einem der folgenden fünf Merkmale: eingeschränkter Gebrauch von Gesten; unbeholfene oder ungewöhnliche Körpersprache; eingeschränktes Repertoire von Gesichtsausdrücken; Unangemessenheit des Gesichtsausdrucks; ungewöhnliches Blickverhalten);

▶ Motorische Unbeholfenheit (bei Vorliegen des Merkmals: Vorliegen von relevanten Normabweichungen bei entwicklungsbezogenen Untersuchungen früher oder aktuell).

Hier werden also neben die soziale Beeinträchtigung und die Spezialinteressen und Routineabläufe vor allem Sprachbesonderheiten gestellt. Diese Sprachbesonderheiten werden von nonverbalen Kommunikationsschwierigkeiten abgegrenzt. Hinzu kommt noch der Aspekt der motorischen Unbeholfenheit, der bisher noch nicht ausführlicher besprochen wurde. Tatsächlich berichten viele autistische Personen über eine besonders markante Ungeschicklichkeit, die oft beim Basteln oder beim Sport im Kindes- und Jugendalter schon deutlich war und sich bei manchen bis ins Erwachsenenalter fortsetzt und dort beispielsweise noch als unbeholfene oder auffällige Handschrift beschrieben wird. Für die Diagnose wird obligatorisch das Vorliegen des ersten Kriteriums und von vier weiteren der fünf anderen verlangt.

Weitere mögliche Symptome. Neben diesen in der ICD-10 aufgelisteten Symptomen und den Gillberg-Kriterien gibt es auch noch weitere Symptome, die immer wieder genannt werden sowohl von Seiten der Forscher als auch von Seiten der Betroffenen. Dazu gehören Störungen der Sinneswahrnehmung, die sowohl Überempfindlichkeit bei verschiedenen Sinneseindrücken (Sehen, Hören, Berührung, Geruch, Geschmack) miteinschließen als auch Unempfindlichkeit gegenüber Schmerz- und Temperaturreizen. Dieses Symptom ist nun als Unterkriterium in das DSM-5 aufgenommen (Abschn. 3.3). Bemerkenswert war schon die Schwierigkeit, Gesichter zu erkennen (sog. »Prosopagnosie«), und das Phänomen der Synästhesie gewesen (Kap. 2). Andere Symptome betreffen ein besonderes Essverhalten mit speziellen Vorlieben für Nahrungsmittel, die auf Farbe, Form oder Beschaffenheit beruhen, und dem Drang, die Speisen auch stets aufzuessen ungeachtet des Sättigungsgefühls. Hier ist fraglich, ob es sich dabei um eine eigene Gruppe von Symptomen handelt oder vielmehr um Äußerungsformen der in der ICD-10 schon abgedeckten repetitiven, stereotypen Verhaltensweisen. Veränderungen der Sinneswahrnehmung sind in dem DSM-5 tatsächlich dieser Gruppe von Symptomen zugeordnet (Abschn. 3.3). Veränderungen im Bewegungsablauf mit beispielsweise auffälligem Gangbild, auffälligem Schriftbild, Unsportlichkeit und Ungeschicklichkeit sind schon in den Gillberg-Kriterien erwähnt, tauchen aber bisher als motorische Störungen weder in der ICD-10 noch im DSM-5 auf.

4.2 Patienten-Gespräch

4.2.1 Eigen-Anamnese

Die zentrale Komponente im Arzt-Patienten-Gespräch ist die sogenannte Eigen-Anamnese, die versucht, die bestehenden Schwierigkeiten und die Krankengeschichte aus der eigenen, subjektiven Sicht der betroffenen Person kennenzulernen. Um zu erfahren, worin die aktuell zu beklagenden Schwierigkeiten bestehen, wie sie sich im Alltag zeigen und wie sie sich für die betroffene Person im Sinne des inneren Erlebens »anfühlen«, ist das anamnestische Gespräch unersetzbar. Die Kernaufgabe ist hier, so gut wie möglich die Schwierigkeiten der betroffenen Person nachzuempfinden und zu »verstehen«. Im direkten Gespräch können darüber hinaus auch wichtige weitere Hinweise aus dem Verhalten gewonnen werden (Sprechweise, Blickkontakt, Gestik, Mimik, Verhalten zu Anfang und zu Ende des Gesprächs etc.), sodass auch aus diesem Grund ein direktes Gespräch einer schriftlichen Befragung immer vorzuziehen ist.

Typische Themen eines anamnestischen Gespräches, die den Arzt oder klinischen Psychologen interessieren, umfassen unter anderem
- die frühkindliche Entwicklung einschließlich der Kindergarten- und Schullaufbahn,
- den Ausbildungsgang und die berufliche Laufbahn,
- Freundschaften und Partnerschaften in allen Lebensphasen,
- Interessen und Hobbys,
- Alltagsaktivitäten und den üblichen Tagesablauf,
- körperliche und psychische Erkrankungen oder Beschwerden,
- Medikamente,
- körperliche und psychische Erkrankungen bzw. Entwicklungsstörungen in der Familie,

▶ das eigene Selbstverständnis bzw. das Problembewusstsein für die geschilderten Schwierigkeiten.

Informativ ist auch die sogenannte Familienanamnese, bei der nach betroffenen Angehörigen gefragt wird und die häufig Hinweise auf weitere autistische Personen in der Familie gibt.

4.2.2 Fremdanamnese

Bei einer Fremdanamnese wird eine nahestehende Person des Betroffenen befragt, meist Familienangehörige, die aus ihrer Sicht beschreiben können, wie sich die betroffene Person im Alltag verhält und wie sie auf ihre Umgebung wirkt. Ideal sind hier solche Angehörige, die die betroffene Person über einen langen Zeitraum beobachten und miterleben konnten, am besten unter Einschluss der frühen Kindheit und der Jugendzeit. Damit sind also besonders die Eltern oder ältere Geschwister angesprochen. Die Befragung eines Angehörigen ist immer wünschenswert und hilfreich, weil nur er zuverlässige Informationen über die Entwicklung der betroffenen Person (Sprachfähigkeiten, Interaktionsverhalten, motorische Entwicklung) aus einer Außenperspektive vermitteln kann. Da der Aspekt der Entwicklung entscheidend für die Diagnosestellung ist, sollten entsprechende Informationen nach Möglichkeit immer eingeholt werden. Leider ist das aber nicht immer möglich, z. B. dann, wenn Familienangehörige (z. B. Eltern) schon verstorben sind oder wenn kein Kontakt mehr zu ihnen besteht. Weitere Dokumente aus Kindheit und Jugend (z. B. Schulzeugnisse, psychologische Gutachten, private Filmaufnahmen) können ebenfalls hilfreich bei der Einschätzung der autistischen Symptomatik in früheren Lebensphasen sein. In Ausnahmefällen muss die Möglichkeit einer Diagnosestellung ohne Fremdanamnese erwogen werden.

4.2.3 Strukturiertes Interview

Ein Gespräch mit betroffenen Personen kann auch auf der Basis eines vorgegebenen Fragenkatalogs stattfinden. Hier ist das strukturierte

Interview »Adult Asperger Assessment (AAA)« erwähnenswert, das von Baron-Cohen und Mitarbeitern entwickelt wurde und zur Anwendung bei erwachsenen autistischen Menschen geeignet ist (Baron-Cohen et al., 2005). Das AAA behandelt vier verschiedene Themenbereiche, die sich auf die Kernsymptome autistischer Störungen beziehen und für die Erstdiagnose im Erwachsenenalter angepasst wurden:

- qualitative Beeinträchtigungen in sozialer Interaktion;
- eingeschränkte, repetitive und stereotype Verhaltensmuster, Interessen und Aktivitäten;
- qualitative Einschränkungen in verbaler und nonverbaler Kommunikation;
- Einschränkungen der Imagination;
- weitere Grundvoraussetzungen der Diagnose (z. B. Fehlen einer kognitiven Beeinträchtigung, Symptome bereits frühzeitig in der Entwicklung vorhanden).

Zu jedem dieser Abschnitte wird die untersuchte Person ausführlich befragt. Auch hier ist empfehlenswert, eine Bezugsperson einzuladen, um die Informationen zur Entwicklung und zum aktuellen Verhalten der betroffenen Person möglichst verlässlich zu erfragen.

4.3 Testpsychologische Untersuchungen

Testpsychologische Untersuchungen sind eine wichtige Ergänzung zu den Patientengesprächen. Sie umfassen objektive Messungen von verschiedenen Leistungen und Fähigkeiten. Diese können sich auf allgemeine kognitive Leistungen, wie z. B. Intelligenz, und auf sozialkognitive Leistungen beziehen. Sie ersetzen aber nicht die klinische Beurteilung durch einen geschulten Arzt oder Psychologen und leisten nach unseren eigenen Untersuchungen keinen substanziellen Beitrag zur Diagnosestellung. Zwar konnten bestimmte Profile bei Gruppen von autistischen Personen gezeigt werden, allerdings sind die Schwankungen zwischen den untersuchten Personen so groß, dass im Einzelfall kein Beitrag zur Diagnose zu erwarten ist. Die meisten Untersuchungen sind übrigens auch hier mit Kindern und

Jugendlichen durchgeführt worden. Entsprechende Untersuchungen mit erwachsenen autistischen Personen stehen vergleichsweise noch am Anfang. Allerdings kann die testpsychologische Untersuchung im Einzelfall wichtige Informationen, z. B. zur kognitiven Leistungsfähigkeit oder zu bestimmten Leistungsdomänen, liefern, die später auch bei der beruflichen Beratung eine wichtige Rolle spielen können. Der Wert der testpsychologischen Untersuchungen sollte daher nicht unterschätzt werden.

Kognitive Leistungsfähigkeit
Ganz allgemein lässt sich sagen, dass es sinnvoll ist, neben der Identifizierung der Kernkriterien autistischer Störungen weitere Merkmale der allgemeinen kognitiven Leistungsfähigkeit zu bestimmen. Testpsychologisch sollten Intelligenz, Konzentration und Aufmerksamkeit geprüft sowie Untersuchungen zu den »Exekutivfunktionen« durchgeführt werden. Unter Exekutivfunktionen versteht man in der Psychologie verschiedene Leistungen, die sämtlich der Handlungsplanung dienen. Die Untersuchung räumlicher Leistungen sollte auch erwogen werden.
Intelligenz. Eines der am häufigsten eingesetzten Verfahren zur Untersuchung der allgemeinen Intelligenz, das sowohl bei Gruppen von Patienten als auch in wissenschaftlichem Kontext eingesetzt wird und den wir auch selbst benutzen, ist der »Wechsler-Intelligenztest für Erwachsene (WIE)«. Er erfasst in elf Untertests wesentliche Merkmale der sprachlichen Intelligenz (z. B. Allgemeinwissen, Wortschatz, Arbeitsgedächtnis) und der sogenannten Handlungsintelligenz (z. B. visuell-räumliche Fähigkeiten, Fähigkeit zum Erfassen wesentlicher Details). Er stellt neben dem Gesamt-Intelligenzquotienten auch Werte für den sprachlichen und Handlungsbereich bereit. Der Testleiter, der den Test durchführt, ist über die gesamte Zeit der Durchführung anwesend und kann daher auch noch wichtige Informationen zur Verhaltensbeobachtung der untersuchten Person beitragen. Bei autistischen Personen zeigten sich in verschiedenen Studien relative Stärken bei visuell-räumlich dominierten Aufgaben (Untertest »Mosaiktest«). Dieser Test überprüft auf bestimmte lokale Gegebenheiten beschränkte Informationsverarbeitung: Die Person hat die Aufgabe, mit Einzelbausteinen be-

stimmte abstrakte Bilder nach einer Vorlage zusammenzustellen, was die Fähigkeit erforderlich macht, die Bilder in ihre Bestandteile zu zerlegen. Schwächen zeigen sich dagegen bei Aufgaben, die die Einschätzung einer komplexen (sozialen) Gesamtsituation erfordern (Untertest »Bilderordnen«) und im praktischen Urteilsvermögen (Untertest »Allgemeines Verständnis«). Die beiden letztgenannten erfassen maßgeblich auch das Verständnis sozialer Sachverhalte, sodass hier wieder eine Schwäche in der »sozialen Intelligenz« sichtbar wird.

Auch wenn ein Intelligenztest keinen direkten Beitrag zur Diagnose einer autistischen Störung als solcher leistet, ist eine Untersuchung dennoch aus den folgenden Gründen sinnvoll. Die Ergebnisse erlauben, eine Intelligenzminderung, die bei einem IQ-Wert unter 70 beginnt, zu diagnostizieren oder auszuschließen. Diese Information ist auch für die formale Klassifikation der autistischen Störung nach ICD-10 relevant, im DSM-5 muss die Intelligenzminderung ebenfalls mitangegeben werden (Abschn. 3.3). Der betroffenen Person kann ein Profil von Stärken oder Schwächen oder aber auch eine »balancierte« Ausstattung im sprachlichen und im Handlungsbereich mitgeteilt werden. Derartige Profile sind relevant für die Planung von psychotherapeutischen und beruflich-rehabilitativen Maßnahmen. Bei autistischen Personen, die im Erwachsenenalter zum ersten Mal diagnostiziert werden, handelt es sich oft um durchschnittlich (IQ um 100) oder überdurchschnittlich (IQ größer 100) intelligente Personen, sodass hier die Diagnose eines hochfunktionalen Autismus oder Asperger-Syndroms nach ICD-10 zu stellen ist (Lehnhardt et al., 2011a).

Handlungsplanung (»Exekutivfunktionen«). Der Begriff der sogenannten Exekutivfunktionen umfasst höhere kognitive Prozesse, die im Wesentlichen zur Planung und Ausführung unserer Handlungen beitragen. Dazu gehören unter anderen

▶ die Fähigkeit, Informationen über einen gewissen Zeitraum zur bewussten Verfügung zu halten (Arbeitsgedächtnis);
▶ die Fähigkeit zur Auswahl bestimmter Handlungsalternativen, die auch die Unterdrückung anderer Handlungsalternativen (Inhibition) einschließt;

▶ die Fähigkeit, situations- und kontextangemessen auf äußere Reize mit bestimmten Handlungen zu antworten (kognitive Flexibilität).

Einige der Schwierigkeiten von autistischen Personen, wie stereotype, repetitive Verhaltensweisen, umgrenzte Spezialinteressen sowie die Abneigung gegenüber Veränderungen des Tagesablaufs oder der eigenen Ordnungsvorlieben, könnten damit gut in Verbindung gebracht werden. Daher werden immer häufiger auch diese kognitiven Prozesse mituntersucht. Beispielhaft wird zur Untersuchung der kognitiven Flexibilität der sogenannte »Wisconsin Card Sorting Test (WCST)« durchgeführt. Bestimmte einzelne Karten, auf denen verschiedene Mengen von verschiedenfarbigen geometrischen Objekten (z. B. drei gelbe Sterne) abgebildet sind, müssen nach einem von mehreren wechselnden Kriterien (z. B. Farbe, Objekt, Zahl) bewertet und auf einen Stapel von ähnlichen Karten abgelegt werden (z. B. »gelbe Objekte« oder »drei Objekte« etc.) werden. Die Versuchsperson soll nach dem Prinzip »Versuch und Irrtum« die einzelnen Karten auf die Kartenstapel ablegen. Dabei muss sie sich immer für eine Eigenschaft oder für ein Kriterium entscheiden, weil eine Karte nur nach einem Kriterium abgelegt werden kann (z. B. Kriterium »Farbe«). Danach erhält die Versuchsperson eine Rückmeldung darüber, ob die Karte richtig oder falsch abgelegt war. War es »richtig«, dann ist das aktuelle Kriterium offenbar »Farbe«, sodass alle folgenden Karten nach ihrer Farbzugehörigkeit abzulegen sind (bis die Antwort »falsch« wird). War die Ablage »falsch«, so muss ein neues Kriterium ausprobiert werden (z. B. Kriterium »Objekt«). Daraus kann eine Regel erschlossen werden, die aktuell gültige Regel, nach der die Karten abgelegt werden sollen, wird aber der Versuchsperson nicht mitgeteilt. Gemessen wird, wie schnell und wie effektiv die Versuchsperson erkennt, dass eine Regel gewechselt hat, und wie schnell sie das neue, aktuelle Kriterium herausfindet.

Soziale Kognition

Besondere Bedeutung haben in der Untersuchung autistischer Personen auch Studien zur sozialen Kognition, die zurzeit wissenschaftlich intensiv betrieben werden. Sie erlauben eine Darstellung der sozial kognitiven Störungen, die zwingend vorliegen müssen, wenn die Diagnose gestellt wird. Diese Untersuchungen bestätigen also in der Regel nur das Ergebnis des Gesprächs mit dem Patienten. Über die klinische Diagnose hinaus erlauben sie aber eine weitere Differenzierung der Schwierigkeiten der individuellen betroffenen Person. Aus wissenschaftlicher Perspektive sollen diese Untersuchungen auch der Etablierung neuer standardisierter Instrumente dienen, die diagnostisch und differenzialdiagnostisch, also bei der Abgrenzung einer Autismus-Spektrum-Störung gegen andere, nicht-autistische Störungen, hilfreich sein könnten.

Die Möglichkeiten zur Untersuchung der Theory-of-Mind- oder Mentalisierungsfähigkeit ist bereits mehrfach angesprochen worden (Abschn. 1.2, 1.8). Allerdings können erwachsene autistische Personen ohne Intelligenzminderung auch schwierige Aufgaben dieser Art lösen, ohne gleichzeitig eine gute Anpassungsleistung in sozialen Kontexten zu zeigen. Diese Diskrepanz ist plausibel, da intelligente Erwachsene durchaus in der Lage sind, sich die Überzeugungen, Gefühle und Gedanken anderer Menschen mit Hilfe von oft mühsam erlernten, expliziten Regeln und Formeln zu erschließen. Dennoch sind sie überfordert, wenn viele Detailinformationen in kurzer Zeit zu einem komplexen Gesamtbild integriert werden müssen. Hier kann ein weiteres Verfahren zur Anwendung kommen, das auch bei Erwachsenen verwendet werden kann: Der von Isabel Dziobek und Kollegen entwickelte »Movie for the Assessment of Social Cognition« (MASC; Dziobek et al., 2006). In diesem Film wird über 15 Minuten eine soziale Situation dargestellt, die insgesamt 45-mal durch Fragen über mentale Zustände und Intentionen der beteiligten Akteure unterbrochen wird.

Soziale Kognition muss sich daher auch auf die Erkennung von nonverbalen Komponenten richten, die eher intuitiv bearbeitet werden. Dazu gehören etwa das soziale Blickverhalten oder die Fähigkeit, Gestik und Mimik angemessen zu bewerten. In diesen Bereichen sind Schwierigkeiten bei autistischen Personen beschrieben. In der Arbeitsgruppe um Baron-Cohen wurde der »Reading the Mind in the Eyes Test« für Erwachsene entwickelt: Die Testpersonen betrachten Fotos von Augenpaaren und haben zur Aufgabe anzugeben, welches von vier Worten am ehesten der inneren Verfassung dieser Person entspricht (z. B. ernst, verblüfft, ungeduldig, alarmiert). Autistische Menschen haben als Gruppe dabei größere Schwierigkeiten als nicht-autistische Menschen. Allerdings bewältigen einzelne autistische Personen diese Aufgabe sehr passabel und unterscheiden sich nicht von anderen nicht-autistischen Personen. In einer eigenen Untersuchung zeigte sich, dass sich autistische Teilnehmer bei der Beurteilung oder Bewertung einer unbekannten Person stärker auf sprachliches Material beziehen als auf nicht-sprachlich präsentiertes (Kuzmanovic et al., 2011). Autistische Menschen fühlen sich also offenbar in der sprachlichen Domäne viel sicherer als in der nicht-sprachlichen.

4.4 Weitere diagnostische Hilfsmittel

Sieht man von objektiven testpsychologischen Untersuchungen ab, die sich auf besondere Leistungskomponenten richten, werden psychische Störungen auf der Basis des subjektiven Erlebens der betroffenen Personen definiert. Das gilt auch für weitere Hilfsmittel wie strukturierte Interviews und Fragebögen: Auch hier wird das innere Erleben exploriert, allerdings unter Zuhilfenahme von systematischen Abfragen, die entweder im Gespräch oder über Fragebögen durchgeführt werden.

Keine Diagnose nur aufgrund von Zusatzbefunden. Außerhalb des »Psychischen« gibt es keine auffindbaren objektiven Bewertungen (z. B. Laborwerte, anatomische Schnittbilder des Körpers), die über das innere Erleben Auskunft geben könnten. Zwar sind organische Veränderungen des Gehirns, die mit psychischen Störungen einhergehen könnten, augenblicklich Gegenstand intensiver Forschungsbemühungen. Es ist aber bei keiner psychischen Störung möglich, eine Diagnose aufgrund derartiger organischer Veränderungen zu stellen. Da sich die Störung durch das veränderte subjektive Erleben definiert und sich das innere Erleben nicht in einfacher Weise auf neurobiologische Vorgänge übertragen lässt, ist das auch aus konzeptuellen Gründen nicht denkbar. Organische Veränderungen können zwar eine Diagnose bestätigen, Risikopersonen definieren und die Ursachen der untersuchten Erkrankungen helfen aufzuklären, aber es wird nicht möglich sein, eine Diagnose nur auf der Grundlage derartiger Zusatzbefunde zu stellen. (In der restlichen Medizin ist das übrigens auch nicht anders, kein Internist oder Neurologe würde auf eine Anamnese und eine körperliche Untersuchung des Patienten verzichten können und eine Diagnose nur auf einen Laborwert oder ein anatomisches Schnittbild gründen.)

Es existieren eine Reihe von Hilfsmitteln, die weitere wichtige Informationen zur Verfassung der betroffenen Person liefern. Im englischen Sprachraum gibt es momentan insgesamt 69 Screening- und Diagnostik-Instrumente für das gesamte autistische Spektrum, wovon die meisten ausschließlich für die Diagnose einer autistischen Störung im Kindes- und Jugendalter vorgesehen sind und nicht für das Erwachsenenalter eingesetzt werden können. Manche Verfahren erlauben die Untersuchung von Heranwachsenden bis etwa zum 24. Lebensjahr. Einige wenige Instrumente werden im Folgenden kurz skizziert, die auch für die Untersuchung von Erwachsenen im deutschen Sprachraum zur Verfügung stehen. Eine ausführlichere Darstellung von allen hier genannten und weiteren Verfahren, die für die Untersuchung von autistischen Personen unter besonderer Berücksichtigung des Erwachsenenalters sinnvoll sind, findet sich bei Gawronski et al. (2012). Die in 2016 publizierten Leitlinien der AWMF zu »Autismus-Spektrum-Störungen im Kindes-, Jugend- und Erwachsenenalter« fassen den aktuellen Kenntnisstand dazu zusammen. Im Erwachsenenalter stehen zurzeit leider keine empirisch belastbaren Instrumente zur Diagnosestellung von Autismus-Spektrum-Störungen zur Verfügung.

Fragebögen

Etwa seit den letzten zehn Jahren stehen auch Fragebögen zur Untersuchung erwachsener autistischer Personen zur Verfügung, die als Instrument zur Voruntersuchung der Risiko-Personen ohne zeitlichen Aufwand für die diagnostizierende Institution eine Untersuchung autistischer Züge leisten sollen. Damit soll auch eine quantitative Auswertung zur Beurteilung der graduellen Ausprägung autistischer Merkmale möglich sein.

Hier sind insbesondere drei Fragebögen zu nennen, die sämtlich aus der bereits genannten Forschergruppe um Baron-Cohen stammen. Dabei handelt es sich um die schon erwähnten »Autism Spectrum Quotient« (AQ) und »Empathy Quotient« (EQ) sowie um den sogenannten »Systemizing Quotient« (SQ) (Baron-Cohen et al., 2001, 2003; Baron-Cohen & Wheelwright, 2004). Präsentiert werden in allen drei Fragebögen zwischen 50 und 60 Merkmale, die die Personen danach beurteilen sollen, ob sie bei ihnen selbst zutreffen oder nicht. Sämtliche Fragebögen wurden für die Untersuchung erwachsener Personen entwickelt. Der AQ liegt mittlerweile auch in einer Version für Jugendliche vor. Wie die Namen schon nahelegen, ist der AQ auf die Untersuchung autistischer Merkmale gerichtet. Dabei werden soziale und kommunikative Fähigkeiten, Aufmerksamkeits- und Vorstellungsleistungen untersucht. Hohe Werte zeigen das vermehrte Vorliegen autistischer Züge an, eine scharfe Grenze, die autistische von nicht-autistischen Personen trennt, existiert aber nicht. Unsere eigenen Untersuchungen zeigen, dass nicht nur Personen mit Autismus, sondern auch Personen, bei denen wir keine Diagnose aus dem autistischen Spektrum stellen können, hohe Werte im AQ erreichen können.

Damit eng in Zusammenhang stehen weitere Fragebögen, die die Empathie-Fähigkeit und die »Systematisierungs«-Fähigkeit testen sollen, mit Systematisierung ist hier das Verständnis regelgeleiteter Systeme gemeint, also vor allem, aber nicht nur, technische Systeme wie Autos oder Computer. Damit wird hier auch wieder auf die bereits eingeführte Unterscheidung von Menschen und Gegenständen (Abschn. 1.1) Bezug genommen: Autistische Personen haben oft einen vergleichsweise geringen EQ-Wert, weniger oft einen vergleichsweise hohen SQ-Wert. Damit können diese Fragebögen ein weiteres Indiz für das Vorliegen einer autistischen Störung bereitstellen. Eine Diagnose kann aber auf dieser Grundlage nicht gestellt werden, und es ist auch keine Abgrenzung von autistischen Störungen gegen andere psychische Störungen möglich.

4.5 Andere Erkrankungen

4.5.1 Abgrenzbare Erkrankungen

Insbesondere im Erwachsenenalter ist eine Abgrenzung gegenüber anderen psychischen Erkrankungen besonders wichtig, da durch die Kompensationsleistungen die Kernsymptome des Autismus verdeckt werden und andere Störungen zutreffender erscheinen. Das ist natürlich im Wesentlichen Aufgabe des Arztes oder Psychologen, diese Arbeit zu leisten; sie soll aber hier auch kurz erwähnt werden. Zu den wichtigsten psychiatrischen Differenzialdiagnosen im Erwachsenenalter zählen sogenannte Persönlichkeitsstörungen, soziale Ängste und Zwangserkrankungen.

Bei den verschiedenen Erwägungen anderer Erkrankungen oder möglicher »Verwechslungen« sind einige zentrale Aspekte immer wieder in den Fokus zu rücken. Dazu gehören die Schwierigkeiten, sich in andere hineinzuversetzen oder das Mentalisierungsdefizit. Diese Schwierigkeiten, denen hier zum besseren Verständnis in den ersten beiden Buchkapiteln sehr viel Platz gewidmet wurde, sind sehr charakteristisch, auch wenn sie oft nur verdeckt im Sinne der »doppelten Unsichtbarkeit« vorliegen und manchmal viel Geduld bei den diagnosestellenden Personen benötigen, um diese zentralen Symptome zuverlässig nachweisen oder aber ausschließen zu können. Wichtig ist hier zu bemerken, dass nicht alle Schwierigkeiten im Umgang mit anderen Menschen auf eine autistische Verfassung zurückgeführt werden können.

Mentalisierungsdefizit. Ausführlich wurde bereits die Schwierigkeit, das innere Erleben anderer Personen nachzuerleben, dargestellt. Da manche erwachsene Personen ihre Defizite in diesem Bereich durchaus wahrnehmen können, kann es auch zu einem gesteigerten Interesse für das innere Erleben anderer Personen kommen im Rahmen von Kompensationsversuchen. Dieses gesteigerte Interesse muss dann sorgfältig abgegrenzt werden von dem, was psychiatrisch als wahnhaftes oder paranoides Erleben bezeichnet wird und bei dem es zu einem gesteigerten Wahrnehmen der Intentionen anderer kommt. Das Mentalisierungsdefizit oder die Schwierigkeit im Sozialverhalten sind sicher zu unterscheiden von anderen Problemen, die manche anderen erwachsenen Personen im sozialen Kontakt haben und die ganz anders begründet sein können. Eine Schwierigkeit des Sich-Hineinversetzens in andere ist abzugrenzen von einer eingeschränkten Erlebnis- und Ausdrucksfähigkeit im emotionalen Bereich, wie sie bei Persönlichkeitsstörungen vorkommen können. Auch wenn Gefühle zum inneren Erleben gehören, so macht es doch einen Unterschied, ob nur die Gefühlslage anderer Personen schwer zugänglich ist oder ob das Mentalisieren im Ganzen gestört ist. Schließlich sind auch sogenannte soziale Angststörungen zu erwägen. Hauptmerkmal ist hier die Angst vor Situationen, in denen die betroffenen Personen im Mittelpunkt stehen müssen und aus Angst vor Bloßstellung, negativer Bewertung oder Kritik, diese Situationen zu vermeiden suchen. Das Mentalisieren bleibt aber erhalten, insbesondere in geschütztem Rahmen.

Sozialer Rückzug. Besonders soziale Angststörungen, aber auch Persönlichkeitsstörungen mit einer Störung der Emotionsregulation können zu sozialem Rückzug führen. Menschen mit Autismus-Spektrum-Störungen sind aufgrund ihrer frustrierenden Anstrengungen, mit anderen Menschen in Kontakt zu kommen, ebenfalls oft zurückhaltend geworden. Wir lernen aber auch viele betroffene Personen kennen, die dagegen anhaltend großes Interesse an anderen Menschen haben, teilweise, um der allgemeinen Konvention zu entsprechen, teilweise, weil das Verhalten von Menschen das eigene Spezialinteresse betrifft. Im Gegensatz zu Personen mit Persönlichkeitsstörungen leiden erwachsene autistische Personen oft unter ihren sozialen Schwierigkeiten, und die grundlegende Motivation zur Kontaktaufnahme mit anderen Menschen kann durchaus stark vorhanden sein. So kann sich etwa eine Person dadurch sozial unangemessen verhalten, dass sie eine Abwertung oder Kränkung einer anderen Person beabsichtigt oder in Kauf nimmt, während eine autistische Person die Kränkung gar nicht erst als solche wahrnimmt. Diese Gruppe autistischer Personen zeigt entsprechend großes Interesse für andere Personen. Das Merkmal des sozialen Rückzugs ist also für sich genommen nicht informativ und muss immer auf seine Motivation geprüft werden.

Repetitives, stereotypes Verhalten. Ein ausgeprägtes Festhalten an wiederkehrenden Handlungsmustern, Ordnungsvorlieben oder Sammelgewohnheiten kann mit Zwangshandlungen im Rahmen von Zwangsstörungen verwechselt werden. Hier ist wesentlich, dass Menschen mit Zwangsstörungen üblicherweise die Zwangshandlungen als lästig, quälend und nicht zu ihnen gehörig (dyston) erleben. Dagegen sind für Menschen mit Autismus wiederkehrende Handlungsroutinen im Sinne von im Voraus planbarem Verhalten angenehm und stabilisierend und werden nicht als fremd erlebt (synton). Daneben ist ein weiteres hilfreiches Merkmal, dass bei Patienten mit Zwangsstörungen keine Mentalisierungsschwäche vorliegt.

Verlauf. Der bereits erörterte Entwicklungsaspekt ist ebenfalls wichtig. Während autistische Störungen im Prinzip lebenslange Störungen sind, die schon von früher Kindheit an nachweisbar sein können, treten andere Störungen oft erst später auf oder zeigen einen wechselnden Verlauf, bei dem die Symptome in manchen Phasen stärker, in anderen Phasen schwächer ausgeprägt sind. Bei fortbestehender diagnostischer Unsicherheit hilft die genaue Prüfung einer bis in die frühe Kindheit zurückreichende Kernsymptomatik, die die autistische Störung gegenüber einer der genannten später erworbenen Störungen abgrenzen kann. Bei der Erstdiagnose sollten auch Hinweise auf frühkindliche Hirnschädigungen im engeren Sinn geprüft werden. Hier ist dann wichtig, auch das Gehirn eingehend zu untersuchen. Dies kann unter Zuhilfenahme bildgebender Verfahren stattfinden, also Untersuchungsmethoden, die Schnittbilder des Gehirns liefern und es damit ermöglichen, das Gehirn in seinem genauen Aufbau zu untersuchen. Hier wird heute ausschließlich das räumlich hochauflösende Verfahren der Magnet-Resonanz-Tomographie (MRT) verwandt.

Aufmerksamkeitsdefizits-Hyperaktivitäts-Syndrom (ADHS). Eine weitere wichtige Differenzialdiagnose auch im Erwachsenenalter ist das ADHS, das bei Kindern oft zusammen mit unterschiedlich ausgeprägten autistischen Merkmalen auftritt. Typische Symptome umfassen eine erhöhte Ablenkbarkeit und impulsives, kontrollgestörtes Verhalten. Motorische Koordinationsstörungen, eine auffällige Körpersprache sowie ein wichtiger Augenkontakt können bei Autismus und ADHS auftreten. Hier ist eine sorgfältige Anamnese wichtig, die klären soll, wie die Aufmerksamkeitsstörungen zustande kommen und ob es sich hier nicht vielleicht vielmehr um Konzentrationsstörungen handelt, die in Situationen sozialer Überforderung auftreten. Bei den Bewegungsäußerungen kann die genaue Analyse der Bewegungen helfen, und es kann der angenehme, stabilisierende Charakter erfragt werden, der die wiederkehrenden Verhaltensweisen bei Autismus begleitet.

4.5.2 Begleiterkrankungen

Neben diesen Erkrankungen, mit denen autistische Störungen im Sinne von Differenzialdiagnosen »verwechselt« werden können, sind andere Störungen zu nennen, die oft zusammen mit autistischen Störungen auftreten. Sie werden üblicherweise als »Komorbiditäten« bezeichnet. Dies ist ein relevantes Problem, weil autistische Personen sonst möglicherweise unter unangemessenen Diagnosen behandelt werden. In unserer eigenen Sprechstunde ließen sich bei etwa drei Viertel aller in den Jahren 2005 bis 2009 diagnostizierten autistischen Personen psychiatrische Vordiagnosen feststellen, die aber nicht autistischen Störungen entsprachen (Lehnhardt et al., 2011b). Je bekannter die Erscheinungsweise autistischer Störungen im Erwachsenenalter werden, desto eher werden betroffene Personen auch angemessen diagnostiziert und therapeutisch versorgt werden können.

Depression. Etwa die Hälfte aller autistischen Personen, die sich in unserer Kölner Sprechstunde vorgestellt haben, erleben Symptome einer Depression. Dieser hohe Anteil wird auch von Erfahrungen anderer Einrichtungen bestätigt. Viele Patienten sind auch schon wegen depressiver Störungen in psychiatrischer oder psychologisch-psychotherapeutischer Behandlung gewesen. Führt man sich vor Augen, dass die betroffenen Personen fortwährend gezwungen sind, menschliches Verhalten und soziale Situationen zu analysieren sowie die darauffolgenden, »richtigen« Verhaltensweisen auszuwählen, ist nicht verwunderlich, dass trotz der dauernden intellektuellen Anstrengung immer wieder Situationen der Überforderung eintreten. Daneben führen autistische Störungen auch zu handfesten lebenspraktischen Komplikationen. In erster Linie ist hier in beruflicher Hinsicht das Problem der Arbeitslosigkeit (Abschn. 6.4) zu nennen, in zweiter Linie aber natürlich auch das Feld partnerschaftlicher Probleme. Viele intelligente Betroffene halten sich selbst für schuldig an den eigenen Problemen, bei denen sie vermeintlich nicht genügend Mühe und Kraft investieren, um die Schwierigkeiten zu einem besseren Ende bringen zu können. Soziale Situationen werden als überfordernd erlebt, die Überforderung mit Dekompensation ist die Folge. Dann ist nicht verwunderlich, dass im Erwachsenenalter häufig Depressionen oder Ängste auftreten, die auch zu Selbstmordversuchen führen können. Um das Ausmaß dieser depressiven Begleitsymptomatik abschätzen zu können, die übrigens auch einen Einfluss auf die kognitive Leistungsfähigkeit hat und so testpsychologische Untersuchungen beeinflussen kann (Abschn. 3.5), ist die Überprüfung der Stimmungslage empfehlenswert. Dies kann wiederum mit Fragebögen geschehen, die an die betroffene Person ausgehändigt und standardisiert ausgewertet werden können (z. B. mittels des »Beck Depression Inventory (BDI)«).

Ähnlich den autistischen Störungen definiert die ICD-10 auch Kernsymptome einer sogenannten depressiven Episode. Mindestens zwei der folgenden Symptome müssen vorliegen:
- ▶ niedergeschlagene depressive Stimmung in einem für die Person ungewöhnlichen Ausmaß über die überwiegende Zeit des Tages und fast jeden Tag;
- ▶ Interessenverlust oder Verlust der Freude an Aktivitäten oder Tätigkeiten, die normalerweise angenehm waren;
- ▶ verringerter Antrieb oder erhöhte Ermüdbarkeit.

Zusätzlich müssen mehrere Symptome aus der folgenden Gruppe bestehen:
- ▶ Verlust des Selbstvertrauens oder des Selbstwertgefühls, unangemessene Selbstvorwürfe oder Schuldgefühle;
- ▶ wiederholte Gedanken an den Tod oder an Selbsttötung;
- ▶ reduziertes Denk- oder Konzentrationsvermögen;
- ▶ Unentschlossenheit;

- Verlangsamung oder Steigerung der Bewegungen (z. B. Gehen, Sprechen, Gesichtsausdruck);
- Schlafstörungen;
- veränderter Appetit.

Die Zahl der Symptome legt nach ICD-10 auch den Schweregrad der depressiven Episode fest, die auch die Möglichkeiten zur Teilnahme am Alltag widerspiegeln sollen.

Andere Begleiterkrankungen. Neben der Depression sind als psychiatrische Komorbiditäten auch Angst- und Zwangsstörungen, Tic-Störungen, psychotische Störungen und Aufmerksamkeitsdefizit-/Hyperaktivitätssyndrome (ADHS) erwähnenswert. Manche dieser Störungen waren auch schon als Differenzialdiagnose erwähnt worden. Tatsächlich kann beides vorkommen. So können Symptome einer Zwangserkrankung (z. B. repetitive, stereotype Verhaltensweisen) entweder mit den Symptomen einer autistischen Störung verwechselt werden, es kann aber auch der Fall sein, dass beispielsweise die diagnostischen Kriterien für eine autistische Störung und eine Zwangserkrankung zugleich erfüllt sind, dann sind auch beide Diagnosen zu stellen. In verschiedenen Untersuchungen wurden bei bis zu 50 Prozent autistischer Personen auch weitere Begleiterkrankungen festgestellt.

5 Ursachen und Forschungsmethoden

Nachdem Sie als Leser die Merkmale autistischer Störungen und die Möglichkeiten zur Diagnosestellung kennengelernt haben, möchte ich nun die aktuell diskutierten Ursachen autistischer Störungen vorstellen sowie eine Reihe von Untersuchungen, deren Ergebnisse maßgeblich zu der aktuellen Diskussion zu den möglichen Ursachen autistischer Störungen beitragen. Gleich vorab soll aber klargestellt werden, dass wir in der Erforschung autistischer Störungen noch weit davon entfernt sind, eine einzelne Ursache oder ein Bündel von Ursachen, die autistische Störungen hervorbringen, sicher benennen zu können.

Verschiedene Hypothesen zur Entstehung. Es gibt einige Hypothesen und zahlreiche Forschungsbemühungen, die hier skizziert werden sollen. Der aktuelle Stand der Forschung legt nahe, dass Störungen des autistischen Spektrums aus dem Zusammenspiel mehrerer Faktoren resultieren. Dabei wird heute den genetischen Ursachen ein sehr hoher Stellenwert eingeräumt. Noch vor wenigen Jahrzehnten wurde beispielsweise angenommen, dass bindungsschwache Mütter, die ihre Kinder in der ersten frühen Lebensphase vernachlässigen, die Ursache für die Entwicklung einer autistischen Störung seien. Diese Annahme, die lediglich die Mütter hoch belastet hat, die sich infolgedessen auch schuldig an der Entwicklung des Kindes fühlen mussten, entbehrt aber nach heutigem Stand jeder Grundlage und muss als falsch zurückgewiesen werden.

5.1 Modelle psychischer Störungen

Autismus wird im Rahmen des medizinisch-psychiatrischen Verständnisses als Störung verstanden. Im Rahmen der Diskussion zum Krankheitsbegriff in der Psychiatrie (Abschn. 3.1) ist bereits die Überlegung vorgestellt worden, dass nicht nur objektiv nachweisbare Einschränkungen psychischer Funktionen zur Zuschreibung einer psychischen Störung notwendig sind, vielmehr muss auch subjektives Leiden oder eine soziale Einschränkung zusätzlich vorliegen (Heinz, 2014). Es erscheint mir hier angebracht, einige allgemeine Überlegungen voranzustellen, bevor die verschiedenen diskutierten Ursachen konkret besprochen werden.

Krankheitsmodell. Ziel der medizinischen Forschung ist es immer, ein sogenanntes Krankheitsmodell zu entwerfen. Ein solches Krankheitsmodell kann idealerweise von der Verursachung bis hin zu Therapiemöglichkeiten und zur Prognose eine lückenlose Sammlung von Kenntnissen zusammenfassen, die zu einer Störung zusammengetragen worden sind. Dazu ist zunächst idealerweise die genetische Verursachung einer Erkrankung bekannt und die Veränderungen, die die genetischen Eigenschaften an den einzelnen Organen hinterlassen. Bei psychischen Erkrankungen ist hier natürlich besonders das Gehirn von Interesse. Diese genetisch vermittelten Eigenschaften des relevanten Organsystems sind dann verantwortlich für die klinisch sichtbaren Symptome, die schließlich zur Diagnose führen (Kap. 3).

Ein solches Krankheitsmodell ist nicht nur von wissenschaftlichem Interesse, sondern auch für die angemessene Beratung einer betroffenen Person im Hinblick auf Therapiemöglichkeiten und Prognose wichtig. So macht es einen Unterschied, ob eine Störung bereits lebenslang vorliegt oder aber erst durch ungünstige Lernerfahrungen in der Lebensgeschichte entstanden ist. Eine andere Frage betrifft das zugrunde liegende Modell der Störung, das als eine Abwesenheit von Fähigkeiten definiert werden kann, über die wir üblicherweise verfügen, oder wesentlich durch eine Bewertung des sozialen Umfeldes im Sinn einer Normabweichung bestimmt wird.

Naturalismus oder Normativismus. Wie bereits in Abschnitt 3.1 ausgeführt, werden in der Psychiatrie im Wesentlichen zwei verschiedene Arten von Krankheitsmodellen diskutiert. Psychische Störungen können als ein Verlust von natürlicherweise vorhandenen Fähigkeiten erscheinen, die uns unter »normalen«, gesunden Umständen zur Verfügung stehen (Veränderungen des emotionalen Erlebens, der Wahrnehmungs- oder Urteilsleistungen, der Fähigkeiten, mit anderen in einen sozialen Austausch zu treten). Dabei hängen psychische Störungen auch von der Definition von Normen ab, die festlegen, was »normal« ist und was als Abweichung verstanden werden muss. Objektive Kriterien gibt es dazu aber nicht, sondern sie sind immer auch durch gesellschaftliche Werte oder individuelle Bewertungen mitbeeinflusst. Dies ist besonders dann der Fall, wenn es um Einschränkungen der subjektiven Befindlichkeit individueller Personen geht. Wann beispielsweise bestimmte Charakterzüge (Extrovertiertheit, Introvertiertheit) Störungscharakter zugeschrieben bekommen, lässt sich nicht unmittelbar aus z. B. neurobiologischen Messungen oder statistischen Verteilungen dieser Eigenschaften in der Gesamtbevölkerung ableiten. Die Definition und Abgrenzung psychischer Störungen können also nicht allein auf naturwissenschaftlichen Einsichten beruhen. Dies trifft auf psychische Störungen im Allgemeinen zu, aber im Besonderen auf autistische Störungen, die ja gerade durch Störungen der Interaktion und Kommunikation mit anderen definiert werden (Kap. 3).

»Kausale« oder »symptomatische« Therapie. Eine Therapie kann am besten dann »kausal« erfolgen, wenn man die Ursachen einer Erkrankung kennt und diese Ursachen auch im Rahmen therapeutischer Maßnahmen effektiv beseitigen kann. Leider ist das nur recht selten in der Medizin der Fall, weil entweder die Ursachen nicht bekannt oder aber nicht direkt behandelbar sind. Es kommt daher oft nur zur »symptomatischen« Therapie, bei der zwar die Symptome, jedoch nicht zielsicher die Ursachen behandelt werden. Da man aber von einer kausal orientierten Therapie eine optimale Wirkung erwarten kann, ist Ursachenforschung besonders wichtig für die betroffenen Personen, ganz unabhängig von der Art der Störung oder Erkrankung. Ist die Ursachenforschung noch nicht abgeschlossen, kann also auch noch keine »kausale« Therapie erfolgen. Das bedeutet aber nicht, dass es überhaupt keine Therapie-, Unterstützungs- oder Betreuungsmöglichkeiten gibt (Kap. 6).

Ähnliches gilt auch für die Prognose. Die Möglichkeiten zur Vorhersage, wie sich eine Störung zurückbilden oder weiterentwickeln wird, sind umso besser, je genauer man die Störung und ihre Ursachen kennt, ganz unabhängig davon, ob Therapieverfahren zur Verfügung stehen oder nicht.

Komplexität von psychiatrischen Krankheitsmodellen
Genetische Verursachung. Allgemein gesprochen, sind die Ursachen psychischer Störungen komplex. Das hat im Wesentlichen damit zu tun, dass psychische Störungen vergleichsweise weit von ihrer Verursachungsebene entfernt sind. Genetische Merkmale eines Individuums lassen Veränderungen an Organen entstehen. Gene enthalten Informationen über den Aufbau von Bestandteilen des menschlichen Organismus und stellen Speicher von Informationen dar. Es wird vermutet, dass das menschliche Genom (die gesamte Menge aller genetischen Informationen des Menschen) etwa 23.000 Gene enthält. Die genetischen Verursachungen von bestimmten Merkmalen an Organen gehen dabei im Einzelnen komplexe Wege. In den seltensten Fällen sind es nur einzelne Gene, die bestimmte Eigenschaften erzeugen, sondern meistens wirken verschiedene Gene zusammen, die dann eine bestimmte Eigenschaft, z. B. die Hautfarbe eines Menschen, bestimmen.
Gen-Umwelt-Interaktion. Ganz wesentlich sind auch sogenannte Gen-Umwelt-Interaktionen. Sie entscheiden maßgeblich mit darüber, welche der in den Genen enthaltenen Informationen überhaupt ausgelesen werden und auch tatsächlich in Eigenschaften im Sinne von Organmerkmalen des Körpers übersetzt werden. Jede Zelle des menschlichen Körpers enthält den gesamten Bestand der genetischen Informationen des Menschen. Da eine Nervenzelle aber andere Funktionen als eine Leberzelle hat, müssen auch unterschiedliche Gene ausgelesen und genutzt werden, um die Eigenschaften einer Nervenzelle oder Leberzelle auszubilden oder bereitzustellen.
Gehirn als Forschungsgegenstand. Das relevante Organsystem, das für die Entstehung psychischer Erkrankungen zuständig ist, ist das Gehirn. Heute nehmen die meisten Wissenschaftler, die im Bereich der psychiatrischen oder neurologischen Forschung tätig sind, an, dass sämtliche kognitiven Leistungen, über die wir verfügen können, und alle unsere subjektiven Erlebnisse, die wir selbst erleben können, an die Funktionstüchtigkeit unseres Gehirns gebunden sind. Das ist eine »naturalistische« Annahme, der zufolge sich unsere subjektiven Erlebnisse und unsere kognitiven Fähigkeiten in den Funktionen unseres Gehirns spiegeln und durch naturwissenschaftliche Metho-

den, also im Wesentlichen Methoden der Hirnforschung oder Neurowissenschaften, vollständig erklärt werden können. Nur unter dieser Voraussetzung, dass es eine solche Entsprechung von kognitiven Leistungen und subjektiven Erlebnissen einerseits und Hirnprozessen andererseits gibt, ist überhaupt die Erforschung des Gehirns sinnvoll, wenn man sich für psychische Phänomene interessiert. Das gilt genauso für Normabweichungen oder Störungen kognitiver Leistungen oder subjektiver Erlebnisse. Das Gehirn ist damit ein zentraler Gegenstand der Forschungsbemühungen, die sich auf die Aufklärung psychischer Störungen richtet.

Komplexität des Gehirns. Das Gehirn ist von einer solchen Komplexität, dass selbst heute mit allen verfügbaren Methoden der Neurowissenschaften immer nur Ausschnitte der Tätigkeit des Gehirns beobachtet werden können. Dies gilt, obwohl die Hirnforschung gerade in den letzten Jahrzehnten erhebliche Fortschritte gemacht hat. Jedes menschliche Gehirn besteht aus etwa 10 Milliarden Nervenzellen, von denen jede etwa 10.000 Verbindungen mit anderen Nervenzellen eingeht. Weiterhin kommt noch hinzu, dass das Gehirn ein sehr dynamisches Organ ist, das sich ständig verändert. Man spricht hier auch von der sogenannten Plastizität des Gehirns. Diese Veränderbarkeit des Gehirns ist dafür verantwortlich, dass wir lernen und unser Verhalten ändern können, z. B. im Rahmen psychotherapeutischer Bemühungen.

Gehirn, Erleben und Verhalten. Auch wenn es sehr plausibel ist anzunehmen, dass unsere kognitiven Leistungen und unser subjektives Erleben von der Funktionstüchtigkeit unserer Gehirnfunktionen abhängig sind und ihnen entsprechen, so bleibt es doch ein sehr aufwendiges Unternehmen, im Einzelnen herauszufinden, welche kognitiven Leistungen bzw. Störungen im Detail welchen Hirnprozessen entsprechen und welche Hirnregionen rekrutiert werden. Eine wichtige Frage ist beispielsweise, ob Hirnprozesse oder Hirnregionen, die wir heute mit den Mitteln der modernen Hirnforschung bestimmen können, »spezifisch« und nur für ganz bestimmte kognitive Leistungen zuständig sind oder ob bestimmte Hirnprozesse oder Hirnregionen auch unterschiedlichen kognitiven Leistungen dienen können. Diese wichtige Frage ist bis heute nicht klar zu beantworten und bedarf einer Fülle von theoretischen Überlegungen und empirischen, wissenschaftlichen Studien.

Häufigkeit autistischer Störungen
Nach aktuellen wissenschaftlichen Befunden ist zuallererst festzuhalten, dass es sich bei autistischen Störungen nicht um seltene Erkrankungen handelt, wie epidemiologische Studien eindeutig zeigen. (Der medizinisch-wissenschaftliche Zweig der Epidemiologie beschäftigt sich unter anderem mit der Häufigkeit bestimmte Erkrankungen oder mit der Frage, wie hoch die Zahl der Personen ist, die in einem bestimmten Zeitraum neu erkranken.) Aktuelle Studien der letzten fünf Jahre aus Nordamerika, Europa und Asien zeigen auf, dass etwa ein Prozent der Gesamtbevölkerung von einer autistischen Störung betroffen ist. Vor etwa 50 Jahren lagen die Schätzungen dagegen bei etwa 0,1 Prozent der Gesamtbevölkerung. Die Zahl der autistischen Personen steigt also scheinbar. Nicht alle Untersuchungen differenzieren zwischen autistischen Personen mit Intelligenzminderung (IQ < 70) und ohne Intelligenzminderung (IQ > = 70). Den Studien zufolge, die diese Unterscheidung vornehmen, liegt aktuell bei etwa der Hälfte der untersuchten Personen keine Intelligenzminderung vor. Man kann also insgesamt von einem Prozent autistischer Störungen ausgehen, von denen schätzungsweise wiederum die Hälfte auf den Hochfunktionalen Autismus entfällt. Für den deutschsprachigen Raum gibt es bisher allerdings keine verlässlichen Untersuchungen.

Zunahme von Autismus-Diagnosen? Autistische Störungen werden vor allem in den letzten zehn Jahren immer häufiger diagnostiziert. Natürlich kommt hier die Frage auf, ob diese Zahlen ein verstärktes Bewusstsein für autistische Störungen widerspiegeln, oder ob es wirklich zu einer Zunahme von Personen kommt, die von autistischen Störungen betroffen sind, und somit autistische Störungen häufiger werden. Die meisten Fachleute stimmen darin überein, dass es keine gute Erklärung dafür gibt, dass die tatsächliche Zahl autistischer Störungen zunehmen könnte. Es erscheint dagegen plausibler, dass die veränderten Diagnosekriterien, die heute eingesetzten Diagnostikinstrumente und die vermehrte Beachtung autistischer Störungen die entscheidende Rolle bei der Erhöhung der Zahlen autistischer Störungen spielen. Ein Hinweis dafür ist, dass zunehmend autistische Personen ohne Intelligenzminderung diagnostiziert werden, die unter strengeren Diagnosekriterien nicht diagnostiziert worden wären. Dies gilt gerade auch für Spezialeinrichtungen im Erwachsenenalter.

Im Folgenden werden auf den drei Beschreibungsebenen der Genetik, der Ebene der psychologischen Prozesse und der neuralen Mechanismen aktuelle Hypothesen zur Ursache autistischer Störungen vorgetragen und diskutiert. Eine besondere Rolle spielen auch geschlechtsspezifische Unterschiede, die in den letzten Jahren ausführlich erörtert worden sind.

5.2 Genetische Faktoren

Die genetische Ursachenforschung im Bereich psychiatrischer Störungen ist noch lange nicht abgeschlossen. Dies liegt zum einen an der Komplexität der Genetik selbst, zum anderen daran, dass die genetischen Ursachen psychischer Störungen offenbar nicht auf einzelne, krank machende Gene zurückgeführt werden können, sondern auf genetische Konstellationen, die Erkrankungen begünstigen. Darüber hinaus können manche Erkrankungen auch durch verschiedene genetische Konstellationen entstehen, die wiederum durch verschiedene Gene konstituiert werden. Für Autismus-Spektrum-Störungen konnte bis zum heutigen Zeitpunkt nicht geklärt werden, wie viele Gene an der Entstehung der Störung beteiligt sind und auf welche Weise diese miteinander interagieren müssen, um eine Autismus-Spektrum-Störung zu verursachen. Es wird aber als sehr wahrscheinlich angesehen, dass es mehrere Risiko-Gene sind, die jedes für sich mit einem jeweils geringen Einfluss zusammenwirken, um das Vollbild der Störung hervorzubringen. Es werden mittlerweile Hunderte solcher »Suszeptibilitäts-Gene« diskutiert, das sind solche Gene, die die Anfälligkeit für den Erwerb einer autistischen Verfassung erhöhen könnten.

Das menschliche Genom. Die genetische Erbinformation des Menschen ist mittlerweile komplett entschlüsselt. Sie liegt in einer Art Buchstabencode vor, der biologisch in Form sogenannter Basenpaare realisiert ist. Beim Menschen besteht die Gesamtheit aller genetischen Erbinformation, die auch als Genom bezeichnet wird, aus etwa drei Milliarden Basenpaaren und vermutlich etwa 23.000 Genen, die sämtliche Informationen bereit halten, die zur Entstehung und Reifung eines menschlichen Organismus notwendig sind.

Autismus als genetische Erkrankung

Früher Beginn. Dass Autismus überhaupt eine maßgeblich genetisch verursachte Erkrankung ist, daran gibt es keinen Zweifel. Dafür sprechen im Wesentlichen zwei wichtige Argumente, nämlich der frühe Beginn und die Häufung in Familien. Zum einen ist Autismus eine sogenannte tiefgreifende Entwicklungsstörung nach ICD-10, sie liegt also von Geburt an vor. Eltern können sich bei ihren autistischen Kindern oft schon in deren erstem Lebensjahr an Verhaltensauffälligkeiten erinnern wie z. B. fehlender Kontakt zur Bezugsperson über Lächeln oder Blickkontakt. Erfahrene Kinder- und Jugendpsychiater können am Ende des zweiten Lebensjahres eine verlässliche Diagnose stellen. Die Umwelt kann also vergleichsweise wenig Einfluss nehmen, während die Anlagefaktoren weitgehend bestimmen, ob sich die autistische Störung entwickelt oder nicht.

Häufung in Familien. Ein weiteres wichtiges Argument ist zum anderen die Beobachtung, dass sich autistische Störungen unter Familienangehörigen häufen. Angehörige einer Familie haben auch eine höhere genetische Gemeinsamkeit als wahllos aus der Gesamtbevölkerung ausgewählte Personen. Untersucht man systematisch Familien, in denen autistische Störungen auftreten, so kann man sehen, dass die Vererbbarkeit innerhalb dieser Familien deutlich höher ist als bei Personen, die nicht miteinander verwandt sind. Das Risiko, von Autismus betroffen zu sein, beträgt für ein Geschwisterkind eines autistischen Kindes etwa fünf bis zehn Prozent. (Diese Zahlen können allerdings höher liegen, wenn auch andere körperliche Entwicklungsstörungen nachweisbar sind, die auf konkrete genetische Veränderungen zurückgeführt werden können. In solchen Fällen ist eine ausführliche humangenetische Beratung sinnvoll.) Die höchsten Übereinstimmungen finden sich bei eineiigen Zwillingen, also Menschen, die in ihrem genetischen Bestand exakt identisch sind. Hier finden sich Vererblichkeitsraten von bis zu 90 Prozent: Das bedeutet, dass der zweite Zwilling eine Chance von 90 Prozent hat, ebenfalls eine autistische Störung zu entwickeln, wenn der erste Zwilling bereits betroffen ist. Damit gehören autistische Störungen zu den am stabilsten genetisch vermittelten psychischen Erkrankungen überhaupt.

Familienangehörige weisen oft auch autistische Züge auf, die denen der betroffenen Familienangehörigen ähneln, die aber selbst noch keine Diagnose rechtfertigen. Dazu können eine starke Zurückhaltung gegenüber sozialen Kontakten gehören oder auch besondere Ordnungsvorlieben oder andere Eigenschaften, die an die autistischen Phänomene erinnern (Kap. 2). Dies ist im Rahmen der Grundannahme einer genetischen Verursachung auch gut verständlich.

Komplexe, durch mehrere Gene vermittelte Vererbung. Die Suche nach den spezifischen genetischen Ursachen konnte jedoch trotz einer großen Zahl von genetischen Untersuchungen bis zum jetzigen Zeitpunkt keine gesicherten Ergebnisse liefern. Es wird heute allgemein davon ausgegangen, dass eine größere Anzahl von verschiedenen Risiko-Genen miteinander zusammenwirken muss, um eine autistische Störung hervorzubringen. Selbst wenn aber die Gene identifiziert wären, würden noch Fragen zur Funktion dieser Gene offen bleiben. Viele der Gene, die bisher verdächtigt wurden, ursächlich bei der Entstehung autistischer Störungen eine Rolle zu spielen, sind interessanterweise an Prozessen der neuronalen Entwicklung beteiligt. Diese Gene könnten zu Entwicklungsstörungen des Gehirns führen (Freitag et al., 2010). Heute wird daher vermutet, dass Autismus einen komplexen Vererbungsgang unter Beteiligung von mehreren miteinander interagierenden Genen hat. Jedes einzelne dieser Risiko-Gene kann zwar zur Entstehung der Störung beitragen. Es führt aber erst eine bestimmte kritische Anzahl von funktionell gestörten Genen zu einer vollen Ausprägung einer autistischen Störung. Diese Gene stellen also gewissermaßen die Voraussetzung dafür her, dass sich die Störung entwickelt. Welche Gene das genau sind und welche Aufgabe sie in der Entstehung und Reifung des menschlichen Organismus haben, ist noch weitgehend unbekannt.

Genetische Mechanismen. Vermutlich tragen verschiedene genetische Mechanismen zur Entstehung bei, die in die folgenden Gruppen eingeteilt werden können:

- ▶ monogenetische Verursachungen; die autistische Störung wird mit anderen auffälligen Merkmalen über ein einzelnes Gen oder über wenige Gene vermittelt;
- ▶ de-novo Mutationen; hier handelt es sich bei den genetischen Veränderungen, die für die autistische Störung verantwortlich sind, um neue Mutationen, die also nicht von der Elterngeneration weitergegeben wurden;
- ▶ chromosomale Veränderungen; hier betreffen Veränderungen an einem oder mehreren der 46 Chromosomen des Menschen zahlreiche Gene, die auf den Chromosomen lokalisiert sind;
- ▶ Veränderungen in der Zahl der Genkopien (»copy number variations«, CNV) eines Gens einschließlich Mikrodeletionen oder Mikroduplikationen.

Zu den genetischen Risikofaktoren werden übersichtsartig auch die AWMF-konformen S3-Leitlinien zu »Autismus-Spektrum-Störungen im Kindes-, Jugend- und Erwachsenenalter« informieren, die ab 2016 bei der AWMF abrufbar sind.

5.3 Geschlechtsunterschiede

Das Geschlechterverhältnis bei ASS ist in Richtung des männlichen Geschlechts verschoben. In Abhängigkeit von den zugrunde gelegten diagnostischen Klassifikationen, Diagnosezeitpunkt im Laufe des Lebens und der intellektuellen Leistungsfähigkeit variiert das Geschlechterverhältnis aber erheblich zwischen 2–11:1. Im Erwachsenenalter überwiegen Angaben zur Geschlechtsverteilung im Bereich von 2:1, während im Kindesalter Verhältniszahlen von 4:1, im Fall von Kindern mit Asperger-Syndrom sogar Verhältniszahlen von bis zu 11:1 berichtet wurden. In den letzten Jahren ist ausführlich diskutiert worden, ob es sich dabei um eine biologisch festgelegte

Geschlechtsdifferenz handelt oder ob es zu unterschiedlichen Diagnoseraten bei männlichen und weiblichen Personen mit Autismus kommt, weil die Symptome unterschiedlich deutlich und daher unterschiedlich gut erkennbar sind.

»Extreme Male Brain Hypothesis«
Schon von Hans Asperger und neuerdings wieder von Simon Baron-Cohen wurde die Hypothese formuliert, dass bei autistischen Personen, unabhängig von ihrem Geschlecht, eine »extrem männliche« kognitive und neurobiologische Ausstattung vorliegt (»extreme male brain hypothesis«). Nach Baron-Cohen gibt es bei nicht-betroffenen Personen systematische Geschlechtsunterschiede derart, dass Frauen allgemein gesprochen stärkere Empathie-Fähigkeiten aufweisen, während Männer mehr Fähigkeiten im Bereich des »Systematisierens«, also des Verständnisses für regelgeleitete, meist technische Systeme zeigen. Hier kamen die Fragebogeninstrumente von Baron-Cohen zur Anwendung (Abschn. 4.6). In der Domäne nonverbaler Kommunikation konnten Bente und Mitarbeiter zeigen, dass Frauen vermehrt zugewandten Blick zeigen, während Männer mehr Blickwechsel präsentieren und den Blick eher als Frauen abwenden (Bente et al., 1998).

Damit scheinen Männer im Vergleich zu Frauen in ihren kognitiven Verfassungen im Durchschnitt der Verfassung autistischer Personen »näher« zu stehen, sodass hier die »extreme male brain«-Hypothese eingebracht wurde. Diese allgemeine Charakterisierung bedeutet natürlich nicht, dass nicht auch Frauen technisch begabt sein und Männer gute Empathieleistungen aufweisen können.

> **Zitat**
>
> »Der autistische Psychopath ist eine Extremvariante der männlichen Intelligenz, des männlichen Charakters. (…) Die Abstraktion – die ja überhaupt mehr dem männlichen Denken liegt, während das Weib mehr fühlt, sicher in ihren Instinkten beruht – ist so weit vorgeschritten, dass die Beziehungen zum Konkreten, zu den Dingen und den Menschen, weitgehend verloren gegangen sind, die Anpassung an die Forderungen der Umwelt, die ja

> vorwiegend über die Instinktfunktionen geht, ist nur in sehr herabgesetztem Maße erreicht«
> (Asperger, 1944)

Verfolgt man diesen Gedanken weiter, dann könnten Jungen oder Männer einer autistischen Störung von Grund aus »näher« sein als Mädchen oder Frauen, weil – bildlich gesprochen – die Wegstrecke von der üblichen männlichen kognitiven Verfassung zu einer autistischen Verfassung kürzer ist als von der üblichen weiblichen kognitiven Verfassung. Das würde erklären, warum Jungen oder Männer häufiger betroffen sind als Mädchen oder Frauen.

Hier ist interessant, dass die Verhältniszahlen erheblich schwanken. Bei Kindern wird ein Verhältnis von etwa vier bis acht Jungen auf ein Mädchen beobachtet, ein Verhältnis von vier zu eins wird beim frühkindlichen Autismus, ein Verhältnis von acht zu eins wird beim Asperger-Syndrom angenommen. Wir haben in der eigenen Spezialambulanz ein Verhältnis von zwei Männern zu einer Frau gefunden, was auch andere bestätigen. Da sich autistische Störungen bereits sehr früh manifestieren, könnte dieser Unterschied in der Verteilung der Geschlechter darauf zurückgeführt werden, dass Mädchen im Kindesalter und/oder Männer im Erwachsenenalter »übersehen« werden.

Über die Gründe dieser Unterschiede kann nur spekuliert werden. Möglicherweise fallen Frauen im Erwachsenenalter, die von dem Schema der grundsätzlich empathisch begabten Person abweichen, eher auf und werden dann auch eher diagnostiziert. Bei Männern könnte es aufgrund der »Nähe« zur autistischen Verfassung so sein, dass ihnen stärker als Frauen ohnehin gewisse autistische Züge zugestanden werden, die dann das Verhalten eher geschlechtstypisch erleben lassen als es bei Frauen der Fall ist. Ein betontes Interesse an technischen Inhalten sowie eine vergleichsweise geringe Sozialkompetenz könnte mehr mit dem männlichen Rollen-Modell assoziiert werden als mit dem weiblichen. Möglicherweise spielen auch unterschiedliche Sozialisationen eine Rolle, wobei Mädchen stärker vom

Modell-Lernen profitieren könnten und so autistische Merkmale bei ihnen weniger gut sichtbar wären.
»Camouflaging«. Am stärksten wird in den letzten Jahren diskutiert, dass insbesondere Mädchen mit Autismus ihre eigenen autistischen Merkmale offensichtlich besser verbergen oder »tarnen« können (engl. »camouflaging«). Ein indirekter Beleg dafür könnte sein, dass die Verhältniszahlen zwischen Mädchen und Jungen mit Autismus besonders bei Kindern ohne Lernbehinderung auseinandergehen, sodass die autistischen Mädchen ohne Lernbehinderung vermutlich die kognitiven Möglichkeiten dazu haben, ihre eigenen autistischen Merkmale zu verbergen. Christine Preißmann hat auf der Grundlage eigener Erfahrungen und der von anderen autistischen Frauen diese Merkmale kürzlich zusammengefasst (Preißmann, 2013). Danach scheint es so, dass Mädchen mit Autismus eher zu passivem, rückzüglichem Verhalten neigen, schüchtern sind und oft versuchen, andere Mädchen in ihrem Verhalten nachzuahmen oder zu kopieren. Sie erscheinen daher oft weniger auffällig. Interessant ist auch, dass Mädchen oft zu Spezialinteressen neigen, die mit sozialen Themen im weitesten Sinn und weniger mit technischen Themen zu tun haben. Das Spiel mit Puppen wird in der Regel nicht im Sinne des »Als-ob«-Spiels, bei dem Rollen zugeschrieben werden und man gewissermaßen selbst in die Puppe »hineinschlüpft«, unternommen. Vielmehr wird darin oft eine unverstandene soziale Situation nachgestellt, sodass die Puppenstube eher zu einem sozialpsychologischen »Labor« wird.
Geschlechtsunterschiede im Erwachsenenalter. Relevante Schwierigkeiten in Kommunikation und Interaktion treten oft erst bei erwachsenen Frauen auf. Dann wird sehr deutlich, dass Frauen mit Autismus beispielsweise kein Interesse für die klischeehaft typisch genannten »Frauenthemen« (Partnerschaft, Kinder, äußeres Erscheinungsbild) aufbringen können. Sie wirken dann, wie Männer mit Autismus, oft kalt und wenig empathisch. Da diese Merkmale nicht der Rollenerwartung von Frauen entsprechen, fallen Frauen mit Autismus dann oft stark auf. In empirischen Untersuchungen findet man häufig weniger stark ausgeprägte autistische Merkmale bei erwachsenen Frauen, insbesondere weniger repetitive, stereotype

Verhaltensweisen. Wir haben eine eigene Untersuchung an 69 Männern und 38 Frauen mit Autismus, die über die Gruppe hinweg in Bezug auf ihre kognitive Leistungsfähigkeit einschließlich der allgemeinen Intelligenz vergleichbar waren, durchgeführt (Lehnhardt et al., 2016). Es zeigte sich, dass die untersuchten Männer mit Autismus gegenüber den Frauen eine etwas bessere sprachliche Intelligenz aufwiesen, während die untersuchten Frauen mit Autismus gegenüber den Männern eine etwas schnellere kognitive Verarbeitungsgeschwindigkeit und etwas bessere exekutive Funktionen ausgebildet hatten (Unter Exekutivfunktionen versteht man kognitive Prozesse, die zur Planung und zu Ausführungshandlungen beitragen; Abschn. 4.3). Es ist bekannt, dass bessere exekutive Funktionen auch bessere soziale Anpassungsleistungen hervorbringen, beispielsweise durch verbessertes Lernen durch Beobachtung oder durch verbesserten Umgang mit neuen Situationen. Dadurch könnten also zumindest teilweise die unterschiedlichen Diagnoseraten erklärt werden.

5.4 Vorgeburtliche Risikofaktoren

Von den genetischen Faktoren oder Risiko-Genen zu unterscheiden sind Risikofaktoren, deren Wirkungsweise oder Mechanismen noch nicht bekannt sind. Es ist aber denkbar, dass Risikofaktoren im Zusammenwirken mit einer den Autismus begünstigenden genetischen Ausstattung das Risiko für den Erwerb der Erkrankung weiter erhöhen könnte. Dabei gilt grundsätzlich immer, dass diese Risikofaktoren unspezifisch sind in dem Sinne, dass sie nicht nur autistische Störungen, sondern auch andere Störungen begünstigen. Zu pränatalen Risikofaktoren werden ebenfalls die S3-Leitlinien zu »Autismus-Spektrum-Störungen im Kindes-, Jugend- und Erwachsenenalter« der DGKJP und der DGPPN informieren.

Infektionen. Es gibt Hinweise, die darauf hindeuten, dass Infektionen während der Schwangerschaft die Entstehung von autistischen Störungen beim Kind begünstigen könnten. Dies gilt sicher für eine Rötelninfektion der Mutter, möglicherweise auch für andere Virusinfektionen (z. B. Zytomegalie). Als gesichert kann mittlerweile gelten, dass Impfungen einschließlich Quecksilber-haltiger Impfsubstanzen keine Risikofaktoren für Autismus-Spektrum-Störungen darstellen.

Vorerkrankungen und Medikamenteneinnahme der Eltern. Gut belegt ist, dass verschiedene Erkrankungen der Eltern, die auch körperliche Erkrankungen, beispielsweise Typ-I-Diabetes, einschließen können, das Risiko für eine Autismus-Spektrum-Störung bei den Kindern begünstigen. Besonders relevant ist eine mögliche Epilepsie der Mutter, die zur Einnahme des Antiepileptikums Valproat bewegt hat. In Langzeituntersuchungen konnte für Valproat, das als Antiepileptikum in der Neurologie und als Stimmungsstabilisator in der Psychiatrie eingesetzt wird, gezeigt werden, dass schwangere Mütter, die Valproat einnehmen, ein erhöhtes Risiko für eine autistische Störung beim Kind aufweisen. Darüber hinaus erhöhen auch andere Medikamente, insbesondere manche Psychopharmaka, des Risikos.

Geburtskomplikationen. Es existieren auch zahlreiche Hinweise, dass Komplikationen in der Schwangerschaft und besonders unter der Geburt, die zu Frühgeburten oder zu geringem Geburtsgewicht führen, das Risiko für autistische Störungen beim Kind erhöhen.

Demographische Faktoren. Belegt ist ebenfalls, dass mit steigendem Alter der Eltern das Risiko einer autistischen Störung beim Nachwuchs steigt. Interessanterweise steigt auch das Risiko, wenn die Eltern einen Migrationshintergrund haben, das Kind also in einer anderen Umgebung zur Welt kommt als einer der Eltern. Die Erklärung für dieses erhöhte Risiko muss natürlich zunächst offenbleiben.

5.5 Psychologische Prozesse

Neben den Forschungen auf der genetischen Ebene wendet man sich wissenschaftlich auch intensiv der Ebene der psychologischen Prozesse zu. Hier wird angenommen, dass die von den Patienten vorgetragenen Störungen (Kap. 2) als Störungen psychologischer Funktionen oder Prozesse verstanden werden können. Diese Engführung zwischen psychologischen oder psychischen Funktionen einerseits und dem inneren Erleben oder psychopathologischen Phänomenen andererseits ist uns bei der Diskussion des Krankheitsbegriffs bereits begegnet (Abschn. 3.1). Psychologische Prozesse sind an die Funktionstüchtigkeit des Gehirns gebunden. Wenn die psychologischen Prozesse gestört sind, sind auch entsprechende Störungen der Gehirnfunktionen anzunehmen, die dann systematisch untersucht werden können.

Die geschilderten Symptome eines Patienten sind natürlich immer sehr individuell geprägt, psychopathologisch bemüht man sich aber um die Beschreibung von Gemeinsamkeiten. Untersuchungen zu psychologischen Prozessen versuchen gewissermaßen komplementär herauszufiltern, was dem Erleben aller oder zumindest vieler autistischer Personen gemeinsam ist. Die psychologische Erforschung ist damit als Methode der tatsächlichen Symptomatik der betroffenen Personen besonders nah und steht ihr näher als die genetische Forschung.

Drei psychologische Theorien. Bei dem Versuch, die psychologischen Kernstörungen auszumachen, die den Störungen des hochfunktionalen Autismus zugrunde liegen, werden im Wesentlichen drei verschiedene Theorien verfolgt.

▶ Erstens wird eine Störung der sozial kognitiven Fähigkeiten, im Wesentlichen also der Fähigkeit zum Mentalisieren oder zur Theory-of-Mind (Abschn. 1.2 und 2.1), angenommen. Daraus folgt ein Mangel an Empathie, ein gestörtes Verständnis sozialer Situationen und Unverständnis für den Symbolcharakter bestimmter Redewendungen oder für Ironie oder Witze.

▶ Zweitens wird eine Störung der sogenannten exekutiven Funktionen diskutiert. Hier ist die Hypothese, dass die Störungen des hochfunktionalen Autismus aus einer begrenzten Planungsfähigkeit, verminderten kognitiven Flexibilität sowie verminderten Strukturierungsfähigkeit entstehen.

▶ Schließlich wird drittens eine Störung der ganzheitlichen Wahrnehmung von Objekten vermutet, die zu einem eingeschränkten Verständnis des jeweiligen Gesamtzusammenhangs von Situationen und zum »Kleben an Details« führen kann.

Diese möglichen Störungen können dazu führen, dass Menschen mit Autismus die sehr komplexen und »dichten« Informationen im sozialen Bereich nicht angemessen verstehen können und sich wie in einer fremden Welt fühlen müssen.

Soziale Kognition
Ein großer Forschungsschwerpunkt bei der Erforschung der psychologischen Prozesse, die mit autistischen Störungen assoziiert werden können, richtet sich auf sozial kognitive Prozesse, also alle solchen Prozesse, die der Interaktion und Kommunikation mit anderen dienen.

Neben klassischen Aufgaben zur Theory-of-Mind, auf die schon eingegangen wurde (Abschn. 1.2) sind in den letzten Jahren zunehmend auch Untersuchungen durchgeführt worden, bei denen die nonverbale Kommunikation im Vordergrund steht (Abschn. 1.3). Hier ist die Nutzung von virtuellen Charakteren, die wirkungsvoll eine soziale Kommunikation mit dem Betrachter herstellen können, ein wichtiger Zugang (Georgescu et al., 2014).

Sprachliches Material bevorzugt. Beispielhaft soll eine eigene Untersuchung beschrieben werden. Versuchspersonen wurden instruiert, eine Person daraufhin zu beurteilen, ob sie als Arbeitnehmer in die eigene Arbeitsumgebung aufgenommen werden könnte oder nicht. Informationen über diese Person wurden sprachlich und nonverbal vermittelt. Auf dieser Grundlage sollte dann eine Beurteilung der Person vorgenommen werden. So wurde beispielsweise die negative Information präsentiert, dass die betreffende Person häufig ihr vertraulich mitgeteilte Geheimnisse an andere verrate. Durch solche oder ähnliche Informationen wurde das Urteil verständlicherweise negativ beeinflusst. In der positiven Variante wurde die Information weitergegeben, dass die andere Person nie Geheimnisse an andere weitergebe, was zu einer positiven Bewertung führte.

Außer diesen sprachlichen Informationen wurde die Person auch in kurzen Videosequenzen von wenigen Sekunden Dauer dargestellt. Dabei wurde der Versuchsperson entweder ein »sympathischer«, virtueller Charakter gezeigt, der sich aus einer neutralen Position heraus leicht nach vorn zum Betrachter beugt, ihn anschaut und anlächelt. Nach dieser Präsentation wurden ebenfalls positive Urteile abgegeben. Wurde ein virtueller Charakter gezeigt, der sich dagegen »unsympathisch« verhielt, indem er sich nach hinten zurücklehnte und unfreundlich den Blick nach oben wandte, entstand entsprechend ein negatives Urteil. Wir zeigten diese beiden Informationen sowohl einzeln als auch gemeinsam. Bei der gemeinsamen Darstellung wurden entweder sprachliche und visuelle Informationen geliefert, die beide positiv erschienen oder negativ. Schließlich wurden auch »dissonante« sprachliche und nonverbale Informationen präsentiert, also eine negative sprachliche und eine positive visuelle Information oder umgekehrt.

Dieses Studiendesign erlaubte es, die unterschiedlichen Einflüsse, die sprachlich und nonverbal vermittelte Informationen auf den Betrachter ausüben, getrennt zu messen. Bei einer systematischen Untersuchung von autistischen und nicht-autistischen Personen ließ sich dabei zeigen, dass nur die Bedingung, in der nicht zueinander passende sprachliche und nonverbale Informationen (also positive sprachliche und negative nonverbale Informationen oder umgekehrt) präsentiert wurden, Unterschiede zeigte. Mit einer besonderen Analysemethode ließ sich der relative Einfluss, den sprachliches und nonverbales Material auf das Personenurteil hatte, berechnen. Dabei zeigte sich, dass autistische Personen bei ihrer Beurteilung stärker auf sprachliches Material Bezug nahmen, während nicht-autistische Personen stärker die nonverbale Information in das Gesamturteil einbezogen. Bei allen anderen Bedingungen (verbales Material allein, nonverbales Material allein, übereinstimmendes verbales und nonverbales Material) waren keine Unterschiede zwischen den beiden Gruppen der autistischen und nicht-autistischen Personen festzustellen. Diese Untersuchung zeigt, dass autistische Personen sehr gut sprachlich und nonverbal vermittelte Informationen zur Personenbeurteilung nutzen können, dass sie aber dann, wenn sie sich für einen der beiden Kanäle entscheiden müssen, den sprachlichen vorziehen, weil sie sich hier »sicherer« fühlen (Kuzmanovic et al., 2011).

Blick des anderen nicht informativ. Andere Untersuchungen beziehen sich auf die Wahrnehmung des Blickverhaltens. Bereits erwähnt wurde eine Studie, in der autistische Jugendliche zwar Blickveränderungen bei anderen wahrnehmen, aber daraus nicht die Konsequenz ziehen, dem Blick des anderen zu folgen. Der Blick des anderen birgt also für Menschen mit Autismus keine besonderen Informationen, er führt nicht dazu, dass der autistische Betrachter dem Blick des anderen folgt. Ähnliche Ergebnisse ließen sich in einer eigenen Untersuchung, die bereits in Abschnitt 1.3 erwähnt wurde, zeigen. Dabei schaute ein virtueller Charakter den Betrachter mit unterschiedlicher Blickdauer an. Während gesunde Versuchspersonen die virtuelle »Person« zunehmend sympathischer fanden, je länger diese den Betrachter anschaute, fand sich kein vergleichbarer Effekt bei autistischen Personen, obwohl sie die Augenregion genauso lange und intensiv angeschaut hatten wie nicht-betroffene Versuchspersonen. Dieses Ergebnis bestätigt die Interpretation, dass autistische Personen dem Blick einer anderen Person keine Information entnehmen können, insbesondere nicht die Information, die nicht-autistische Personen aus diesen nonverbalen Signalen herauslesen und die dann zu einer erhöhten Sympathie-Zuschreibung führen kann.

Autistische Merkmale werden nicht nur auf Störungen der sozialen Kognition, sondern auch auf Störungen der Handlungsplanung und der ganzheitlichen Wahrnehmung zurückgeführt. Hier ist eine interessante Frage, ob diese drei Prozessklassen nicht auch integriert werden können und gewissermaßen komplementär zueinander verstanden werden können. So wäre durchaus denkbar, dass eine ganzheitliche Wahrnehmung und auch die genannten Teilkomponenten der Handlungsplanung bzw. der Exekutivfunktionen nötige Vorbedingungen sind, um die sozial kognitiven Fähigkeiten überhaupt erst zu etablieren, sodass soziale Fähigkeiten ohne angemessene Exekutivfunktionen oder eine ganzheitliche Wahrnehmung gar nicht möglich sind.

Handlungsplanung
Das Feld der sogenannten Exekutivfunktionen oder der Handlungsplanung wurde schon im Rahmen der diagnostischen Prozeduren erläutert (Abschn. 4.3). Darunter sind im Wesentlichen solche Prozesse zu fassen, die zur Planung und Ausführung unserer Handlungen beitragen. Exekutive Funktionen können als unabhängig vom Intelligenzniveau betrachtet werden. Bei autistischen Personen werden sie mit dem Andauern repetitiver, stereotyper Verhaltens-

weisen und mit Schwierigkeiten, sich an neue und komplexe Situationen anzupassen, verknüpft.

Ganz einfache Untersuchungsmöglichkeiten betreffen sprachliche Leistungen, bei denen in einer gewissen Zeitspanne entweder Wörter, die mit einem bestimmten Anfangsbuchstaben beginnen, genannt werden sollen oder alle Gegenstände, die man im Supermarkt kaufen kann. Gemessen wird dann die Zahl der Wörter, die in einem bestimmten Zeitraum genannt werden kann. Damit versucht man, auf sprachlichem Gebiet eine komplexe Leistung wie Handlungsplanung einzufangen. Tatsächlich ergaben sich in unseren Untersuchungen verlässliche Unterschiede mit einer gewissen »Schwäche« in der Wortproduktion bei den autistischen Personen im Vergleich zu Kontrollpersonen gleichen Alters (Lehnhardt et al., 2011a). In der eigenen Untersuchung zu Geschlechtsdifferenzen bei autistischen Erwachsenen zeigte sich ein Vorteil bei den Exekutivfunktionen für Frauen mit Autismus, sodass vermutet werden kann, dass die damit einhergehende größere soziale Anpassungsleistung bei Frauen dazu führt, dass weibliche Personen mit Autismus erst im Erwachsenenalter verstärkt diagnostiziert werden.

Ganzheitliche Wahrnehmung
Wir haben in unserer Wahrnehmung die Möglichkeit, uns eher auf Details oder eher auf Gesamteindrücke zu konzentrieren. Stellen wir uns vor, eine Landschaft oder eine Szene, in der verschiedene Personen miteinander kommunizieren, anzuschauen. Wir haben dann bis zu einem gewissen Grad die Wahl, uns entweder dem Gesamteindruck zu widmen und die gesamte Szene als Ganzes wahrzunehmen oder die Darstellung nach besonderen Merkmalen oder Details abzusuchen.

»Schwache zentrale Kohärenz«. Bei autistischen Personen stellte man in kontrollierten Untersuchungen fest, dass sie im Vergleich zu nicht-autistischen Personen besondere Schwierigkeiten mit der Wahrnehmung solcher ganzheitlichen Eindrücke haben. Die Autismus-Forscherin Uta Frith hat hierfür den Begriff der schwachen zentralen Kohärenz (»weakness of central coherence«) geprägt (Frith, 2003). Diese Leistung wird beispielsweise mit einer Aufgabe untersucht, in der »eingebettete Figuren« gezeigt werden (»Embedded-Figure-Task«). Damit ist gemeint, dass eine bestimmte, komplexe, geometrische Figur gezeigt wird und eine weitere, weniger komplexe geometrische Figur. Die Aufgabe besteht darin zu prüfen, ob die einfache Figur in der komplexen Figur enthalten ist. Bei diesen Aufgaben ist es wichtig, beide Figuren detailgetreu zu prüfen. Autistische Personen haben hier häufig einen Vorteil, sie können diese Aufgaben besser bewältigen als nicht-autistische Personen.

Verstärkte Detailwahrnehmung. Eine solche verstärkte Detailwahrnehmung hat schon Leo Kanner in seiner Erstbeschreibung der autistischen Störung von 1943 beschrieben. Es ist zwar kein diagnostisches Kriterium in keiner der beiden Klassifikationen (Abschn. 3.3), aber man kann diese detailreiche Wahrnehmung sehr häufig bei autistischen Personen vorfinden (Abschn. 2.5). Dies führte dazu, dass beispielsweise der Überblick über einen Programmcode von Computeralgorithmen verloren geht, während Details in dem Programmcode mühelos beherrscht werden können. Uta Frith nimmt an, dass wir verschiedene Informationen integrieren müssen und in ihrem jeweiligen Kontext wahrnehmen können. Hier unterscheiden sich autistische von nicht-autistischen Personen: Die Aufmerksamkeit ist stärker auf Details als auf das Ganze gerichtet, der Gesamteindruck und die Kontextinformationen werden vernachlässigt.

> **Beispiel**
>
> »Die Heizung bei Frau S. [der Therapeutin] hat 19 Rillen auf der Längs- und 2 × 8 Rillen auf der Breitseite.«
> (Preißmann, 2005, S. 29)

Filterstörung. Man könnte diese verstärkte Detailwahrnehmung auch als eine Art Filterstörung verstehen, die »Unwichtiges« zurückhält und dem Bewusstsein nur »wichtige« Informationen zugänglich macht. Diese Überlegung lässt natürlich Fragen offen. Wie soll unser kognitiver Apparat denn zwischen Wichtigem und Unwichtigem unterscheiden können? Wie kann – wenn eine solche Differenzierung geleistet ist – eine solche selektive Filterung genau stattfinden?

Ungeachtet solcher offener Fragen ist aber interessant, dass diese Überlegung gut mit dem Erleben autistischer Personen übereinstimmt, die ja über eine sehr reiche und dichte Sinneswahrnehmung berichten. Diese reichhaltigen Sinneseindrücke können visuelle, akustische oder taktile Reizungen der Haut betreffen. Bilder, Geräusche oder Berührungen werden darunter unangenehm und oft auch qualvoll. Die autistischen Menschen, die so erleben und fühlen, brauchen dann Ruhe und eine Rückzugsmöglichkeit, damit sie die panikartigen Gefühle nicht anderweitig abführen müssen. Einige Studien zeigen, dass autistische Personen durchaus in der Lage sind, auf Aufforderung auch ganzheitliche Wahrnehmung zu betreiben. Es scheint also oft eher eine Art automatische oder natürliche Präferenz zu sein, die die betroffenen Personen einnehmen, als ein wirkliches Defizit.

5.6 Veränderungen der Gehirnfunktionen

Die Untersuchungen auf der Ebene des Gehirns verschaffen uns einen besonders interessanten wissenschaftlichen Zugang zur Erforschung psychischer Erkrankungen. Hier handelt es sich gewissermaßen um eine konsequente Weiterentwicklung der Untersuchungen auf der Ebene der psychologischen Prozesse. Wenn man annimmt, dass die psychologischen Prozesse, etwa der sozialen Kognition, tatsächlich allgemeingültige Informationen über die Schwierigkeiten von autistischen Patienten anbieten, dann können mit ihnen die wesentlichen Kernprozesse autistischen Erlebens untersuchbar gemacht werden.

Psychologische Prozesse und Gehirn. Auch wenn die Beziehung kognitiver Prozesse zum Gehirn nicht endgültig geklärt werden kann, erscheint es heute sowohl den empirischen Wissenschaftlern in der Psychologie und der Hirnforschung als auch den meisten Philosophen sehr plausibel, dass psychologische Prozesse im Gehirn realisiert sind, und dass psychologische Prozesse wie Gedanken, Gefühle oder Handlungsabsichten und die Prozesse, die parallel dazu im Gehirn ablaufen, erschöpfend mit den Mitteln der Naturwissenschaften, also mit den Mitteln der Neurowissenschaften, aufgeklärt werden können. Unter dieser Annahme ist es auch möglich, psychologische Prozesse und ihre Störungen auf der Ebene des Gehirns zu untersuchen. Hier gelten entsprechend die Grundannahmen des »Naturalismus«. So gewinnen wir Anschluss an die Erlebnisse von autistischen Personen und können versuchen, die Prozesse, die parallel zum inneren Erleben im Gehirn stattfinden, zu untersuchen. Da uns heute Untersuchungsmethoden zur Verfügung stehen, die genau das ermöglichen, kommt es zurzeit zu einem sehr breiten Einsatz dieser Methoden (Abschn. 1.9).

Hirnforschung und Genetik. Im Kanon der verschiedenen Zugänge in der Ursachenforschung kann schließlich auch eine Verbindung zur Genetik hergestellt werden. So ist für viele Gene, die an der Entstehung autistischer Störungen beteiligt zu sein scheinen, noch unklar, worin ihre Funktion genau besteht und welche Aufgaben sie genau in der Entwicklung des Gehirns haben, das ja die entscheidende Grundlage für die von autistischen Personen erlebten Störungen darstellt. Werden die Mechanismen, mit denen das Gehirn sozial kognitive Leistungen hervorbringt, zunehmend besser aufgeklärt, dann können auch immer genauere Hypothesen darüber aufgestellt werden, welche genetischen Veränderungen vermutlich die Störungen in der sozialen Kognition hervorbringen. Die Befunde aus der modernen Hirnforschung werden also gewissermaßen zu einer Heuristik oder »Fundgrube« für genetische Untersuchungen.

Strukturelle Hirnveränderungen
Moderne neurowissenschaftliche Untersuchungen an lebenden Personen beziehen sich zum einen auf strukturelle oder anatomische Veränderungen, die den Aufbau des Gehirns betrachten. Zum anderen sind in den letzten Jahren auch zunehmend funktionelle Untersuchungen am Gehirn durchgeführt worden, die eine direkte Kopplung zu den psychologischen Prozessen und damit auch zu der eigentlichen Störungsebene bei Autismus erlauben.

Verschiedene strukturell-anatomische Untersuchungen, die den Aufbau des Gehirns untersuchen, zeigen beispielsweise, dass das gesamte Volumen, das das Gehirn einnimmt, bei autistischen Kindern bereits im Alter von ein bis zwei Jahren vergrößert ist, während das Volumen zum Geburtszeitpunkt noch normal war, sich also in den ersten beiden Jahren erst entwickelte. Im zeitlichen Verlauf kann diese übermäßige Hirngröße wieder abnehmen, sodass später keine Unterschiede mehr zu nicht-autistischen Personen sichtbar sind. Wir selbst haben in eigenen Untersuchungen gesehen, dass das Volumen des Gehirns bei autistischen Personen sogar mit zunehmendem Alter kleiner wird als bei nicht-autistischen Personen. Hier ist die Frage wichtig, was das zu bedeuten hat. Leider kann man darüber nur spekulieren. Eine Überlegung, die hier vorgetragen wurde, war, dass in der frühen Entwicklung des Gehirns während der ersten Lebensjahre ein übermäßig verstärktes Wachstum von Faserverbindungen zwischen den Nervenzellen stattgefunden hat. Grundsätzlich könnte man annehmen, dass es eigentlich immer günstig ist, wenn die Nervenzellen miteinander Kontakt aufnehmen. Möglicherweise aber haben diese vermehrten Verbindungen mit der Reizüberflutung und dem besseren Detailverständnis zu tun, die autistische Personen oft erleben.

Lokalisierte, also eng umschriebene Veränderungen finden sich besonders in solchen Hirnbereichen, die mit der Bewegungskoordination und der feinen zeitlichen Abstimmung von Hirnprozessen beschäftigt sind, und in solchen Hirnbereichen, die an der Regulation von Emotionen und der Verarbeitung sozialer Informationen beteiligt sind. Diese Veränderungen können auch unmittelbar mit den Bewegungsstörungen und sozial-kognitiven Störungen autistischer Menschen in Verbindung gebracht werden.

Störungen des Mentalisierungs-Netzwerks

Viele Untersuchungen der letzten Jahre einschließlich unserer eigenen zeigen eindrucksvoll, dass es bei autistischen Personen zu einer Minderaktivierung des Mentalisierungs-Netzwerks kommt (Kuzmanovic et al., 2014). Das ist eine plausible Bestätigung der Annahme, dass tatsächlich eine Störung sozial-kognitiver Leistungen vorliegt, die sich entsprechend auch im Gehirn autistischer Personen widerspiegelt. In der bereits angesprochenen Untersuchung, in der virtuelle Charaktere eingesetzt wurden (Abschn. 1.3, 5.5, Abb. 1.3) zeigte sich bei nicht-autistischen Personen eine Aktivierung des Mentalisierungs-Netzwerks, das mit einem Zuwachs an Sympathie-Erleben korrelierte. Autistische Personen zeigten hingegen keinen

Zuwachs des Sympathie-Erlebens mit zunehmender Blickdauer des virtuellen Charakters. Damit korrelierte auch ein Ausbleiben der Aktivierung des Mentalisierungs-Netzwerks. Dies ist eine interessante und plausible Bestätigung der Störung nonverbaler Kommunikation bei autistischen Personen (Georgescu et al., 2013).

Das »Ruhe-Netzwerk« des Gehirns
Eine bemerkenswerte Entdeckung war im Jahr 2001, dass sich unser Gehirn in »Ruhephasen« (»resting states«), die dadurch bestimmt sind, dass die Personen keinen gezielten psychologischen Aufgaben folgen, sondern vielmehr ihren eigenen Gedanken nachgehen können, nicht etwa in einem völligen Durcheinander befindet. Tatsächlich gibt es ein »Ruhe-Netzwerk« des Gehirns oder einen Hirnruhezustand (»default mode of brain function«), der sich immer dann einstellt, wenn die Person selbst bestimmen kann, womit sie sich gedanklich beschäftigt (Raichle et al., 2001). Dabei ist es völlig irrelevant, welchen inhaltlichen Gehalt die Gedanken haben. Natürlich werden unterschiedliche Hirnregionen bemüht, wenn wir uns bestimmte Züge beim Schachspielen überlegen, Kopfrechnen oder uns Landschaftsbilder vorstellen. Wenn man aber wenige Minuten diese »Ruhe-Hirnaktivität« misst und über die Zeit hinweg einen Mittelwert der unterschiedlichen Aktivitätsverteilungen im Gehirn ausrechnet, dann wird dieses »Ruhe-Netzwerk« sichtbar.

Hirnruhezustand und soziales Gehirn. Interessanterweise kann man zeigen, dass die Aktivitätsverteilung im Hirnruhezustand im Wesentlichen der Aktivitätsverteilung entspricht, die unsere Gehirne einnehmen, wenn sie sich mit sozial kognitiven Aufgaben beschäftigen, also mit dem Mentalisierungs-Netzwerk (Schilbach et al., 2012). Wenn das Gehirn in solchen »selbstgesteuerten« Situationen die gleiche oder zumindest eine sehr ähnliche Hirnaktivitätsverteilung aufweist wie in sozial kognitiven Situationen, dann könnte das ein Hinweis darauf sein, dass auf einer psychologischen Ebene auch ähnliche Prozesse ablaufen. Man könnte also die Vermutung aufstellen, dass maßgeblich sozial kognitive Prozesse während solcher selbstbestimmter »Ruhezustände« ablaufen (vgl. Abschn. 1.1 und 1.9).

Veränderungen des Hirnruhezustandes bei Autismus. Recht aufschlussreich sind auch mehrere Studien zu dem Ergebnis gekommen, dass dieser Hirnruhezustand bei autistischen Personen verändert ist. Wenn sich also die vorgenannte Überlegung in weiteren empirischen Untersuchungen als zutreffend herausstellen würde, könnte die veränderte Hirnaktivitätsverteilung im Hirnruhezustand auch als ein Hinweis für die Störung sozial kognitiver Fähigkeiten verstanden werden.

Ganz pragmatisch könnte die Messung des Hirnruhezustandes auch praktische Konsequenzen für die Diagnose-Stellung nach sich ziehen. Sollte sich herausstellen, dass der Hirnruhezustand bei autistischen Menschen systematisch abweicht, könnte daraus auch ein Hinweis auf das Vorliegen einer autistischen Störung abgeleitet werden. Wie zur Diagnosestellung schon ausgeführt (Kap. 4), würde man auf einem solchen Befund allein keine Diagnose aufbauen können, aber man könnte diesen Hinweis in unklaren Fällen miteinbeziehen und somit möglicherweise besser eine Einordnung leisten.

Spiegelneuronensystem

Auch das bereits erwähnte Spiegelneuronensystem, das vermutlich eine komplementäre funktionelle Rolle zum Mentalisierungs-Netzwerk spielt (Abschn. 1.9), ist bei autistischen Personen als verändert beschrieben worden. So kann eine veränderte Ansprechbarkeit des Spiegelneuronensystems bei der Beobachtung von Bewegungen nachgewiesen werden. Bisher gibt es nur wenige Studien, die vergleichend vorgehen, die also zugleich das Mentalisierungs-Netzwerk als auch das Spiegelneuronensystem in einem Untersuchungsansatz studieren. In den Untersuchungen, die das tun, wird nahegelegt, dass eher das Mentalisierungs-Netzwerk für die sozial-kognitiven Störungen verantwortlich ist (Georgescu et al., 2013; Kuzmanovic et al., 2014).

Moderne Untersuchungsmethoden

Verbindungen verschiedener Hirnregionen. Verschiedene Studien haben sich mit der sogenannten Konnektivität, also der Art und der Menge der Verbindungen zwischen Nervenzellen bestimmter Hirnregionen beschäftigt. Die Diskussion in der wissenschaftlichen Literatur wird von der Überlegung dominiert, dass es eine verminderte Konnektivität bei langstreckigen Verbindungen gibt, aber eine erhöhte Konnektivität bei kurzstreckigen Verbindungen des frontalen Cortex, also der Hirnrinde des Stirnhirns, möglicherweise zugunsten von kurzstreckigen Verbindungen von nahe beieinander liegenden Hirnregionen. Empirisch gibt es bisher aber nur Hinweise auf Veränderungen der langstreckigen, aber nicht der kurzstreckigen Verbindungen.

Kombination von verschiedenen Verfahren. Wie Christine Ecker mit wissenschaftlichen Kollegen in einer Arbeit am Londoner Institute of Psychiatry zeigen konnte, kann eine interessante Aussage über Hirnveränderungen bei autistischen Personen gemacht werden, wenn man mehrere Informationen zur Größe und zur genauen Lage verschiedener Hirnregionen kombiniert. Die Forschergruppe konnte zeigen, dass man mit dieser Methode eine Trefferrate von 90 Prozent (sogenannte »Richtig-Positiv-Rate« oder »Sensitivität«) erreicht, mit der man tatsächlich autistische Personen auch als solche erkennen kann, mit anderen Worten, 90 Prozent aller autistischen Personen wurden mit diesem Verfahren erkannt. Das bedeutet aber zugleich, dass 10 Prozent autistischer Personen mit diesem Verfahren übersehen wurden. Ein weiteres Merkmal eines solchen Verfahrens betrifft die Frage, wie gut ein bestimmtes Verfahren nicht-autistische Personen richtig erkennt, sie also korrekterweise nicht der autistischen Gruppe zuordnet. Hier zeigte sich ein ebenfalls sehr guter Wert von 80 Prozent »richtigen Treffern« (»Richtig-Negativ-Rate« oder »Spezifität«). Allerdings bedeutet das auch, dass 20 Prozent nicht-autistischer Personen irrtümlich dem autistischen Spektrum zugeordnet worden wären, wenn man sich nur auf dieses Verfahren zur Diagnose verlassen hätte (Ecker et al., 2010).

Dieses Verfahren zeigt also eine beeindruckende Zuordnung von autistischen Personen zur Gruppe der autistischen Personen (90 %) und von nicht-autistischen Personen zur Gruppe der nicht-autistischen Personen (80 %). Allerdings wären – wenn man nur dieses Verfahren allein eingesetzt hätte – 10 Prozent aller autistischen Personen übersehen worden und 20 Prozent von tatsächlich nicht-autistischen Personen wären fälschlicherweise der autistischen Gruppe zugeordnet worden. Das bedeutet also, dass das Verfahren noch einige Fehler macht: Wenn man sich vorstellt, dass 100 autistische Personen und 100 nicht-autistische Personen mit diesem Verfahren untersucht worden wären, wären 30 Personen falsch zugeordnet worden. Damit ist eine große Schwierigkeit für alle diese neurowissenschaftlichen Verfahren benannt: Eine Zuordnung im Einzelfall ist bisher nicht möglich. Das bedeutet, dass die Diagnose einer autistischen Störung nur aufgrund solcher oder ähnlicher Befunde am Gehirn bis auf Weiteres nicht möglich sein wird.

6 Behandlung und Betreuung

Im letzten Kapitel soll es nun schließlich um Möglichkeiten der Behandlung und Betreuung von autistischen Personen gehen. Behandlungsoptionen reichen von psychotherapeutischen über psychosoziale bis hin zu psychopharmakologischen Therapiemaßnahmen. Da bisher die Ursachen der Erkrankung noch nicht endgültig aufgeklärt sind (vgl. Kap. 5), ist auch noch keine kausale oder ursachenbezogene Therapie verfügbar, sodass nur symptomorientierte Behandlungen vorgenommen werden, die aber selbstverständlich auch sehr wirkungsvoll sein können.

Unrealistische Therapie-Erwartungen. Es muss vorab davor gewarnt werden, unrealistische und unangemessene Erwartungen an eine Therapie zu stellen. Man muss sich vor Augen führen, dass autistische Menschen mit ihren Eigenschaften und Merkmalen nach allem, was wir heute sagen können, vermutlich zur Welt kommen und bereits seit Jahrzehnten leben, wenn sie im Erwachsenenalter zum ersten Mal diagnostiziert und eventuell auch behandelt werden. Niemand wird die Erwartung haben können, dass sich diese autistischen Eigenschaften komplett »entfernen« oder »reparieren« lassen. Eine ähnliche Erwartung wäre ja auch bei lebenslang bestehenden Eigenschaften nicht-autistischer Menschen unangemessen. Es geht also nicht darum, autistische Menschen »anzupassen« oder »salonfähig« zu machen. Im letzten Kapitel wird auch anzusprechen sein, ob das überhaupt erwünscht und sinnvoll ist.

»Erweiterung des Verhaltensrepertoires«. Das wichtigste Ziel ist vielmehr, wie Helmut Remschmidt und Inge Kamp-Becker es formuliert haben, eine »Erweiterung des Verhaltensrepertoires« anzustreben und zu erreichen (Remschmidt & Kamp-Becker, 2006). Der autistische Mensch soll nicht verändert werden, sondern ihm sollen vielmehr dort Kompetenzen vermittelt werden, wo er Schwierigkeiten hat, diese selbst erlebt und auch beheben möchte. Alle autistischen Menschen haben auch viele positive Eigenschaften, die eng mit den autistischen Zügen zu tun haben, dazu gehören beispielsweise Ehrlichkeit, Verlässlichkeit oder Genauigkeit. Ein wichtiges Behandlungsziel ist daher auch die Identifikation mit dem Autismus, das Akzeptieren, das Integrieren in den eigenen Lebensentwurf und der geeignete, angemessene Umgang damit.

6.1 Ziele der Betroffenen

Bedarfsanalyse

In eigenen Untersuchungen haben wir uns eingehend mit den Behandlungswünschen autistischer Personen beschäftigt. Wir haben dabei die interessante Beobachtung gemacht, dass sich diese nicht nur auf die Kernsymptomatik beziehen, die auch die Grundlage für die Diagnosestellung ist (Kap. 4), sondern dass auch Aspekte vorgetragen werden, die man auf den ersten Blick nicht vermutet hätte, auf den zweiten Blick jedoch durchaus nachvollziehen kann.

Ausgangsmaterial war eine offene qualitative und eine geschlossene quantitative Befragung von zwei verschiedenen Gruppen autistischer Personen, die vorher in unserer Kölner Spezialambulanz diagnostiziert worden waren (Gawronski et al., 2011). In der offenen Befragung wurde eine erste Gruppe von erwachsenen autistischen Personen schriftlich dazu befragt,

▶ welche Erwartungen sie an eine Psychotherapie haben,
▶ welche Fähigkeiten sie im Rahmen einer Psychotherapie gern lernen würden und
▶ was sie von dem Psychotherapeuten selbst erwarten.

Die Befragten konnten darauf mit frei formulierten schriftlichen Ausführungen in beliebiger Ausführlichkeit antworten. Die individuellen Äußerungen wurden anschließend systematisch in Kategorien eingeordnet. Diese Untersuchungsmethode ist auch als sogenannte qualitative Inhaltsanalyse bekannt. Daran schloss sich eine geschlossene Befragung einer zweiten Gruppe von autistischen Betroffenen mit einem eigens dazu erstellten Fragebogen an, der die Nützlichkeit der im ersten Schritt entwickelten Kategorien überprüfte. Die folgenden genannten Behandlungsziele basieren auf den Antworten aus den Fragebögen. Vielleicht findet sich auch der eine oder andere Leser darin wieder.

- **Hilfe im Umgang mit Stress.** Interessanterweise gaben die Befragten als das am häufigsten genannte Ziel an, dass sie sich Hilfen im Umgang mit Stress wünschen (67 %). Zunächst mag das überraschend erscheinen. Aber dieser Wunsch gewinnt schnell an Plausibilität, wenn man bedenkt, dass autistische Personen in erheblichem Umfang Alltagssituationen, in denen sie anderen Menschen und vielfältigen Sinnesreizen begegnen, oder Situationen, die durch Veränderungen gekennzeichnet sind, als stressreich erleben. Strategien zum Umgang mit Stress fehlen häufig, sodass oft wiederholende, stereotype Verhaltensweisen als Beruhigung herangezogen werden.
- **Soziale Kompetenz.** Eine fast so häufig gegebene Antwort war der Wunsch nach Hilfen im Bereich der sozialen Kompetenz (61 %). Hier wurden Aspekte genannt, die eine wichtige Rolle am Arbeitsplatz und der dort geforderten »Teamfähigkeit« spielen wie Konfliktfähigkeit, Kritikfähigkeit und Einhaltung der eigenen Grenzen gegenüber anderen Personen.
- **Identitätsfindung.** Für die überwiegende Mehrheit der betroffenen Personen findet nach Diagnosestellung eine Auseinandersetzung mit der eigenen Geschichte statt. Stärken und Schwächen werden aus einem neuen Blickwinkel betrachtet mit dem Ziel der Selbstakzeptanz (60 %). Auch wenn es für viele Betroffene eine Entlastung bedeutet, endlich eine Erklärung für die eigenen Schwierigkeiten gefunden zu haben, muss trotzdem die Tatsache einer lebenslangen Einschränkung in bestimmten Kompetenzbereichen integriert werden, und das Leben muss gewissermaßen neu interpretiert werden (Abschn. 7.1).
- **Soziale Interaktion.** Auch den Kernkriterien zugehörig waren die genannten Schwierigkeiten in der Gestaltung von Kontakten zu anderen einschließlich partnerschaftlich motivierter Kontakte (57 %). Freundschaften und Partnerschaften werden zwar gewünscht, aber es fehlen oft die Kompetenzen und Fertigkeiten, sie zu initiieren und zu pflegen (Abschn. 2.2). Dazu gehört die Fähigkeit zum Mentalisieren (Abschn. 2.1) oder zur Einnahme der Perspektive einer anderen Person und zur adäquaten Einschätzung sozialer Situationen.

- **Unterstützung bei Begleiterkrankungen.** Hilfe wegen des Vorliegens anderer Erkrankungen gaben ebenfalls mehr als die Hälfte der Befragten an (53 %). Hier stellt die Depression die häufigste Begleiterkrankung dar, die in eigenen Untersuchungen und in anderen Studien bei etwa der Hälfte der betroffenen Personen vorliegt.
- **Umgang mit eigenen Emotionen.** Die Hälfte aller befragten Personen benötigte Unterstützung in der Regulation der eigenen Emotionen und gab an, Schwierigkeiten beim Erkennen, beim Benennen und beim Mitteilen von Emotionen zu haben (50 %).

Behandlungsmotivation

Im deutschsprachigen Raum ist die Gruppe der erst im Erwachsenenalter diagnostizierten Personen mit autistischen Störungen bisher nur in ersten Ansätzen untersucht und erheblich unterdiagnostiziert. Das zeigt sich auch daran, dass die wenigen funktionstüchtigen Spezialeinrichtungen für Menschen mit Autismus im Erwachsenenalter kontinuierlich sehr stark nachgefragt sind. Wenn man eine Häufigkeit der Erkrankung von etwa einem Prozent annimmt, also etwa ein Prozent der Gesamtbevölkerung als betroffen vermutet werden muss, würden etwa 800.000 Bundesbürger von einer autistischen Störung betroffen sein, davon etwa die Hälfte von einer hochfunktional autistischen Störung, also einer Autismus-Spektrum-Störung ohne Intelligenzminderung. Meistens führen Schwierigkeiten im sozialen Alltag, besonders im Berufsalltag, aber auch in Partnerschaften und bei Freundschaften, bei den Betroffenen dazu, therapeutische Unterstützung zu suchen. Die Behandlungsmotivation der hilfesuchenden Personen ist aus den folgenden Gründen sehr hoch:

- Die Störungen sind oft erheblich und führen die betroffenen Personen nicht selten zur beruflichen Kündigung oder zur Trennung vom Partner;
- eigene Versuche, Strategien für Schwierigkeiten in Alltagssituationen zu entwickeln, scheitern häufig oder sind nicht befriedigend;

▶ das autismusspezifische Therapie-Angebot für die Gruppe erwachsener Menschen mit Autismus-Spektrum-Störungen ist gering.

6.2 Psychotherapie

Die eingangs festgestellten Behandlungsziele betreffen überwiegend Ziele von psychotherapeutischen Behandlungen. Bevor eine kurze Vorstellung des eigenen Psychotherapieprogramms vorgenommen wird, möchte ich an dieser Stelle einige allgemeine Vorbemerkungen zur Art der Psychotherapie und den äußeren Rahmenbedingungen oder ihrem Format machen.

Kognitive Verhaltenstherapie
Unser eigenes Therapieprogramm basiert auf der sogenannten kognitiven Verhaltenstherapie (KVT). Die grundlegende Annahme hierbei ist, dass die Veränderungen des Verhaltens, die im Rahmen der Psychotherapie erarbeitet und erlernt werden, auch positive Einflüsse auf die Gefühle (oder Emotionen) und die Gedanken (oder Kognitionen) der behandelten Person mit sich bringen. Durch Erweiterung auf die kognitive Domäne können nicht nur Verhaltensweisen und die damit verbundenen Gefühle modifiziert werden, sondern es können auch Einstellungen und Wertvorstellungen beeinflusst und soziale, kommunikative und Problemlösungskompetenzen erworben werden.

Autistischen Personen wird damit die Möglichkeit angeboten, ihre kommunikativen, sozialen und emotionalen Kompetenzen zu verbessern. Dazu gehören beispielsweise das kompetente Auslesen von nonverbalen Signalen, die in der sozialen Begegnung eine sehr wichtige Rolle spielen, das Erlernen kommunikativer Praktiken in verschiedenen Formen des Gesprächs und die Fähigkeit, die Gefühle anderer wahrzunehmen und angemessen zu interpretieren. Damit sollen eine Erweiterung des Verhaltensrepertoires und eine Vergrößerung des eigenen Handlungsspielraums erreicht werden, die den betroffenen autistischen Personen die Möglichkeit geben, neue positive Erfahrungen zu machen, und ihnen eine neue günstige Lernumgebung verschaffen.

Format der Psychotherapie
Eine wichtige allgemeine Frage bei psychotherapeutischen Behandlungen bezieht sich auf die Randbedingungen, unter denen die Psychotherapie stattfindet. Natürlich lassen sich dabei zwar allgemeine Regeln formulieren. Sie können aber nicht für jede zu betreuende Person verbindlich formuliert werden, weil natürlich jede Person unterschiedliche Bedürfnisse hat.

Einzeltherapie oder Gruppentherapie. Eine zentrale Frage ist, ob die Therapie allein oder in der Gruppe stattfinden soll. Allgemein kann man hier sagen, dass eine Gruppentherapie nach Möglichkeit vorzuziehen ist. Der Hauptgrund ist, dass autistische Personen ja maßgeblich Schwierigkeiten in sozialen Interaktionssituationen haben und dass diese Schwierigkeiten nirgendwo besser angegangen und trainiert werden können als in Gruppen. Eine Gruppe bildet gewissermaßen eine »Laborsituation« ab, in der genau die schwierigen Verhaltensweisen ausprobiert werden können, die im Alltag auf Kritik oder Unverständnis stoßen. Der Rahmen ist aber zugleich geschützt,

▶ weil nur eine begrenzte Zahl von Personen zusammenkommt,
▶ weil alle Personen die gleichen Schwierigkeiten haben,
▶ weil die Gruppensituationen genauestens analysiert werden können und
▶ weil sachkundige Therapeuten anwesend sind, die bei der Auflösung der Schwierigkeiten helfen können.

Die Gruppen sollten jedoch nicht zu groß sein, wobei es hier keine festen Grenzen gibt, die man in Zahlen ausdrücken könnte. Wir selbst haben gute Erfahrungen mit Gruppen von sechs Betroffenen und zwei Therapeuten gemacht. Dieses Verhältnis von Betroffenen und Therapeuten erlaubt im Rahmen der Psychotherapiegruppe ein intensives Arbeiten.

Einzeltherapien können sicherlich noch besser auf die besonderen Bedürfnisse des individuellen Patienten eingehen, als es in einer Gruppe der Fall ist. Sie sollten dann erwogen werden, wenn besondere Konstellationen von Bedürfnissen vorliegen, denen man im Rahmen der Gruppentherapie nur zu einem geringen Teil entsprechen kann. Dann wäre abzuwägen, ob zusätzlich zu der Gruppe eine Einzeltherapie in Betracht gezogen werden sollte. Eine Einzeltherapie wäre auch dann zu überlegen, wenn die möglichen Begleiterkrankungen (z. B. Depression) einen solchen Stellenwert bekommen haben, dass sie mindestens so prominent vom Patienten erlebt werden wie die Symptome der autistischen Störung.

Kontaktaufnahme zu Psychotherapeuten. Das psychotherapeutische Angebot für Menschen mit Autismus-Spektrum-Störungen im Erwachsenenalter befindet sich deutschlandweit erst im Aufbau. Die vergleichsweise große Zahl von betroffenen Personen, von der wir ausgehen müssen, ist sicher noch nicht ausreichend diagnostiziert und erst recht nicht angemessen und ausreichend behandelt. Dass die ersten Einrichtungen für autistische Störungen im Bereich der Erwachsenenpsychiatrie entstanden sind, ist erst etwa zehn Jahre her. Bisher fehlen auch in therapeutischer Hinsicht noch Erfahrungen im Umgang mit autistischen Menschen im Erwachsenenalter. Entsprechend wird zurzeit der Bedarf für psychotherapeutische Behandlungen von autistischen Erwachsenen zunehmend deutlich. Die Angebote sind aber bisher noch viel zu dünn aufgestellt, sodass hier großer Nachholbedarf besteht. Ähnliches wie für die Psychiater gilt auch für psychologische Psychotherapeuten, die ebenfalls an ihren Ausbildungsinstituten bisher nur sehr vereinzelt über Autismus im Erwachsenenalter informiert werden. Bei der hohen Lebenszeitprävalenz von 1 %, also einem Betroffenen unter hundert Personen, sollten alle Ausbildungsinstitute über Autismus informieren.

Sehr hilfreich können hier Informationen, die über den Selbsthilfeverband »Autismus Deutschland e. V. – Bundesverband zur Förderung von Menschen mit Autismus« im Internet bezogen werden können. Mit vielen tausend Mitgliedern ist Autismus Deutschland die einschlägige Dachorganisation, die Betroffene und Angehörige zusammenführt in dem gemeinsamen Anliegen, die Interessen autistischer Menschen in unserer Gesellschaft zu vertreten und zu unterstützen. Der Dachorganisation sind aktuell 58 Regionalverbände angeschlossen, sodass hierüber schnell Kontakte in Wohnortnähe hergestellt werden können. Die Regionalverbände und weitere Mitgliedsinstitutionen betreiben Autismus-Therapie-Zentren (ATZ) und Wohneinrichtungen, bei denen erwachsene Betroffene Hilfestellungen finden können.

Unterschiedliche Therapie-Erfordernisse über die Lebensspanne. Die Situation ist natürlich anders für Kinder und Jugendliche und ihre Psychotherapie. Da es erhebliche Unterschiede in den Bedürfnissen von Kindern, Jugendlichen und Erwachsenen gibt, ist es wichtig, auch entsprechende Versorgungsangebote für erwachsene Betroffene zu schaffen. Kinder und Jugendliche, für die bereits ein breites psychotherapeutisches Angebot besteht, haben andere Therapiebedürfnisse:

▶ die autistischen Symptome können sich in ihrer Ausprägung in Abhängigkeit von der Lebensphase unterscheiden;
▶ Erwachsene haben oft eigene Kompensationsstrategien entwickelt, die die sozialen Schwierigkeiten zwar nicht zum Verschwinden bringen können, die aber die Symptome oft verdecken;
▶ erwachsene Personen erleben Schwierigkeiten vorrangig am Arbeitsplatz, während Kinder und Jugendliche Schwierigkeiten eher im Bereich der Gestaltung von Freundschaften und Partnerschaften erleben;
▶ erwachsene Personen erleben andere Begleiterkrankungen (z. B. Depression), die auch gesondert in den Blick genommen werden müssen.

Wünsche an die Psychotherapie

Bei Interesse an entsprechenden unterstützenden Therapieprogrammen sollte darauf geachtet werden, dass die Angebote die Kernschwierigkeiten im Bereich der sozialen Interaktion und Kommunikation auch tatsächlich ansprechen. Darüber hinaus gibt es einige allgemeine Aspekte, die berücksichtigt sein sollten.

Regelmäßige Gruppenstrukturen. Gerade bei autistischen Personen ist besonders wichtig, regelmäßige und vorhersehbare Abläufe zu gestalten. Es ist notwendig, auf einen pünktlichen Beginn und ein pünktliches Beenden der Gruppensitzungen zu achten. Standardisierte, also in ihrem Ablauf immer gleichförmig gestaltete Gruppensitzungen erleichtern den Zugang für autistische Personen, weil das Ausmaß von Veränderungen damit sehr gering gehalten wird. Natürlich ändern sich die Themen der Gruppensitzungen, und diese Themen erfordern vielleicht auch unterschiedliche Arbeitsweisen in der Gruppe. Dadurch entstehen also ohnehin Veränderungen zwischen den Gruppensitzungen. Alle anderen äußeren Aspekte sollten aber möglichst unverändert bleiben.

Transparenz. Ein weiteres wichtiges Anliegen autistischer Personen ist, möglichst hohe Transparenz bereitgestellt zu bekommen. So sollten genaue Angaben zu einzelnen Sitzungsabläufen zur Verfügung stehen. Damit kommen die Therapeuten dem Bedürfnis autistischer Personen entgegen, sich vorher gut vorbereiten zu können und nicht von Unvorhergesehenem »überrascht« zu werden. Transparenz ist daher ein wichtiges Gebot für die psychotherapeutische Betreuung von autistischen Personen. Damit wird auch die Therapiemotivation weiter aufrechterhalten oder gesteigert.

Sitzungsablauf. Auch die einzelnen Sitzungen sollten daher sinnvollerweise immer einen ähnlichen Ablauf haben. Wir gehen in unseren eigenen Gruppen so vor, dass jede Sitzung mit einer kurzen Begrüßung der Teilnehmer beginnt sowie mit der Frage danach, ob es für die aktuelle Sitzung bedeutsame Mitteilungen zu machen gibt (z. B. Krankheit eines Teilnehmers). Es wird dann die aktuelle Sitzungsübersicht mit Bezug auf den Stand im Gesamtprogramm vorgestellt. Es folgt dann im Hauptteil die Bearbeitung des jeweiligen Sitzungsinhaltes. Die Sitzungen schließen mit der Vergabe von Hausaufgaben und einem Ausblick auf den Gegenstand der nächsten Sitzung. Alle Abschnitte werden zeitlich genau geplant.

Rollenspiele. Ein wichtiges Element von Therapieprogrammen sollten Rollenspiele sein. Sie fallen autistischen Personen naturgemäß besonders schwer. Gerade für autistische Personen sind sie besonders wichtig, weil die Schwierigkeiten ja gerade in der Gestaltung sozialer Kontakte bestehen. Rollenspiele haben eine wichtige diagnostische und therapeutische Funktion zugleich. In diagnostischer Hinsicht wird im Rollenspiel die Problematik einer betroffenen Person, die sich daran aktiv als einer der »Schauspieler« beteiligt, sehr deutlich für alle sichtbar. Andere Betroffene und Therapeuten können hier die Schwierigkeiten genau erkennen und auch ihre eigenen Erfahrungen einbringen. Zugleich ist es für die Person, die sich im Rollenspiel aktiv engagiert hat, auch in therapeutischer Hinsicht hilfreich: In der »Laborsituation« der Gruppe, bestehend aus anderen Betroffenen und Therapeuten, wird es auch möglich, alternative Umgänge mit der jeweiligen Situation zu erproben und neue Verhaltensweisen einzuüben.

Praktische Übungen (z. B. Small-Talk). Therapieverfahren sollten auch praktische Übungen beinhalten, die sich den Schwierigkeiten autistischer Personen widmen. Das Erlernen von unterschiedlichen Gesprächsformen sollte ein wichtiger Bestandteil sein. Eine besondere Hürde stellt der sogenannte Small-Talk dar: Darunter verstehen wir eine Gesprächsform, die primär der Kontaktaufnahme mit anderen dient, aber inhaltlich nicht näher bestimmt ist. Hier kann beispielsweise sehr hilfreich sein, Themen und Techniken von Small-Talk zu erlernen und das Erlernte möglicherweise auch in Rollenspielen zu üben.

Bei den Themen, die man im Small-Talk anspricht, ist sicher relevant, ob der Gesprächspartner bereits bekannt ist. Bei Bekannten kann meist auf bereits etablierte Themen oder gemeinsame Erlebnisse zurückgegriffen werden. Als Themen sind grundsätzlich alle allgemeinen, »öffentlichen« Felder geeignet, zu denen andere Personen vermutlich auch einen Kommentar abgeben können. Dazu gehören beispielsweise: Wetter, Jahreszeit, Feiertage, aktuelle Ereignisse, Kunst und Kultur (Literatur, Filme, Theater, Konzerte), Urlaubseindrücke, Freizeitgestaltung, Landschaft, Natur, Tiere, Besonderheiten des Ortes oder der momentanen Situation. Themenbereiche, die »privater« Natur sind und potenziell sehr persönliche Einlassungen des Gesprächspartners erfordern, sind hingegen ungeeignet. Dazu gehören: Krankheiten, Tod, politische Einstellungen, Religion, Kritik am Gesprächspartner oder Auskünfte, für die üblicherweise ein Honorar gezahlt werden muss (z. B. Ärzte, Steuerberater, Anwälte).

Es kann für autistische Menschen auch sehr nützlich sein, Techniken zu erlernen, die in Small-Talk-Situationen angewandt werden können. So kann man zu allgemeinen Themen Fragen stellen, die eigene Meinung zu einem Sachverhalt äußern, eine fremde Meinung mitteilen oder eine Tatsache feststellen. Man kann aber auch einen direkten Kontakt zum Gesprächspartner aufnehmen, der angenehm für den anderen sein sollte. Beispiele hier sind Komplimente oder Angebote, anderen zu helfen. Um ein Small-Talk-Gespräch aufrecht zu erhalten, wird es etwa nötig sein, dem Anderen Zustimmung zu signalisieren und Interesse zu zeigen. Schließlich ist auch das Beenden des Small-Talk eine besondere Aufgabe. Hier kann etwa ein Dank gegenüber dem Gesprächspartner ausgedrückt werden, das Beenden des Gesprächs kann angekündigt werden, bevor die formale Verabschiedung erfolgt, vielleicht auch unter Einsatz körperlicher Signale.

»Gruppentherapie für Autismus im Erwachsenenalter« (GATE)

Unser Team in der Spezialambulanz in Köln schließt mit unserem eigenen Gruppenpsychotherapieprogramm GATE eine wichtige Versorgungslücke, die bei der psychotherapeutischen Behandlung von autistischen Erwachsenen eingesetzt werden kann. GATE wurde an der Uniklinik Köln entwickelt, sie kann aber natürlich an allen anderen Standorten in Deutschland durchgeführt werden und ist nicht an den Ort gebunden. Für erwachsene Personen mit einer Autismus-Spektrum-Störung existieren derzeit nur sehr wenige psychotherapeutische Therapieprogramme.

In unserer eigenen Psychotherapie-Intervention GATE, die wesentlich auf der bereits dargestellten Bedarfsanalyse aufbaut (Abschn. 5.1), fokussieren wir im Wesentlichen auf

▶ Stressbewältigung,
▶ soziale Interaktion und
▶ soziale Kompetenz.

GATE umfasst fünfzehn Sitzungen von je anderthalb Stunden Dauer. Zu der Gruppe werden sechs betroffene Personen eingeladen, die durchgängig von zwei Therapeuten betreut werden. Es handelt sich um eine geschlossene Gruppe, das bedeutet, dass während einer laufenden Therapie keine neuen betroffenen Personen aufgenommen werden, auch dann nicht, wenn einer der Teilnehmer die Gruppe vor Ablauf der fünfzehn Sitzungen verlässt.

GATE ist mit fünfzehn Sitzungen eine vergleichsweise kurze Intervention. Wir wissen bis heute nicht, wie lange man behandeln muss, um eine überzeugende, langfristige Verbesserung der Symptome zu erreichen. GATE kann als eine erste Maßnahme angesehen werden, die es autistischen Personen zum ersten Mal ermöglicht, eine gezielte, auf die eigenen Bedürfnisse abgestimmte Erweiterung des eigenen Handlungsspielraums vorzunehmen. Erste Erfolge können dann zur Aufnahme weiterer psychotherapeutischer Angebote und/oder zur Teilnahme an Selbsthilfegruppen oder vergleichbaren Angeboten motivieren.

Spezifische Herausforderungen in der Psychotherapie von Autismus
Arbeit an der eigenen Identität. Viele Betroffene stehen manchmal erst im fortgeschrittenen Erwachsenenalter vor der Aufgabe, die Diagnose in ihren eigenen Lebensentwurf und ihre Lebensplanung oder »Identität« zu integrieren und autobiographische Erlebnisse vor diesem Hintergrund neu zu bewerten (Schoofs, 2015). Dieser Prozess sollte innerhalb einer Psychotherapie unterstützt werden. Dazu ist es hilfreich, gemeinsam mit dem Patienten eine Analyse der eigenen Persönlichkeitsmerkmale vorzunehmen. Die Patienten erhalten dann die Aufgabe, ihre persönlichen Eigenschaften in die Kategorien »Autismus« oder »eigene Persönlichkeit« einzuordnen. Damit entsteht eine neue Möglichkeit, sich selbst und seine Eigenheiten besser zu verstehen und sie auch mit denen anderer Personen zu vergleichen. Sinnvollerweise wird in diesem Zusammenhang auch darauf aufmerksam gemacht, dass autistische Merkmale nicht global korrigiert werden sollen, sondern in einer differenzierten Weise den Bedürfnissen der individuellen Lebenswelt angepasst werden können. Diese Einsicht ist eine wichtige Grundvoraussetzung für den Prozess der sozialen Anpassung bisheriger Verhaltensweisen oder Erarbeitung alternativer Verhaltensweisen (Krämer et al., 2015).
Besonderheiten der therapeutischen Beziehung. Eine der wichtigsten Aufgaben ist besonders für Menschen mit Autismus das Erleben von Wertschätzung, sodass es eine vordringliche therapeutische Aufgabe ist, eine Atmosphäre zu schaffen, in der die betroffenen Personen ihre Fragen und Bedürfnisse offen aussprechen können. Gerade

Menschen mit Autismus haben lebenslang die Erfahrung gemacht, dass ihr Erleben, ihre Gedanken und ihr Verhalten unangemessen sind (Krämer et al., 2015). Eine weitere wichtige Aufgabe ist, sämtliche Sachverhalte, einschließlich der Wahrnehmung der nonverbalen Kommunikation, auf Seiten des Therapeuten deutlich zu machen. Das ermöglicht dem Patienten auch das Erlernen von Perspektivwechsel und Mentalisierung. Der Therapeut wird damit zu einem wichtigen Übersetzer zwischen autistischer und nichtautistischer Lebenswelt. Möglicherweise ist der Therapeut die erste Person im Leben der autistischen Person, die »vollen Einblick« in ihr inneres Erleben anbietet. Übliche soziale Verstärkungssignale wie Lob oder implizite Botschaften sind wenig bis gar nicht sinnvoll oder wirksam (Krämer et al., 2015).

Angehörigenarbeit
Flankierend kann daneben die Einbeziehung der Angehörigen von Menschen mit Autismus-Spektrum-Störung erwogen werden. Hier ist zunächst zu prüfen, welchen Einfluss die Angehörigen auf die Therapiemotivation der betroffenen autistischen Person haben. Hoher Leidensdruck der Umgebung darf nicht mit der eigenen Therapiemotivation verwechselt werden und darf auch nicht wichtiger sein als der Veränderungswunsch der betroffenen Person selbst. Hier ist Aufgabe des Therapeuten sicherzustellen, dass die Wünsche des Patienten im Mittelpunkt stehen. Es sollten dann therapiebegleitend psychoedukative Komponenten an die Angehörigen vermittelt werden, was nicht im Rahmen der Psychotherapie im engen Sinn geleistet werden kann. Sie schulen die Angehörigen, unterstützen die eigene therapeutische Arbeit und erlauben dem Therapeuten auch, wichtige Informationen und Erfahrungen über Stärken, Ressourcen und Schwächen einzuholen. Schließlich übernimmt der Therapeut auch eine wichtige Funktion mit der Aufgabe, die Angehörigen über die Andersartigkeiten des inneren Erlebens autistischer Personen einschließlich besonderer Verhaltensweisen und ihrer Motivation (stereotype Bewegungen, Ordnungsvorlieben, Rückzugsbedürfnisse) zu informieren (Krämer et al., 2015).

6.3 Selbsthilfegruppen

Eine wichtige therapeutische Funktion können auch Selbsthilfegruppen übernehmen, in denen sich autistische Betroffene zusammenfinden. Als besonders gewinnbringend wird hier oft die Tatsache erlebt, dass sich auch andere Personen ähnlichen Schwierigkeiten gegenübersehen wie man selbst als autistische Person. Hilfreich ist nicht nur dieser »tröstende« Aspekt, sondern auch besonders die Möglichkeit, die Bewältigung der eigenen Schwierigkeiten voranzubringen, indem man direkt von anderen Betroffenen lernt. Es stärkt auch umgekehrt das eigene Selbstbewusstsein und Selbstvertrauen, wenn man eigene Erfahrungen gewinnbringend an andere weitergeben kann. Oft werden hier auch Freundschaften gebildet und über die Gruppentreffen hinausgehende Freizeitaktivitäten geplant. Selbsthilfegruppen stellen deshalb eine sinnvolle Ergänzung zu therapeutischen Bemühungen dar und sind insbesondere autistischen Personen zur Aufbesserung ihrer sozialen Kompetenzen zu empfehlen, sofern die Gruppen sich auch tatsächlich autistischen Personen widmen.

Selbsthilfegruppen können moderiert oder unmoderiert sein. Die Moderatorfunktion wird idealerweise von einer professionell ausgebildeten Person (z. B. Psychotherapeut) übernommen. Ein Moderator kann der Selbsthilfegruppe mehr Struktur verleihen, indem er bestimmte Themen vorbereitet und den Ablauf der Treffen bespricht und auf die Einhaltung gewisser Regeln der Kommunikation untereinander achtet. Diese inhaltlichen und formalen Aspekte können insbesondere in Anfangsphasen von Selbsthilfegruppen hilfreich sein. Ein Moderator kann aber auch als störend empfunden werden, wenn er die einzige nicht-betroffene Person ist und die Gruppe bereits eine große Kohärenz besitzt und sich selbst gut mit Themen versorgen kann. Es kann daher überlegt werden, nur einzelne Sitzungen moderiert stattfinden zu lassen, z. B. eine von vier Sitzungen.

Selbsthilfegruppen unterscheiden sich auch im Hinblick darauf, ob sie alle interessierten Personen zulassen oder nur tatsächlich autistische Personen, die bereits eine Diagnose erhalten haben. Zunächst ist eine Selbsthilfegruppe ja ein Zusammenschluss von

Betroffenen außerhalb der engeren, therapeutischen Rahmenbedingungen, sodass sie von ihrem Charakter her eher offen sein sollte. Eine diagnostisch gemischte Gruppe kann aber Schwierigkeiten bereiten, wenn manche Teilnehmer sich nicht auf die unterschiedlichen Bedürfnisse der einzelnen Individuen einstellen oder aber in ihren kommunikativen Kompetenzen den autistischen Teilnehmern womöglich überlegen sind. Das ist insbesondere dann zu befürchten, wenn Personen zur Selbsthilfegruppe kommen, die zwar Schwierigkeiten im sozialen Kontakt mit anderen zu beklagen haben, bei denen aber möglicherweise ganz andere Diagnosen gestellt werden müssten. Gerade autistische Personen, die sich in sozialen Kontexten oft weniger gut behaupten oder durchsetzen können, könnten hier auf Schwierigkeiten stoßen.

Hier ist zu empfehlen, Kontakt zu »Autismus Deutschland e.V.« und seinen Regionalverbänden aufzunehmen. Betroffene und Angehörige können sich hier über adäquate Angebote in ihrer jeweiligen Wohnortnähe sachkundig informieren und erste Hilfestellung im Hinblick auf therapeutische Angebote oder Selbsthilfegruppen finden. In Köln laden wir Personen mit Autismus, die an GATE regelmäßig teilgenommen haben, im Anschluss zu einer moderierten Selbsthilfegruppe ein, die eine variable Zahl von betroffenen Personen unter Moderation einer psychotherapeutisch geschulten Person aufnimmt. Die Themen der Selbsthilfegruppe werden von den betroffenen Personen selbst bestimmt. Die Dauer der Selbsthilfegruppe ist nicht bestimmt, die Dauer der einzelnen Sitzungen entspricht der Länge der Psychotherapiesitzungen.

6.4 Berufliche und soziale (Wieder-)Eingliederung

Bei vielen erwachsenen Betroffenen ist die Alltags-Domäne, in der sich die Störungen der sozialen Interaktion und Kommunikation am deutlichsten erweisen, das Berufsleben, während in der Pubertät und im jungen Erwachsenenalter die Fragen zur Gestaltung von Freundschaften und Partnerschaften und Sexualität im Vordergrund stehen. Zunächst ist eine kurze Bestandsaufnahme wichtig.

»Psychosoziales Funktionsniveau«
Die Eigenschaften oder Merkmale, die den Grad der Integration in den Alltag von Berufsleben, Freundschaften und Partnerschaften und selbständiger Haushaltsführung beschreiben, werden auch als sogenanntes psychosoziales Funktionsniveau bezeichnet. Wie zu vielen anderen Aspekten autistischer Störungen im Erwachsenenalter gibt es auch zu diesem wichtigen Bereich bis heute vergleichsweise wenige Forschungsergebnisse. Dies gilt insbesondere für die Gruppe von Personen, die erst im Erwachsenenalter diagnostiziert werden. Dabei fallen nach unserer Erfahrung die folgenden Aspekte auf (Lehnhardt et al., 2011b).

Bildung und Beschäftigung. Unsere eigene Erfahrung und auch Ergebnisse aus anderen Untersuchungen zeigen übereinstimmend, dass der größere Teil, etwa zwei Drittel, einen höheren Bildungs- oder Berufsabschluss erreichen kann, der auf eine qualifizierte Berufstätigkeit vorbereitet. Vergleicht man die Bildungsabschlüsse und die Arbeitslosigkeitszahlen von Menschen mit Autismus in unserer Ambulanz, dann zeigt sich, dass gemessen am Bundesdurchschnitt die Gruppe autistischer Personen eine bessere Bildung aufweist, aber dennoch etwa viermal so häufig arbeitslos ist wie die – weniger gut gebildeten – nicht-autistischen Personen gleichen Alters und Geschlechts. Dabei ist hier zu bemerken, dass wir es überwiegend mit zwanzig- bis fünfzigjährigen Personen zu tun haben, die im Mittel einen überdurchschnittlichen Intelligenzquotienten aufweisen und gut ausgebildet sind. Es handelt sich also um Personen, die eher leicht auf dem Arbeitsmarkt vermittelbar sein sollten. Dass in diesem Personenkreis die Arbeitslosigkeit deutlich erhöht ist, zeigt ein weiteres Mal, wie erheblich die sozialen Schwierigkeiten bei autistischen Personen sein können. Bei früh, im Kindes- und Jugendalter diagnostizierten Personen verfügen in einigen Datenerhebungen über die Hälfte der betroffenen Personen über keinen adäquaten Schulabschluss oder sind arbeitslos.

Partnerschaften. In der Gruppe autistischer Erwachsener, die wir kennengelernt haben, haben 58 Prozent über aktuelle oder zurückliegende Partnerschaften berichtet. In der Literatur schwanken Angaben dazu allerdings erheblich. Manche Arbeiten geben etwa für die

Hälfte der einbezogenen Autisten an, in einer Partnerschaft zu leben, andere berichten über aktuelle oder frühere Partnerschaften nur bei unter 20 Prozent der betroffenen Personen. Viele der Personen, die sich bei uns vorgestellt haben, haben auch eine Familie gegründet und leben mit den Partnern und Kindern zusammen in einem Haushalt. Nicht selten werden die Eltern auch deshalb auf Autismus aufmerksam und erwägen, selbst davon betroffen zu sein, weil die eigenen Kinder als autistisch diagnostiziert wurden. Von Personen, die bereits im Kindes- und Jugendalter diagnostiziert wurden, wird berichtet, dass sie nur in sehr geringem Umfang Partnerschaften eingehen.

Wohnsituation. Eigene und von anderen veröffentlichte Erfahrungen mit hochfunktional autistischen Erwachsenen zeigen, dass etwa 80 Prozent der spätdiagnostizierten betroffenen Personen eigenständig leben und vollständig unabhängig sind, also ohne therapeutische Unterstützung oder Hilfe im Haushalt ihren Lebensalltag gestalten können. Viele leben dabei in erfolgreich geführten Partnerschaften. Bei früh diagnostizierten autistischen Personen, die mittlerweile erwachsen geworden sind, liegt dieser Anteil der selbständig Lebenden nach der dazu verfügbaren wissenschaftlichen Literatur in vielen Studien, die Gruppen von autistischen Menschen untersucht haben, unter 50 Prozent. Lediglich früh diagnostizierte Personen mit Asperger-Syndrom zeigen wiederum eine hohe Rate von Personen, die selbständig leben.

Psychosoziales Funktionsniveau und »Diagnosealter«. Die Untersuchung dieser drei Felder des psychosozialen Funktionsniveaus (Beruf, Partnerschaften, Wohnsituation) zeigen zwei wichtige Ergebnisse:

(1) Autistische Menschen sind durchaus in der Lage, angemessen berufstätig zu sein, Partnerschaften zu unterhalten, Familien zu gründen und selbständig zu leben;

(2) Personen, die spät (im Erwachsenenalter) diagnostiziert werden, scheinen ein höheres psychosoziales Funktionsniveau zu haben als Personen, die früh (im Kindes- und Jugendalter) diagnostiziert werden.

Diese Unterschiede könnten mit der Symptomausprägung in Verbindung gebracht werden. Offenbar erleben früh diagnostizierte Personen eine stärkere Behinderung im Hinblick auf die Etablierung eines selbständigen Lebens. Es wäre durchaus plausibel anzunehmen, dass ein höherer Schweregrad der Symptomausprägung auch zu einer frühen Diagnose führt. Das Fehlen von Intelligenzminderungen und gute Kompensationsstrategien könnten dazu verhelfen, dass das Funktionsniveau insgesamt besser ist.

Soziale Anpassungsschwierigkeiten. Es wäre aber riskant, allein daraus abzuleiten, dass es eine Unterteilung in »schwere« und »leichte« Formen von Autismus geben müsse und im Erwachsenenalter nur die leichten Formen diagnostiziert würden. Es gibt durchaus auch viele erwachsene Personen mit Autismus, die erhebliche Schwierigkeiten haben, am gesellschaftlichen Leben angemessen teilzunehmen. Diese sozialen Anpassungsschwierigkeiten von Menschen mit Autismus können auch unabhängig vom Vorliegen einer Intelligenzminderung oder einer Lernbehinderung sein. Eine differenzierte Einschätzung der Ausprägung sozialer Anpassungsschwierigkeiten zur Festlegung des Grades der Schädigungsfolge (GdS) wurde in der »Dritten Verordnung zur Änderung der Versorgungsmedizin-Verordnung« vom 17.12.2010 vorgeschlagen. Der GdS soll in Abhängigkeit vom Schweregrad der sozialen Anpassungsschwierigkeiten und nur unter Voraussetzung einer relevanten Beeinträchtigung der Teilhabe am gesellschaftlichen Leben und im Alltag in Abstufungen von 10 bis 100 erfolgen. Diese Entwicklung ist im Hinblick auf eine bessere Verteilungsgerechtigkeit von verfügbaren Mitteln zur Unterstützung ausdrücklich zu begrüßen. Wie ausgeführt, folgt einer solchen Einteilung in Schweregrade auch das DSM-5 (Abschn. 3.3).

Bedarf an psychosozialen Unterstützungsmaßnahmen
Die zitierten Erhebungen sind bisher mit großer Vorsicht zu interpretieren, weil es jeweils nur kleine Gruppen von betroffenen Personen waren, die untersucht wurden und die angelegten Kriterien unterschiedlich waren. Einen erheblichen Einfluss dürfte auch der Zeitpunkt der Erhebung haben. Wie wir gesehen haben, sind die Angaben zur Häufigkeit von autistischen Störungen in den letzten fünf Jahrzehnten etwa um das Zehnfache angestiegen. Dieser erheb-

liche Anstieg ist sicher nicht auf eine tatsächliche Erhöhung des Vorkommens, sondern viel eher auf eine sorgfältigere Betrachtung und Prüfung autistischer Störungen zurückzuführen. Demnach dürften bis heute insbesondere ältere Personen mit stärkeren Einschränkungen ihrer Alltagsfähigkeiten und Lernbehinderungen zu einem gewissen Anteil auch Menschen mit Autismus-Spektrum-Störungen sein, die einfach in den letzten Jahrzehnten noch nicht konsequent diagnostiziert worden sind. Entsprechend wird sich auch das Bewusstsein für Therapie- und Unterstützungsbedürfnisse entwickeln. Festhalten kann man aber sicher, dass ein großer Anteil autistischer Menschen nicht angemessen beruflich tätig ist. Möglicherweise können auch Aspekte der Wohnsituation noch weiter verbessert werden. Die Erarbeitung von Freundschaften und Partnerschaften ist ein Thema, das eher im Rahmen von psychotherapeutischen Maßnahmen angegangen wird.

Berufliche (Re-)Integration von Menschen mit Autismus-Spektrum-Störungen

Berufliche Beschäftigung als Schlüssel. Vermutlich liegt der Schlüssel zum Erreichen eines höheren psychosozialen Funktionsniveaus in einer beruflichen Beschäftigung. Berufliche Betätigung vermittelt Selbstvertrauen in die eigenen Fähigkeiten, bietet eine Plattform zur Gestaltung und Pflege von sozialen Kontakten an, die auch als eine Art tägliche »Trainingssituation« verstanden werden kann. Schließlich vermittelt die Berufstätigkeit auch eine materielle Grundlage, die es ermöglicht, einen eigenen Haushalt zu führen. Wenn es auf dem Arbeitsmarkt zu Schwierigkeiten kommt, müssen entsprechende Hilfsmaßnahmen entwickelt werden.

Vermittlung über Integrationsunternehmen. Ein sehr vielversprechender Weg ist die Vermittlung autistischer Personen in die Berufstätigkeit über Integrationsunternehmen. Dabei handelt es sich um eigenständige, oft als gemeinnützig anerkannte Wirtschaftsunternehmen, die in Ergänzung zu »normalen« Wirtschaftsunternehmen tätig werden. Deren Ziel ist nicht Gewinnmaximierung, sondern die berufliche Integration von Menschen mit Behinderungen. Sie versuchen, eine inklusive Beschäftigung in regionalen Wirtschaftsunternehmen oder auch bei öffentlichen Arbeitgebern für Menschen mit schwerer Behinderung und hohem Unterstützungsbedarf zu erreichen. Wir sammeln im Rahmen eines Modellprojekts in den letzten Jahren sehr wichtige Erfahrungen in der beruflichen Integration von Menschen mit Autismus-Spektrum-Störungen in Zusammenarbeit mit dem gemeinnützigen Integrationsdienstleistungsunternehmen »Füngeling Router gGmbH« (Köln) mit freundlicher und großzügiger Unterstützung des Landschaftsverbands Rheinland (LVR). In diesem Modellprojekt werden Menschen mit Autismus unabhängig von ihrem Bildungsstand, ihrer allgemeinen Intelligenz und ihrem Neigungsprofil vermittelt, vorausgesetzt, dass sie im Kölner Raum arbeiten, sodass sie von den aufsuchenden Arbeitstrainern am Arbeitsplatz begleitet werden können. Dort werden verschiedene, gut miteinander vernetzte Instrumente sowohl »on the job« als auch »off the job« eingesetzt, nämlich:

- Gruppencoaching außerhalb des Arbeitsplatzes (»off the job«) in Gruppen von bis zu sechs autistischen Personen und einem Gruppencoach;
- Einzelcoaching außerhalb des Arbeitsplatzes (»off the job«) in Einzelbetreuung zwischen autistischer Person und einem Gruppencoach;
- Arbeitstraining am Arbeitsplatz (»on the job«) in Einzelbetreuung zwischen autistischer Person und einem Arbeitstrainer;
- Schulungsangebot für Arbeitgeber und Arbeitnehmer.

Erste Erfahrungen zeigen, dass besonders die Gruppencoaching-Angebote von den betroffenen Personen sehr stark nachgefragt sind. Inhalte sind neben psychoedukativen Anteilen Informationen über das Arbeitsleben, ungeschriebene Regeln am Arbeitsplatz, Arbeitsrecht, aber auch Komponenten zur Kommunikation und Interaktion mit anderen.

»Gebrauchsanweisung«. Eine von uns im Rahmen dieses Modellprojektes betreute Person hat den Begriff der »Gebrauchsanweisung« geprägt. Damit ist gemeint, dass Personen, mit denen man am Arbeitsplatz zusammentrifft, am besten mit einer Gebrauchsanweisung ausgestattet werden müssten, um ihre Stärken, Schwächen und ihre Verhaltensweisen kennenlernen und sie im Arbeitskontext angemessen interpretieren zu können. Da es sich dabei um einen Begriff handelt, den wir üblicherweise im Bereich von technischen Haushaltsgeräten erwarten, aber nicht im Umgang mit anderen Menschen, scheuen wir uns sicher zunächst davor, für einen anderen Menschen eine »Gebrauchsanweisung« zu akzeptieren. Wir würden es sicherlich vorziehen, mit der anderen Person in ein Gespräch über die eigenen, individuellen Merkmale zu kommen. Wenn aber – wie bei Menschen mit Autismus – dieser Zugang erschwert ist und Menschen mit Autismus vielleicht auch nicht wissen können, was wir in der besonderen Situation des Arbeitsplatzes von ihnen erwarten, ist eine derartige Merkmalsliste sehr wünschenswert. Sie wird am Ende das Gespräch mit den zu integrierenden Personen ja auch nicht verhindern, sondern erleichtern – vermutlich im Unterschied zum Umgang mit nicht-autistischen Personen.

Individuelle und flexible Lösungen. Allgemein gesprochen sind hier insbesondere individuell und flexibel gestaltete Unterstützungsangebote in den Blick zu nehmen. Auf diese Weise können die fachlichen Qualifikationen der zu vermittelnden Personen und ihre Einschränkungen mit einer angemessenen Beschäftigungsform, einem passend gestalteten Arbeitsplatz und mit dem nötigen Unterstützungsbedarf, der individuell gestaltet werden kann, zusammengebracht werden. Die Maßnahmen in unserem Modellprojekt entsprechen diesen Vorgaben. Dazu gehören auch, wie erwähnt, flankierende Schulungsangebote für nicht-autistische Personen und Unterstützungsangebote in den regionalen Wirtschaftsunternehmen im Sinne des »coaching on the job«. Hier zeigen Erfahrungen, dass gerade autistische Personen mit ihren häufig vorhandenen Eigenschaften wie Sorgfalt, Genauigkeit und Ehrlichkeit gut an verschiedenen Arbeitsplätzen integrierbar sind.

Schulungen der Arbeitgeber und Kollegen. Ebenso ist auch eine Schulung der Umgebung wichtig oder eine Begleitung der zu integrierenden Betroffenen, falls Schwierigkeiten am Arbeitsplatz auftauchen. Gerade Arbeitgeber sind wenig informiert über Stärken und Schwächen von Menschen mit Autismus. Es ist sinnvoll, eine professionelle Hilfe vor Ort anzubieten, die durch eine autismuskundige Person geleistet wird und die am Ort des Geschehens moderierend

und übersetzend eingreifen kann. Die individuelle Beratung und Unterstützung der Wirtschaftsunternehmen vor Ort am konkreten Arbeitsplatz lässt ein neues Verständnis für die spezifische Problematik von Menschen mit Autismus entstehen. Damit entsteht auch Raum für die aktive Mitgestaltung der eigenen beruflichen Perspektive durch die zu vermittelnde autistische Person selbst.
Gestaltung des Arbeitsplatzes. Damit verbunden sind natürlich auch bestimmte Bedürfnisse für die konkrete Gestaltung des Arbeitsplatzes. Allgemeine Regeln für einen »autismustypischen« Arbeitsplatz kann es natürlich genauso wenig geben, wie es »typische« Autisten gibt. Jeder Mensch ist anders und hat andere Bedürfnisse. Allerdings wird beispielsweise oft der Wunsch nach einem reizarmen Arbeitsplatz mit einem ruhigen Einzelarbeitsplatz geäußert, der idealerweise in einem abgegrenzten Raum untergebracht ist. Für viele ist es auch wichtig, dass die Arbeitsabläufe gut vorhersehbar sind und ständig wechselnde Anforderungen oder Arbeitsaufgaben nach Möglichkeit vermieden werden. Teamarbeit ist wie zu erwarten nicht attraktiv für Menschen mit Autismus (Proft, 2012).

6.5 Behandlung mit Medikamenten

Sozial kognitive Störungen

Dass eine Behandlung mit Medikamenten erst spät besprochen wird, liegt im Wesentlichen daran, dass der Kern der autistischen Störung mit medikamentösen Mitteln bis heute nicht beeinflusst werden kann, wenn man von experimentellen Therapien absieht, bei denen nicht absehbar ist, ob sie jemals eine Bedeutung für die konkrete Behandlung autistischer Personen gewinnen werden. Es gibt allerdings Einzeluntersuchungen, die versuchen, die sozial-kognitiven Fähigkeiten zu erreichen.
Bindungshormon Oxytocin. Viel Aufsehen haben hier Studien mit dem Neuropeptid Oxytocin erregt. Dabei handelt es sich um ein im Nervensystem vorkommendes, kurzes Eiweißmolekül. Oxytocin ist ein in der Evolution stabil vermittelter Stoff, der das frühe Bindungsverhalten, das Interesse und die Teilnahme an sozialen Interaktionen günstig beeinflusst. Die Verabreichung von Oxytocin an gesunde,

nicht-autistische Versuchspersonen kann die Bereitschaft, anderen Personen Vertrauen entgegen zu bringen und mit ihnen zu kooperieren, begünstigen. Auch einfache sozial kognitive Aufgaben werden besser bewältigt nach Oxytocingabe. So ließ sich in einer Studie an nicht-autistischen Versuchspersonen zeigen, dass es zu einer Verbesserung der Leistungen im »Reading the Mind in the Eyes Test« kam, bei dem Personen, von denen nur die Augenpaare sichtbar sind, eine bestimmte mentale Verfassung zugeschrieben werden muss (Domes et al., 2007).

Erste Studien zeigen auch Verbesserungen sozial kognitiver Fähigkeiten bei autistischen Personen: Sie zeigten in einzelnen Untersuchungen unter Oxytocingabe eine Verbesserung im Verständnis von Sprachäußerungen, die auch eine emotionale Information vermittelten, sich also beispielsweise fröhlich oder traurig anhörten. Interessanterweise ist auch eine Reduktion von stereotypem, repetitivem Verhalten berichtet worden. Wenn man die Befunde in diesem Forschungsbereich zur Kenntnis nimmt, entsteht insgesamt der Eindruck, dass Oxytocin einen »katalytischen«, also verstärkenden und betonenden Effekt auf bestehende Beziehungen hat, dass aber durch Oxytocin keine neuen Bindungen erzeugt werden können.

Da die genauen Wirkmechanismen noch nicht erforscht sind und auch wichtige Parameter der Behandlung, etwa zu Fragen der Nebenwirkungen oder Wirkdauer, noch nicht beantwortet sind, handelt es sich hier noch um einen rein experimentellen Zugang, bei dem sich auch durchaus herausstellen könnte, dass darauf keine sinnvolle Therapie für Menschen mit Autismus aufgebaut werden kann.

Begleiterkrankungen

Die Hauptanwendung von Psychopharmaka im Erwachsenenalter liegt sicher im Bereich der Behandlung von Begleiterkrankungen. Hier sind in erster Linie depressive Verstimmungen und Angststörungen zu nennen. Beide Erkrankungen sind begleitend sinnvoll psychopharmakologisch behandelbar.

Angst und Depression. Hier ist insbesondere eine Stoffgruppe auch bei autistischen Personen als besonders wirkungsvoll beschrieben. Dabei handelt es sich um »Selektive Serotonin-Wiederaufnahme-Hemmer« (»selective serotonine reuptake inhibitor«, SSRI). Serotonin ist ein Überträgerstoff, der an einer »Umschaltstelle« einer Nervenzelle, einer Synapse, ausgeschüttet wird und an einer nicht weit entfernten Nervenzelle eine Veränderung auslöst und eine Information weiterleiten kann. Nicht benötigter, aber bereits von der ersten Nervenzelle ausgeschütteter Überträgerstoff wird in einer Art »Recycling«-Verfahren von der ersten ausschüttenden Nervenzelle wieder aufgenommen. Die Stoffgruppe der SSRI hemmt nun genau diese Rückaufnahme und erhöht so die Konzentration von Serotonin im synaptischen Spalt. Die Konzentration von Serotonin ist nachweisbar erniedrigt bei den genannten Begleiterkrankungen, und SSRI können diese Störungen wirkungsvoll und nebenwirkungsarm behandeln. Es liegen übrigens auch Studien zur Anwendung von SSRI vor, die eine positive Wirkung auf stereotype und ritualisierte Handlungsabläufe zeigen. SSRI sind Medikamente, die eine Antriebssteigerung bewirken. Das ist bei antriebsarmen oder gehemmten depressiven Syndromen durchaus eine erwünschte Wirkung. Vorsicht ist bei Personen geboten, die sich mit Gedanken an Selbstmord tragen. Typische Nebenwirkungen, die daraus erwachsen können, sind Schlafstörungen und motorische Unruhe.

Fachpsychiatrische Betreuung. Gerade depressive Syndrome und Angststörungen sind auch eine wichtige Aufgabe für psychotherapeutische Hilfen. Eine angemessene Anwendung von verschiedenen Therapieverfahren einschließlich der Pharmakologie muss einer individuellen fachpsychiatrischen Betreuung vorbehalten bleiben.

Fehlverhalten

Besonders wichtig sind psychopharmakologische Behandlungsversuche bei sogenanntem maladaptiven oder fehlangepassten Verhalten. Darunter ist insbesondere Hyperaktivität und aggressives Verhalten, das sich gegen die eigene Person und gegen andere richten kann, zu verstehen. Die Reduktion von maladaptivem Verhalten kann ein adäquates Ziel einer psychopharmakologischen Behandlung sein. Dies ermöglicht den betroffenen Personen eine Verbesserung von Begleitsymptomen wie (auto)aggressives Verhalten, Hyperaktivität, Impulsivität, stereotypes und repetitives Verhalten. Außerdem wird durch die Reduktion des fehlangepassten Verhaltens auch der Ertrag aus psychotherapeutischen Angeboten gesteigert.

Aggressives Verhalten und Hyperaktivität. Insbesondere Hyperaktivität und (auto)aggressives Verhalten können von der Gabe sogenannter atypischer Neuroleptika profitieren. Neuroleptika bezeichnen eine Stoffgruppe, die üblicherweise bei der Behandlung von Psychosen zur Anwendung kommen; atypisch bezieht sich darauf, dass diese Medikamente um eine wichtige Nebenwirkung (Bewegungsstörungen) bereinigt sind: Atypische Neuroleptika haben im Vergleich zu »klassischen« oder »typischen« Neuroleptika eine geringere Gefahr, akute oder später eintretende Bewegungsstörungen auszulösen. Die meisten Erfahrungen liegen für Risperidon vor, das in vielen Fällen eine günstige Wirkung auf (auto)aggressives und auch stereotypes Verhalten hat. Oft sind schon niedrige Dosierungen gut wirksam. Im Hinblick auf das Zielsymptom Aggressivität ließ sich zeigen, dass fünf Medikamente wirksam waren (Tianeptin, Methylphenidat, Risperidon, Clonidin und Naltrexon), dabei ließen sich nur für Risperidon und Naltrexon auch Wirkeffekte in unabhängigen Studien wiederholt nachweisen. Auch bei dem Symptom von repetitiven und stereotypen Verhaltensweisen oder Interessen ist Risperidon in der Lage, Verbesserungen zu erzeugen. Allerdings zeigen sich keine Veränderungen im Bereich der sozialen Interaktion oder Kommunikation. Daneben wird auch von anderen atypischen Neuroleptika wie Olanzapin, Ziprasidon, Quetiapin oder Aripiprazol eine Besserung berichtet.

Aufmerksamkeitsdefizit-/Hyperaktivitätssyndrom. Darüber hinaus kommen auch Substanzen anderer Stoffgruppen zum Einsatz. In einer multizentrischen Studie zum Zielsymptom Hyperaktivität konnte in der Behandlung von Kindern und Jugendlichen mit tiefgreifenden Entwicklungsstörungen im Alter von fünf bis 14 Jahren eine Besserung mit dem Psychostimulans Methylphenidat erreicht werden. Psychostimulanzien wie Methylphenidat oder Amphetamin sind allgemein hilfreich, wenn zusätzlich zur autistischen Symptomatik ein Aufmerksamkeitsdefizit-/Hyperaktivitätssyndrom vorliegt. Dies gilt wiederum in erster Linie für Kinder mit Asperger-Syndrom. Es gibt aber auch Studien, die eine gute Wirksamkeit von Psychostimulanzien bei Frühkindlichem Autismus nachweisen (Zur Unterscheidung der unterschiedlichen Autismus-Formen siehe Abschn. 3.3).

6.6 Wirksamkeit von Therapien

Eine ganz wichtige, noch offene Frage betrifft die Frage nach der Wirksamkeit der einzelnen Therapiemaßnahmen. Davon hängt ja maßgeblich ab, für welches Verfahren man sich als Betroffener letztlich entscheidet. Die solide Beantwortung dieser Frage würde aber zunächst erfordern, dass verlässliche Daten zum sogenannten Spontanverlauf autistischer Störungen vorliegen. Mit Spontanverlauf ist damit der von jeglichen Therapiemaßnahmen unabhängige Verlauf einer (autistischen) Störung gemeint.

Andauern oder Besserung von Symptomen? Empirische Belege zeigen bisher noch kein einheitliches und vor allem kein systematisch untersuchtes Bild zum Verlauf von autistischen Störungen und richten sich oft auf nur kleine, zeitliche Abstände im Verlauf von wenigen Jahren, meist im Kindes- und Jugendalter. In einer retrospektiven Analyse von privat hergestelltem Filmmaterial von Personen, bei denen später eine Autismus-Spektrum-Störung diagnostiziert wurde, ließen sich bereits im ersten Lebensjahr bei über 80 Prozent der beobachteten Personen sichere Zeichen einer autistischen Störung zeigen. Studien im Kindesalter zeigen im Wesentlichen konstant bleibende Störungsmuster im Bereich der Interaktion und Kommunikation, allenfalls mit einer nur geringen Verbesserung mit zunehmendem Alter. Fehlangepasstes Verhalten scheint dagegen häufig bis zum Erwachsenenalter unverändert anzuhalten und korreliert auch mit der Ausprägung autistischer Symptome.

Eine auf das Erwachsenenalter gerichtete, allerdings methodisch angreifbare Untersuchung von Piven und Mitarbeitern aus dem Jahr 1996, die auf einer Befragung autistischer Personen an nur einem Zeitpunkt beruhte und die aktuelle Verfassung und die Verfassung fünf Jahre vor der Befragung zu erfassen suchte, zeigte Hinweise für Verbesserungen über den Zeitverlauf autistischer Störungen am Übergang zum Erwachsenenalter (Piven et al., 1996). In Einzelfällen ließ sich sogar eine derartige spontane Verbesserung der sozialen und kommunikativen Störungen zeigen, dass zum zweiten Zeitpunkt die diagnostischen Kriterien nicht mehr erfüllt wurden.

Aus klinischen Beobachtungen und dem Bedürfnis nach Spezialsprechstunden für Erwachsene wird aber deutlich, dass eine Autismus-Spektrum-Störung oft erst im Erwachsenenalter bekannt werden kann, auch wenn die Störung bereits lebenslang besteht. Es erscheint wahrscheinlich, dass über die Lebensspanne auch eine Verbesserung über kompensatorisches Lernen sozialer Verhaltensweisen eintritt, sodass in Abwesenheit impliziter sozialer Fertigkeiten durchaus explizite soziale Fertigkeiten ausgebildet werden können. Bisher fehlen jedoch systematische Untersuchungen zum Verlauf von Autismus-Spektrum-Störungen im Erwachsenenalter, sie sind damit eine dringende Forschungsaufgabe für die Zukunft.

7 Anders sein

Wesensunterschiede. Auch wenn ich mit dem Buch versuche, eine Brücke zwischen Menschen mit und ohne Autismus zu schlagen, bleiben wesentliche Unterschiede zwischen dem Erleben und Verhalten von Menschen mit Autismus und Menschen ohne Autismus bestehen. Dieser Unterschied ist meines Erachtens aus zwei Gründen fundamental und von entscheidender Bedeutung. Der erste Grund liegt darin, dass autistische Menschen ihre besondere Verfassung gewissermaßen von Geburt an haben und sie auch über ihr ganzes Leben behalten. Der zweite Grund bezieht sich auf die »doppelte Unsichtbarkeit« (Abschn. 2.7), also die Tatsache, dass wir die Unterschiede zwischen uns Nichtautisten einerseits und Menschen mit Autismus andererseits üblicherweise gar nicht wahrnehmen, sodass Missverständnisse entstehen, die wir uns nicht erklären können.

Verfassung oder Störung. Bezugnehmend auf das zitierte Krankheitskonzept (Abschn. 3.1) könnte man auch sagen, dass es zwar wesentliche Unterschiede in der sozial kognitiven Ausstattung von Menschen gibt, abhängig davon, ob eine autistische Verfassung vorliegt oder nicht. Ob wir aber den Status einer psychischen Krankheit oder Störung zuschreiben, hängt darüber hinaus davon ab, ob zusätzlich auch subjektives Leiden im Sinne des Krankseins und/oder eine Einschränkung in der sozialen oder kulturellen Teilhabe bestehen (Heinz, 2014). Diese Definition finde ich sehr hilfreich, weil sie erlaubt, Menschen mit einer autistischen Verfassung, die nicht unter ihrer Verfassung leiden und auch nach ihren Wünschen sozial, gesellschaftlich und kulturell integriert sind von Menschen mit einer autistischen Störung, die eben sehr wohl leiden oder schlecht integriert sind, zu unterscheiden. Auf der Grundlage dieses Konzepts können wir tatsächlich Menschen mit autistischen Verfassungen und Menschen mit autistischen Störungen differenzieren. Diese Differenzierung ist praktisch wichtig, denn sie findet sich auch im Alltag unserer Ambulanz wieder, weil wir sowohl auf autistische Menschen treffen, die eher ein akademisches Interesse daran haben, ob ihre eigene Verfassung die Kriterien einer Autismus-Spektrum-Störung erfüllt und aber keinen weiteren Hilfebedarf anmelden, als auch auf autistische Menschen, die aus verschiedenen Gründen in großer Not und hilfsbedürftig sind.

Autonomie. Ob Personen mit autistischen Merkmalen Krankheitsstatus zugeschrieben bekommen sollen, kann nicht ausschließlich aus der Außenperspektive entschieden werden. Es wäre vermessen, unsere eigenen nicht-autistischen Maßstäbe unreflektiert auf Personen zu übertragen, die eine fundamental andere kognitive Ausstattung als wir Nichtautisten aufweisen. Hier zeigt sich auch die kulturelle Prägung unseres Krankheitsbegriffs, der auch schon angedeutet wurde (Abschn. 3.1 und 3.2). Ich möchte betonen, dass ich weit davon entfernt bin, autistische Verfassungen zu »romantisieren«. Es handelt sich bei autistischen Menschen in jedem Fall um Menschen, die nur mit einem hohen Grad an Anstrengungen Kontakte zu anderen Menschen aufnehmen und aufrechterhalten können und – wie gesagt – in vielen Fällen auch in Not und hilfsbedürftig sind. Ob sie aber in Not und hilfsbedürftig sind, müssen die betroffenen Personen maßgeblich mitbestimmen können.

Bis hierhin ist dieses Buch aus Sicht eines nicht-autistischen Psychiaters über Menschen mit Autismus geschrieben. Mir ging es dabei um eine angemessene Darstellung unserer kommunikativen Fähigkeiten und wie sie bei Menschen mit Autismus verändert sind. Ich habe mich dann mit Aspekten des Krankheitsbegriffs in der Psychiatrie, der Diagnosestellung von Autismus-Spektrum-Störungen und Möglichkeiten der Unterstützung von Menschen mit Autismus beschäftigt. Überwiegend ging es um die Darstellung von Defiziten, ihrer Diagnose und Möglichkeiten, wie Abhilfe geschaffen werden kann. Dabei bleiben zwei Aspekte außer Acht, die ich am Schluss noch ansprechen möchte. Es handelt sich zum einen um das eigene Identitätserleben von Menschen mit Autismus, zum anderen um die Aufgabe der nicht-autistischen Teile unserer Gesellschaft, sich mit Autismus als einer Variante von Andersartigkeit, die wir eben unter uns Menschen vorfinden, zu beschäftigen.

7.1 Eigene Identität

Individualität

Wir alle sind »anders«, jeder auf seine Art. Jeder von uns hat eine individuelle, genetische Ausstattung und eine individuelle Lebensgeschichte, die unsere Persönlichkeit oder unseren Charakter formen. Da kein Mensch exakt das gleiche Leben führt wie ein anderer, sind auch die Erfahrungen jedes Menschen unterschiedlich und individuell. Man könnte auch sagen, wir können also gar nicht anders als anders zu sein. Dies gilt erst recht für Menschen, die in ihrem Erleben und Verhalten von der Norm der anderen oder der meisten abweichen, also auch für Menschen mit autistischen Verfassungen oder Menschen mit autistischen Störungen. Auch wenn es sinnvoll sein kann, bestimmte Erlebnisweisen als Normabweichungen zu definieren, so ist dennoch jeder einzelne Mensch ein Individuum, bei dem die Störungsphänomene oder Symptome unterschiedlich ausgeprägt sein werden. Jeder Einzelne, der von diesen Störungsphänomenen betroffen ist, wird unterschiedlich mit diesen umgehen. Selbst wenn wir also zum Zweck der Klassifikation Symptome psychischer Störungen gruppieren, um daraus Diagnosen abzuleiten, kann das nicht darüber hinwegtäuschen, dass wir es immer mit einzelnen, individuellen Menschen zu tun haben, die von dieser Störung betroffen sind. »Den Autisten« gibt es ebenso wenig wie »den Schizophrenen« oder »den Depressiven«, übrigens genauso wenig, wie es »den Nichtautisten« schlechthin geben kann.

Auswirkungen der Diagnosestellung. Als letzte empirische Untersuchung aus unserer eigenen Arbeit möchte ich eine weitere offene Befragung von Menschen mit Autismus vorstellen, die sich mit dem Erleben von Identität beschäftigt hat. Sie erfolgte unter dem besonderen Aspekt, wie die Diagnosestellung einer Autismus-Spektrum-Störung die eigene Identität von Menschen mit Autismus verändert hat (Schoofs, 2015). Dazu hat Theresa Schoofs in ihrer Masterarbeit 38 Personen mit 25 Männern und 13 Frauen mit Autismus-Spektrum-Störung aus unserer Ambulanz befragt. Es handelte sich um eine Stichprobe mit einem mittleren Alter von etwa 45 Jahren, bei denen die Diagnose im Mittel etwas über vier Jahre zurück lag. Die

Antworten ließen sich in vier Gruppen ordnen. Dabei handelte es sich um:
▶ Auswirkungen der Diagnose auf die persönliche Entwicklung und Identitätsfindung;
▶ Auswirkungen der Diagnose auf Interaktionen und das soziale Umfeld;
▶ Auswirkungen der Diagnose auf die berufliche Situation;
▶ Erfahrungen mit Ämtern / Behörden / Institutionen nach der Diagnosestellung.

Als Hauptergebnisse ließen sich formulieren, dass die Auswirkungen auf die persönliche Entwicklung und Identitätsfindung überwiegend positiv erlebt wurden mit einem besseren Selbstverständnis und besseren Kenntnissen der eigenen Kompetenzen, mit einer Stärkung des Selbstwerts und der eigenen Akzeptanz. Die Auswirkungen auf Interaktionen mit anderen wurden auch in der Mehrzahl positiv bewertet. Im beruflichen Sektor waren die Erfahrungen gemischt, hier zeigten sich sowohl häufig Veränderungen als auch Möglichkeiten zur Optimierung des bestehenden Arbeitsverhältnisses oder berufliche Neuorientierung. Die Erfahrungen mit Institutionen waren zum größten Teil schlecht, insofern, als Menschen mit Autismus hier weitgehend auf Unwissenheit getroffen waren.

Das bedeutet, dass – soweit man aus dieser wissenschaftlichen Außenperspektive sagen kann – die Diagnosestellung für die betroffenen Personen selbst einen positiven Effekt hat, wenngleich die Konsequenzen, die sie nach der Diagnosestellung am Arbeitsplatz gezogen haben, gemischt sind und die Unterstützung durch Institutionen mangels Wissen noch einiges zu wünschen übrig lässt.

7.2 Akzeptanz in der Gesellschaft

Der Zweck dieses Buches, eine möglichst große Leserschaft über das Erleben autistischer Personen zu informieren und erste Informationen über den medizinischen Umgang mit Autismus zu liefern, wäre aber aus meiner Sicht nicht ganz erfüllt, wenn wir nicht gemeinsam zuletzt die Aufmerksamkeit auch auf die Aspekte des Umgangs, der Umgebung und der Umwelt autistischer Menschen richten würden.

Anders sein als Störung

Die »doppelte Unsichtbarkeit«. Die wichtigste Aufgabe im Umgang mit autistischen Personen ist wohl die, dem anderen menschlich zu begegnen und ihn in seiner Andersheit zu respektieren. Erst damit scheint mir eine wichtige Voraussetzung gegeben, die uns überhaupt erst erlaubt, mit dem anderen in einen angemessenen Kontakt zu kommen und sein inneres Erleben zu verstehen. Das gilt natürlich für alle psychiatrisch relevanten Störungen im Allgemeinen. Bei autistischen Störungen finden die entscheidenden Dinge auf einer für uns unsichtbaren Ebene statt, das ist ausführlich im Abschnitt 2.8 beschrieben. Oft entsteht dann im Umgang mit autistischen Personen ein Eindruck von Arroganz oder Hochnäsigkeit, der auch manchen den Arbeitsplatz kostet, weil die Auseinandersetzung mit Kollegen oder Vorgesetzten nicht den üblichen sozialen Regeln gehorcht hat. Arroganz oder Besserwisserei wird mit einem ungewöhnlich hohen Maß an Offenheit und Ehrlichkeit verwechselt.

Lebenslanges Anders sein. Autistische Störungen sind lebenslange Störungen. Sie sind zwar in gewissen Grenzen therapeutischen Bemühungen zugänglich, mindestens ein Kern an autistischen Eigenschaften wird aber bei den betroffenen Personen weiter bestehen bleiben. Das Fehlen eines solchen »Kontrastes« zwischen einer Phase der Störung und einer Phase der Nichtbetroffenheit macht es bei autistischen Störungen schwierig, überhaupt eine Störung zu erkennen – im Gegensatz zu Erkrankungen, bei denen sich Störungsphasen mit gesunden Phasen abwechseln. Autistische Menschen können sich ein nicht-autistisches Leben gar nicht vorstellen, die autistische Person ist schon immer autistisch gewesen. Eigenarten und Vorlieben werden immer als zu sich zugehörig erlebt, auch dann, wenn sie autistisch sind und Irritationen bei der Umwelt auslösen. Das bedeutet aber auch, dass diese Personen einen hohen Grad an Akzeptanz benötigen und wir nicht einfach »das Autistische« – bildlich gesprochen – wie einen Klebefilm abziehen können, um darunter dann die »eigentliche«, autismusfreie Person vorzufinden. Das wiederum impliziert nicht, dass nicht therapeutisch einiges Sinnvolle für den Personenkreis getan werden kann, sondern nur, dass diese therapeutischen Bemühungen Grenzen haben, die es zu akzeptieren gilt. Sind diese Grenzen der therapierbaren und therapiewürdigen Eigenschaft erreicht, beginnt die Auseinandersetzung der Umwelt und der Angehörigen mit dem Thema, vor allem, was den angemessenen Umgang mit autistischen Personen betrifft.

Anders sein als Chance
Es ist nicht automatisch glückbringend oder wünschenswert, autistisch zu sein. Es ist aber auch nicht automatisch ein Umstand, der immer zur Verzweiflung führen muss. Vielmehr gibt es auch eine Vielzahl von Stärken, die sowohl im Privatleben als auch im Berufsleben beachtet werden sollten und die dort nützlich sein können. Möglicherweise lassen sich dann Überlegungen formulieren, die als Anregungen zu verstehen sind, in welcher Weise wir lernen könnten, mit autistischen Personen umzugehen.
Ehrlichkeit. So wie autistische Personen manchen vielleicht »zu offen« erscheinen und ihre Meinung »zu direkt« vertreten, so ist doch zu berücksichtigen, dass es ihre Grundeigenschaft, die Ehrlichkeit, ist, die sie dazu veranlasst. Ehrlichkeit ist aber durchaus eine sehr hoch bewertete Eigenschaft, sowohl am Arbeitsplatz als auch in Partnerschaften, an denen autistische Menschen teilhaben. Autistische Menschen lügen in aller Regel nicht, sie wissen gar nicht, warum überhaupt gelogen werden sollte, da das Lügen die Dinge nur komplizierter macht als sie ohnehin schon sind. Autistische Menschen vertreten also oft auf eine sehr ehrliche Art und Weise ihre eigene Meinung, auch im Hinblick auf Partner oder Berufskollegen, was zu Schwierigkeiten führen kann. Hilfreich ist auch hier, sich über die »dahinter« liegende Motivation klar zu werden. Selbst wenn eine Äußerung sehr kritisch und vielleicht auch unfreundlich klingt, so geht es doch in aller Regel lediglich um die angesprochenen Sachinhalte, aber nicht darum, die kritisierte Person zu kränken.
Genauigkeit. Autistische Personen sind häufig sehr genau und besitzen oft beeindruckende Kenntnisse über bestimmte Spezialgebiete. Das ist besonders im Arbeitsalltag eine erwünschte Eigenschaft, so lange sie nicht übermäßig viel Zeit kostet. Selbst wenn eine Person aber besonders lange für einen Arbeitsauftrag benötigt, den aber sehr sorgfältig bearbeitet, so kann dies von Vorteil sein und etwa Kontrollabläufe reduzieren oder vermeidbar machen. Der Zusammen-

hang von einer bestimmten Ausprägung von Talenten und autistischen Zügen bis zur Ausprägung von sogenannten »Savants« (französisch »Gelehrte« oder »Wissende«), die über ganz herausragende Sonderbegabungen (z. B. fotografisches Gedächtnis) verfügen, ist aber bisher empirisch noch nicht gründlich untersucht.
Verlässlichkeit. Autistische Personen sind sehr verlässlich und einmal eingegangene Verabredungen werden eingehalten. Auch wenn die Initiierung, die Entwicklung und Aufrechterhaltung von Freundschaften autistischen Betroffenen oft schwer fällt, ist der hohe Grad an Verlässlichkeit sicher ein Aspekt, der es auch sehr wertvoll macht, mit autistischen Personen Austausch zu haben und vielleicht auch Freundschaften zu unterhalten.

Austausch mit anderen

Die betroffenen Personen leben schon viele Jahre mit ihren Schwierigkeiten und haben sich mehr oder weniger hilfreiche Strategien gesucht und angeeignet, um ihren sozialen Alltag so gut wie möglich zu bestreiten und um so wenig wie möglich aufzufallen. Paradoxerweise kann es sogar so sein, dass auf den ersten Blick die Schwierigkeiten im sozialen Umgang mit anderen gar nicht erkennbar sind. Es ist also nicht unmöglich, mit autistischen Menschen auch Kontakt aufzunehmen, er wird aber sicher anders als zu nicht-autistischen Menschen sein. So sind autistische Menschen stärker als andere darauf angewiesen, sich verbal und explizit zu unterhalten, also direkt in Austausch zu treten und nicht über den Umweg nonverbaler Kommunikation zu gehen.
Interessen teilen. Hier liegt auch eine Chance im Umgang mit autistischen Personen. Vielleicht lässt sich aus mancher Spezialbegabung autistischer Menschen ein gemeinsames Hobby machen, oder man entwickelt gemeinsam Ideen dafür, wie die Kenntnisse und Fähigkeiten des autistischen Partners »gewinnbringend« und nutzbringend für eigene Interessen eingebracht werden können.
Autistische Interessen. Autistische Menschen haben offenbar andere Interessen als nicht-autistische Menschen. Diese Interessenslagen können wir nicht erraten, sondern sie müssen erfragt werden. Denkbar wäre hier, eine Art Gesprächskultur zu entwickeln, bei der sich die Partner, die sich verständigen wollen, ganz bewusst mit dem Ziel

des Austauschs derartiger Fragen zu Gesprächsterminen treffen, die durchaus kurz sein können, aber bestimmten Regeln folgen sollten.

Autistische Personen sind auch humorvolle Menschen. Dass Nichtautisten oft nicht den gleichen Humor teilen, heißt nur, dass wir ihn bei autistischen Menschen nicht wahrnehmen können.

Dem Schweigen und dem Aufgeben eines gewöhnlichen, alltäglichen Plauderns kommt eine ganz besondere Bedeutung zu. Vielleicht können nicht-autistische Menschen auch lernen, dass Schweigen nicht immer nur eine Missachtung des anderen und unhöflich ist, sondern dass Schweigen vielmehr auch konstruktiv sein kann und eben ein Zeichen des Nachdenkens ist, das uns zu neuen Einsichten führt, die dann wieder mit dem anderen ausgetauscht werden können. Natürlich ist dauerhaftes Schweigen keine gute Basis für eine berufliche, freundschaftliche oder partnerschaftliche Beziehung, aber es bedeutet nicht immer, dass ich dem anderen den Kontakt verweigere, sondern kann auch bedeuten, dass es aktuell nichts Wichtiges zu sagen gibt.

Beispiel

»Wäre es nicht schön, wenn jeder schwiege?«
(Brauns, 2004, S. 273)

Danksagungen

Zuallererst möchte ich mich bei den autistischen Personen selbst bedanken, die ich in den letzten Jahren der Tätigkeit im Rahmen unserer Spezialambulanz kennenlernen durfte und die das Vertrauen hatten, uns gegenüber ihre persönlichen Erlebnisse und Lebensgeschichten darzustellen. Ohne ihre Offenheit uns gegenüber in vielen Gesprächen hätten wir diese Kenntnisse und Einsichten, die die Grundlage für dieses Buch darstellen, gar nicht erreichen oder bekommen können.

An zweiter Stelle bin ich bis heute in ganz besonderer Weise Claus Lechmann dankbar, dem Leiter des Autismus-Therapie-Zentrum (ATZ) Köln. Er hat mich vor etwa zehn Jahren um Mithilfe bei der Diagnosestellung und Betreuung von erwachsenen autistischen Personen gebeten, und ich habe damals zugesagt, ohne zu wissen, dass mich das Phänomen Autismus in den folgenden Jahren bis heute so nachhaltig beschäftigen würde. Ohne ihn hätte ich mich vielleicht nie mit dem Thema Autismus beschäftigt. Die langjährige Autismusexpertin Inge Kamp-Becker (Marburg) und Claus Lechmann haben uns zu Beginn der Etablierung unserer Spezialambulanz substanziell unterstützt mit ihren Kenntnissen und Erfahrungen. Ohne diese beiden Personen wäre die Spezialambulanz in Köln nicht entstanden.

Weiterhin bin ich all denen Personen dankbar, die mich bei der Gestaltung und Durchführung der Spezialambulanz für Autismus im Erwachsenenalter seit 2005 bis heute unterstützt haben oder es noch tun. Dazu gehörten oder gehören: Maria Dohlhausen, Nicole David, Christine Falter, Astrid Gawronski, Alexandra-Livia Georgescu, Wolfgang Huff, Esther Jacobi, Mathis Jording, Katharina Krämer, Hanna Kockler, Bojana Kuzmanovic, Fritz-Georg Lehnhardt, Kathleen Pfeiffer, Julia Proft, Leonhard Schilbach, Theresa Schoofs, Ralf Tepest, Tabea von der Lühe, Birte Wienen. Sehr hilfreich waren und sind weiterhin die zahlreichen Studierenden, die uns aus ihren Studiengängen der Medizin, Psychologie und der Neurowissenschaften aufsuchen, um bei uns klinische oder wissenschaftliche Praktika zu absolvieren und zum Teil auch ihre akademischen Qualifikationsarbeiten bei uns bearbeiten. Im Hintergrund hat durchgängig Joachim Klosterkötter, Direktor der Klinik und Poliklinik für Psychiatrie und Psychotherapie der Uniklinik Köln bis 2014, das Projekt organisatorisch maßgeblich unterstützt und mir vor allem den Freiraum zugestanden, hier einen eigenen Arbeitsschwerpunkt zu entwickeln. Frank Jessen, sein Nachfolger im Amt, unterstützt unsere Arbeit weiter nach Kräften, wofür ich ebenfalls sehr dankbar bin.

Unsere Bemühungen um die berufliche Integration von Menschen mit Autismus, die wir zusammen mit Füngeling Router gGmbH (Köln) durchführen, werden großzügig finanziell vom Landschaftsverband Rheinland (LVR) unterstützt. Die weitere wissenschaftliche Arbeit wird von verschiedenen öffentlichen Institutionen durch Drittmittel unterstützt (Bundesministerium für Bildung und Forschung, Deutsche Forschungsgemeinschaft, Exzellenzinitiative des Bundes und der Länder, Europäische Union, Volkswagen Stiftung).

Nicht zuletzt danke ich auch sehr herzlich den Mitarbeiterinnen des Beltz Verlages, die für das Zustandekommen dieses Buches verantwortlich sind. Die Verlagsleiterin Svenja Wahl hat die Idee des Buches vor Jahren mit mir besprochen und ließ sich davon überzeugen, dass es ein erfolgreiches Projekt werden könnte und hat mich nun um Überarbeitung des Buches für die zweite Auflage gebeten. Antje Raden hat sehr sorgfältig die zweite Auflage des gesamten Buches lektoriert und immer wieder das Augenmerk auf die Zielgruppe der Leser gelegt und so dazu beigetragen, dass es ein lesbares und verständliches Buch geworden ist.

Literaturempfehlungen

Im Buch zitierte Literatur

APA (American Psychiatric Association) (2015 / 2013). Diagnostisches und Statistisches Manual Psychischer Störungen DSM-5 (Hrsg. von Falkai, P. & Wittchen, H. U.). Göttingen: Hogrefe.

Asperger, H. (1944). Die »Autistischen Psychopathen« im Kindesalter. Archiv für Psychiatrie und Nervenkrankheiten 117, 76–136.

Aspies, Ed. (2010). Risse im Universum. Autismus. Studien, Materialien und Quellen. Berlin: Weidler.

Baron-Cohen, S. & Wheelwright, S. (2004). The empathy quotient (EQ). An investigation of adults with Asperger syndrome or high functioning autism, and normal sex differences. Journal for Autism and Developmental Disorders 34, 163–175.

Baron-Cohen, S., Richler, J., Bisarya, D., Gurunathan, N. & Wheelwright, S. (2003). The systemizing quotient (SQ): an investigation of adults with Asperger syndrome or high functioning autism and normal sex differences. Philosophical Transactions of the Royal Society 358, 361–374.

Baron-Cohen, S., Wheelwright, S., Robinson, J. & Woodbury-Smith, M. (2005). The Adult Asperger Assessment (AAA): A Diagnostic Method. Journal of Autism and Developmental Disorders 35, 807–819.

Baron-Cohen, S., Wheelwright, S., Skinner, R., Martin, J. & Clubley, E. (2001). The Autism-Spectrum Quotient (AQ): Evidence From Asperger Syndrome / High-Functioning Autism, males and females, scientists and mathematicians. Journal for Autism and Developmental Disorders 31, 5–17.

Bente, G., Donaghy, W. C. & Suwelack, D. (1998). Sex differences in body movement and visual attention: an integrated analysis of movement and gaze in mixed-sex dyads. Journal of Nonverbal Behavior 22, 31–58.

Brauns, A. (2004). Buntschatten und Fledermäuse. Mein Leben in einer anderen Welt. München: Goldmann.

Domes, G., M., Heinrichs, M., Michel, A., Berger, C. & Herpertz, S. (2007). Oxytocin improves »Mind-Reading« in Humans. Biological Psychiatry 61, 731–733.

Dziobek, I., Fleck, S., Kalbe, E., Rogers, K., Hassenstab, J., Brand, M., Kessler, J., Woike, J. K., Wolf, O. T. & Convit, A. (2006). Introducing MASC: a movie for the assessment of social cognition. Journal for Autism and Developmental Disorders 36, 623–636.

Ecker, C., A., Marquand, A., Mourao-Miranda, J., Johnston, P., Daly, E. M., Brammer, M. J., Maltezos, S., Murphy, C. M., Robertson, D., Williams, S. C. & Murphy, D. G. M. (2010). Describing the brain in Autism in five Dimensions – Magnetic resonance imaging-assisted diagnosis of Autism Spectrum Dis-

order using a multiparameter classification approach. Journal of Neuroscience 30, 10612–10623.
Ekman, P., Friesen, W. & Ancoli, S. (1980). Facial signs of emotional experience. Journal of Personality and Social Psychology 39, 1125–1134.
Frazier, T. W., Youngstrom, E. A., Speer, L., Embacher, R., Law, P., Constantino, J., Findling, R. L., Hardan, A. Y. & Eng, C. (2012). Validation of proposed DSM-5 criteria for Autism Spectrum Disorder. Journal of the American Academy of Child and Adolescent Psychiatry, 51, 28–40.
Freeth, M., Chapman, P., Ropar, D. & Mitchell, P. (2010). Do gaze cues in complex scenes capture and direct the attention of high functioning adolescents with ASD? Evidence from eye-tracking. Journal of Autism and Developmental Disorder 40, 534–547.
Freitag, C. M., Staal, W., Klauck, S. M., Duketis, E. & Waltes, R. (2010). Genetics of autistic disorders: review and clinical implications. European Child Adolescence Psychiatry 19, 169–178.
Frith, U. (2003). Autism: Explaining the enigma. Oxford: Basil Blackwell.
Gallese, V., Fadiga, L., Fogassi, L. & Rizzolatti, G. (1996). Action recognition in the premotor cortex. Brain 119, 593–609.
Gawronski, A., Georgescu, A., Kockler, H., Kuzmanovic, B., Lehnhardt, F. G. & Vogeley, K. (2011). Erwartungen an eine Psychotherapie von erwachsenen Personen mit einer Autismus-Spektrum-Störung. Fortschritte der Neurologie und Psychiatrie, 79, 647–654.
Gawronski, A., Pfeiffer, K. & Vogeley, K. (2012). Hochfunktionaler Autismus im Erwachsenenalter. Verhaltenstherapeutisches Gruppenmanual. Weinheim: Beltz.
Georgescu, A. L., Kuzmanovic, B., Schilbach, L., Tepest, R., Kulbida, R., Bente, G. & Vogeley, K. (2013). Neural correlates of »social gaze« processing in high-functioning autism under systematic variation of gaze duration. Neuroimage: Clinical, 3, 340–351.
Georgescu, A. L., Kuzmanovic, B., Roth, D., Bente, G. & Vogeley, K. (2014). The use of virtual characters to assess and train nonverbal communication in high-functioning autism. Frontiers in Human Neuroscience, 8, 807.
Gillberg, C., Råstam, M. & Wentz, E. (2001). The Asperger Syndrome (and high-functioning autism) Diagnostic Interview (ASDI): a preliminary study of a new structured clinical interview. Autism, 5, 57–66.
Glatzel, J. (1977). Das psychisch Abnorme. Kritische Ansätze zu einer Psychopathologie. München: Urban & Schwarzenberg.
Heider, F. (1977 / 1958). Psychologie der interpersonalen Beziehungen. Stuttgart: Klett.
Heinz, A. (2014). Der Begriff der psychischen Krankheit. Frankfurt: Suhrkamp.
Jones, W., Carr, K. & Klin, A. (2008). Absence of preferential looking to the eyes of approaching adults predicts level of social disability in 2-year-old toddlers with autism spectrum disorder. Archives of General Psychiatry, 65, 946–954.
Kanner, L. (1943). Autistic disturbances of affective contact. The Nervous Child, 2, 217–250.

Krämer, K., Gawronski, A., Falter, C. & Vogeley, K. (2015). Die »doppelte Unsichtbarkeit« autistischer Störungen und ihre Herausforderungen für Psychotherapeuten und Angehörige. Psychotherapeutenjournal, 3, 231–239.

Kuzmanovic, B., Georgescu, A., Eickhoff, S., Shah, N., Bente, G., Fink, G. R. & Vogeley, K. (2009). Duration matters. Dissociating neural correlates of detection and evaluation of social gaze. Neuroimage, 46, 1154–1163.

Kuzmanovic, B., Schilbach, L., Lehnhardt, F. G., Bente, G. & Vogeley, K. (2011). A matter of words: Impact of verbal and nonverbal information on impression formation in high-functioning autism. Research in Autism Spectrum Disorders, 5, 604–613.

Kuzmanovic, B., Schilbach, L., Georgescu, A., Kockler, H., Santos, N., Shah, N. J., Bente, G., Fink, G. R. & Vogeley, K. (2014). Dissociating animacy processing in high-functioning autism: neural correlates of stimulus properties and subjective ratings. Soc Neurosci, 9, 309–325.

Lehnhardt, F., Gawronski, A., Volpert, K., Schilbach, L., Tepest, R., Huff, W. & Vogeley, K. (2011a). Autismus-Spektrum-Störungen im Erwachsenenalter: klinische und neuropsychologische Befunde spätdiagnostizierter Asperger-Syndrome. Fortschritte der Neurologie und Psychiatrie, 79, 290–297.

Lehnhardt, F. G., Gawronski, A., Volpert, K., Schilbach, L., Tepest, R., Huff, W. & Vogeley, K. (2011b). Das psychosoziale Funktionsniveau spätdiagnostizierter PatientInnen mit hochfunktionalem Autismus im Erwachsenenalter. Fortschritte der Neurologie und Psychiatrie, 79, 1–10.

Lehnhardt, F. G., Falter C. M., Gawronski, A., Pfeiffer, K., Tepest, R., Franklin, J., Vogeley, K. (2016). Sex-related cognitive profile in autism spectrum disorders diagnosed late in life – implications for the female autistic phenotype. Journal for Autism and Developmental Disorders 46, 139–154.

Meltzoff, A. N. & Moore, M. K. (1977). Imitation of facial and manual gestures by human neonates. Science 198, 75–78.

Mitchell, J. P. (2009). Social psychology as a natural kind. Trends in Cognitive Science, 13, 246–251.

Newen, A. & Schlicht, T. (2009). Understanding of other minds: a criticism of Goldman's simulation theory and an outline of the person model theory. Grazer Philosophische Studien, 79, 209–242.

Pfeiffer, U., Schilbach, L., Timmermans, B., Kuzmanovic, B., Georgescu, A., Bente, G. & Vogeley, K. (2014). Why we interact: On the Functional Role of the Striatum in the Subjective Experience of Social Interaction. Neuroimage, 101C, 124–137.

Piven, J., Harper, J., Palmer, P. & Arndt, S. (1996). Course of behavioral change in autism: a retrospective study of high-IQ adolescents and adults. Journal of the American Academy of Child and Adolescent Psychiatry, 35, 523–529.

Preißmann, C. (2005). ... und dass jeden Tag Weihnachten wär. Berlin: Weidler.

Preißmann, C. (2013). Überraschend anders – Mädchen & Frauen mit Asperger. Stuttgart: Trias.

Proft, J. (2012). Die berufliche Teilhabe von hochfunktionalen erwachsenen Personen mit einer Autismus-Spektrum-Störung auf dem ersten Arbeitsmarkt und ihre Erwartungen an einen Arbeitsplatz, Bachelorarbeit. Köln: Humanwissenschaftliche Fakultät, Universität zu Köln.

Raichle, M. E., MacLeod, A. M., Snyder, A. Z., Powers, W. J., Gusnard, D. A. & Shulman, G. L. (2001). A default mode of brain function. Proceedings of the National Academy of Sciences of the USA, 98, 676–682.

Remschmidt, H. & Kamp-Becker, I. (2006). Asperger-Syndrom. Heidelberg: Springer.

Ruesch, J. B. (1957). Disturbed Communication. The Clinical Assessment of Normal and Pathological Communicative Behavior. New York: Norton.

Ruesch, J. B. & Bateson, G. (1995/1951). Kommunikation – Die soziale Matrix der Psychiatrie. Heidelberg: Auer.

Schilbach, L., Bzdok, D., Timmermans, B., Vogeley, K. & Eickhoff, S. B. (2012): Minds at rest revisited: Using ALE meta-analyses to investigate commonalities in the neural correlates of socio-emotional processing and unconstrained cognition. Plos One 7(2):e30920.

Schwartz, C., Bente, G., Gawronski, A., Schilbach, L. & Vogeley, K. (2010). Responses to nonverbal behaviour of dynamic virtual characters in high-functioning autism. Journal of Autism and Developmental Disorders, 40, 100–111.

Schoofs, T. (2015). Eine qualitative Inhaltsanalyse zu den Auswirkungen der Diagnosestellung einer Autismus-Spektrum-Störung bei spätdiagnostizierten hochfunktionalen erwachsenen Personen. Masterarbeit, Humanwissenschaftliche Fakultät, Universität zu Köln.

Segar, M (1997). Coping: A Survival Guide for People with Asperger Syndrome. https://www-users.cs.
york.ac.uk/alistair/survival/ (Letzter Zugriff am 15.3.2016).

Watzlawick, P. B., Janet H. & Jackson, Don D. (2011/1967). Menschliche Kommunikation – Formen, Störungen, Paradoxien. Bern: Huber.

Weiterführende Fachliteratur
Bölte, S. (2009). Autismus. Spektrum, Ursachen, Diagnostik, Intervention, Perspektiven. Bern: Huber.

Dilling, H., Mombour, W. & Schmidt, M. H. (2011). Internationale Klassifikation psychischer Störungen: ICD-10. Kapitel V (F). Klinisch-diagnostische Leitlinien (8. Aufl.). Bern: Huber.

Vogeley, K. & Remschmidt, H. (2015). Hochfunktionaler Autismus im Erwachsenenalter. In U. Voderholzer & F. Hohagen (Hrsg.), Therapie psychischer Erkrankungen (10. Aufl.). München: Elsevier.

Erlebnisberichte von autistischen Menschen
Aspies, Ed. (2010). Risse im Universum. Autismus. Studien, Materialien und Quellen. Berlin: Weidler.

Brauns, A. (2004). Buntschatten und Fledermäuse. Mein Leben in einer anderen Welt. München: Goldmann.

Preißmann, C. (2005). … und dass jeden Tag Weihnachten wär. Berlin: Weidler.

Schuster, N. (2007). Ein guter Tag ist ein Tag mit Wirsing. Berlin: Weidler.
Tammet, D. (2008). Elf ist freundlich und Fünf ist laut: Ein genialer Autist erklärt seine Welt (5. Aufl.). Düsseldorf: Patmos.

Informationen zum Autor

Foto: © KaPe Schmidt

Kai Vogeley studierte Medizin und Philosophie an den Universitäten Düsseldorf, London und Baltimore von 1983 bis 1990. Berufstätigkeiten folgten in der Neuropathologie (Universität Düsseldorf 1990–1993), in der Neurologie (Freie Universität Berlin 1993–1996) und in der Psychiatrie (Universitätsklinikum Bonn 1997–2004, Universitätsklinik Köln seit 2004). 1992 und 1993 erfolgten die Promotionen zum »Dr. med.« und zum »Dr. phil.«. Die Facharztqualifikationen für Neurologie und Psychiatrie und Psychotherapie wurden 2000 und 2001 erworben. Von 2001 bis 2003 folgte ein zweijähriger Forschungsaufenthalt am Institut für Neurowissenschaften und Medizin (INM) des Forschungszentrum Jülich (FZJ). Im Jahr 2003 habilitierte sich Kai Vogeley für »Psychiatrie und Psychotherapie« an der Medizinischen Fakultät der Rheinischen Friedrich-Wilhelms-Universität Bonn. Kai Vogeley ist seit 2004 Universitätsprofessor (C3), leitender Oberarzt der Klinik und Leiter der

Arbeitsgruppe »Bildgebung« an der Klinik und Poliklinik für Psychiatrie und Psychotherapie der Uniklinik Köln. Seit 2011 leitet er eine Arbeitsgruppe »Soziale Kognition« am Institut für Neurowissenschaften und Medizin – Kognitive Neurowissenschaften (INM-3) am Forschungszentrum Jülich. Die aktuellen Forschungsschwerpunkte liegen im Bereich der sozialen Neurowissenschaft, die sich mit den neurobiologischen Mechanismen des Selbstbewusstseins und sozial kognitiver Leistungen beschäftigt (Theory-of-Mind, Perspektivwechsel, Agentenschaft, nonverbale Kommunikation, Blickverhalten, gemeinsame Aufmerksamkeit). In klinischer Hinsicht sind autistische Störungen von besonderem Interesse.

Informationen zur Kölner Spezialambulanz »Autismus im Erwachsenenalter«

Seit 2005 besteht an der Klinik und Poliklinik für Psychiatrie und Psychotherapie des Universitätsklinikum Köln eine Spezialambulanz für Autismus im Erwachsenenalter. Dieses Angebot wendet sich an erwachsene Personen, bei denen der Verdacht auf eine Störung im Bereich des Autismus-Spektrums besteht. Die Sprechstunde dient der Diagnosestellung und der Beratung. Zur Diagnose führen klinische Interviews und ausführliche neuropsychologische Untersuchungen zur Leistungsdiagnostik und sozialen Kognition. Nach Vereinbarung eines Termins bekommen die Patienten Unterlagen zum Ausfüllen zugeschickt. Im Anschluss daran wird ein Termin zu einem Erstgespräch vergeben, es folgen darauf in der Regel weitere Untersuchungstermine in der Klinik bis die Diagnose gestellt oder verworfen werden kann. Voraussetzung zur Vorstellung in unserer Spezialambulanz ist eine Überweisung durch eine Ärztin oder einen Arzt der Fachrichtung Nervenheilkunde oder Psychiatrie. Des Weiteren sind gruppen- und einzelpsychotherapeutische Maßnahmen etabliert. In Zusammenarbeit mit dem Integrationsdienstleistungsunternehmen »Füngeling Router gGmbH« (Köln) und dem Landschaftsverband Rheinland (LVR) bemühen wir uns auch um die berufliche (Re-)Integration von Menschen mit Autismus, unabhängig von ihrem Ausbildungsstand und dem Vorhandensein von Lernbehinderungen.

Daneben besteht auch wissenschaftliches Interesse, das im Rahmen von Forschungsprojekten der von Kai Vogeley geleiteten Arbeitsgruppen in Köln und Jülich verfolgt wird. Die MitarbeiterInnen der Autismus-Sprechstunde für Erwachsene stehen in engem Kontakt und kooperieren mit anderen auf Autismus spezialisierten Einrichtungen. Wissenschaftlich besteht ein besonderes Interesse an den sogenannten sozial kognitiven Leistungen. Hier ist ein besonderer Schwerpunkt die Untersuchung von Kommunikations- und Interaktionsfähigkeit von Menschen mit Autismus. Daneben werden auch wissenschaftliche Fragen bearbeitet, die sich auf die Versorgungsbedürfnisse von Menschen mit Autismus richten (z. B. Psychotherapie, Berufliche Integration, Identitätserleben).

# Informationen zu »autismus Deutschland e. V.«

Gründungsjahre

Ausgangspunkt der Gründung des Bundesverbandes »Hilfe für das autistische Kind e. V.« durch einen kleinen Kreis von Eltern autistischer Kindern war der gemeinsame Wunsch nach Diagnose- und Fördermöglichkeiten. Sie fühlten sich mit ihren zum Teil sprachlosen und selbst- oder fremdverletzenden Kindern allein gelassen.

Nach der Gründung der ersten Regionalverbände wurden aus betroffenen Eltern ehrenamtliche Vorstände und Unternehmer, die trotz Elternschaft und Berufstätigkeit auch noch ein Autismus-Therapie-Zentrum aufbauten und führten.

Parallel zur Arbeit in den Therapiezentren betrieb der Bundesverband Aufklärung, Öffentlichkeitsarbeit und politische Intervention. Erste Informationsbroschüren und Bücher wurden gedruckt und alle drei bis vier Jahre eine Tagung des Bundesverbandes organisiert.

Aufgaben des Bundesverbandes

Nach über 30 Jahren »Hilfe für das autistische Kind« wurde 2005 eine Namensänderung in »autismus Deutschland e. V. – Bundesverband zur Förderung von Menschen mit Autismus« vollzogen. Diese Änderung entsprach dem Paradigmenwechsel hin zu Inklusion und gleichberechtigter Teilhabe von Menschen mit Autismus in der Gesellschaft und nahm auch Erwachsene, die selbst von Autismus betroffen waren, mit in den Namen auf.

Derzeit betreiben bundesweit 58 Regionalverbände Autismus-Therapiezentren, Schulen, Werkstätten oder Wohneinrichtungen. Daneben gibt es zahlreiche therapeutische Angebote anderer Träger oder aus privater Initiative.

Die Fort- und Weiterbildung von Betroffenen, Eltern und Professionellen ist ein großes Anliegen. Neben dem Bundeskongress werden jährlich mehrere Tagungen und zahlreiche Seminare zu autismusspezifischen Fragestellungen veranstaltet.

Zukunftsperspektiven

Dem breiteren Autismus-Spektrum muss auch in der Angebotspalette des Bundesverbandes und der angeschlossenen Regionalverbände Rechnung getragen werden. Hierzu gehören zunächst die präzise Diagnostik von Erwachsenen mit Asperger- bzw. hochfunktionalem Autismus sowie der konzeptionelle Zuschnitt des Therapie- und Beratungsangebotes auf diesen Personenkreis.

Grundsätzlich ist die Versorgung von Menschen mit Autismus durch ein flächendeckendes Netz von Autismus-Therapie-Zentren entscheidend. Aus Sicht des Bundesverbandes ist eine frühestmögliche Autismus-Diagnose der Ausgangspunkt aller weiteren Maßnahmen. Die Abgrenzung zu Psychosen, Persönlichkeitsstörungen und weiteren Krankheitsbildern muss zukünftig noch exakter werden. Wenig hilfreich ist es, das alleinige Augenmerk auf vorteilhafte »Autismus-Eigenschaften« zu richten. Eine schwärmerische Glorifizierung des Störungsbildes wird dem mit dieser schweren Störung verbundenen Leidensdruck von Betroffenen und deren Familien nicht gerecht. Ebenso muss die Forschung weitergeführt und an der Verbesserung von therapeutischen Konzepten gearbeitet werden.

Bei der Teilhabe am Arbeitsleben ist noch viel Überzeugungsarbeit zu leisten, sodass Menschen im Autismus-Spektrum mit ihren Stärken und Schwächen gesehen werden. Viele von ihnen haben herausragende Fähigkeiten zur Bewältigung von hochspezialisierten Aufgaben. Entscheidend ist, Nischen auf dem Arbeitsmarkt zu öffnen und dem Arbeitsumfeld umfassendes Wissen über Autismus zu vermitteln.

Vieles ist vom Bundesverband »autismus Deutschland e.V.« bereits auf den Weg gebracht worden, etliche Aufgaben sind aber noch zu bewältigen.

Für weitere Informationen wenden Sie sich bitte an:

»autismus Deutschland e. V. – Bundesverband zur Förderung von Menschen mit Autismus«
Rothenbaumchaussee 15
20148 Hamburg
Tel.: 040-511 56 04
Fax: 040-511 08 13
E-Mail: info@autismus.de
Internet: www.autismus.de

Sachwortverzeichnis

A
Anders sein 96, 208, 210 f.
Angst 201
Anpassungsschwierigkeiten, soziale 196
Asperger-Syndrom 119
Atypischer Autismus 119
Aufmerksamkeit, gemeinsame 40, 54, 58
Aufmerksamkeitsdefizit-Hyperaktivitäts-Syndrom (ADHS) 203
Autismus Deutschland 185, 193
Autismus-Spektrum 126

B
Bedarfsanalyse 180
Begleiterkrankungen 182
Beruf 23, 110, 149, 193, 197
Beschäftigung 194
Blickverhalten 39, 52, 56, 58 f., 85, 128, 130, 141, 168

D
Depression 106, 148, 201
Detail 170
– Detailwahrnehmung 171
– Detailwissen 89, 132
Diagnose 109 f., 116, 126
Ding 25 ff.
– Dingwahrnehmung 29

E
Ehrlichkeit 70, 211
Einfühlungsvermögen 36
Emotionen 38, 41, 182
– Basisemotionen 38
Empathie 28, 35, 51, 100, 166
Entwicklung 54, 147
Evolution 51 f.

Exekutivfunktionen 138 f., 169
– Störungen 166

F
False-belief-Aufgabe 35, 47, 53, 56
Filterstörung 171
Fördermaßnahmen 110
Fragebögen 144, 161
Fremdpsychisches 29
Freundschaft 72 f., 92, 128
Frühkindlicher Autismus 117

G
Gehirn 154
– Belohnungssystem 59
– Mentalisierungs-Netzwerk 57, 61 f.
– Scheitellappen 57, 61
– Schläfenlappen 57
– Spiegelneuronensystem 57, 60, 62, 176
– Stirnhirn 57 ff., 61
Gen-Umwelt-Interaktion 154
Genauigkeit 211
Genetik 151, 154, 157, 173
Geschlechtsverteilung 161
Gesichtserkennung 86, 134
Gestik 37, 83, 95, 127 f., 141
Gesundheit 105 f., 110
Grammatik 30

H
Hirnruhezustand 175
Hochfunktionaler Autismus 119
Humor 82
Hyperaktivität 203

I
ICD-10 131

Identitätsfindung 181
Imitation 50, 54, 94
Informationsverarbeitung
– explizite 47
– implizite 47
Integrationsunternehmen 197
Intelligenz 64, 138
Intentionalität 30
Interaktion 26f., 49, 51, 54, 71, 106
– Störungen 127, 153
Interview, strukturiertes 136
Intuition 29, 94, 96
Ironie 32, 80, 166

K
Kausalität 30
Kernkriterien 126
Klassifikation 116
Kognition, soziale 140, 167, 172
– Störungen 166
Kognitive Verhaltenstherapie 183
Kommunikation 24, 31, 39, 51, 106
– nonverbale 31f., 35f., 40f., 83, 161, 167
– Störungen 127, 129, 153
– verbale 30, 37, 41, 75, 80
Konnektivität 176
Kontext 37, 41, 44, 49
Krankheit 26
– Krankheitsbegriff 104ff., 110
– Krankheitsmodell 151, 160
Kuleshov-Effekt 41
Kultur 47, 52f.

M
Medikamente 200
Mentalisierung 36, 58, 101, 141
– Mentalisierungs-Netzwerk 57, 61f., 174, 176
– Mentalisierungsdefizit 63, 66, 127, 145
Metapher 33, 80, 130
Mimik 37f., 47, 50, 54, 83, 95, 127f., 141
Mimikry 50

N
Nachahmung 50
Naturgesetze 25, 28, 47, 99

O
Ordnung 89, 132
Oxytocin 200

P
Partnerschaft 73, 92, 128, 194
Person 26f.
– Personenmodell 47f.
– Personenwahrnehmung 29f., 36, 50
– Verhalten 28f., 39
– Vorwissen 31, 37, 39, 45, 49, 77
Persönlichkeit 46, 208
Perspektive 31, 52
Phonologie 30
Pragmatik 32, 130
Prognose 152
Prosodie 32, 130
Psychosoziales Funktionsniveau 194
Psychotherapie
– Einzeltherapie 184
– Gruppentherapie 184

R
Regelmäßigkeit 87, 186
Regeln 71, 75, 94, 128
Risikofaktoren 164
Ritual 87, 132
Rollenspiele 187

S
Savants 212
Schweigen 82, 213
Selbsthilfegruppen 192
Selektive Serotonin-Wiederaufnahme-Hemmer 201
Semantik 31, 40, 130
Simulation 46, 69
Sinneswahrnehmung 90, 134
Situation 26, 28, 41f., 45, 67, 75

Small-Talk 42, 75, 130, 188
Spezialinteressen 89, 132
Sprache 30, 51
Stereotypes Verhalten 127, 131
Stress 65, 181, 209
Synästhesie 91, 134
Syntax 30

T
Telefongespräch 68
Testpsychologie 137
Theory-of-Mind 33 ff., 53 f., 58, 67, 141, 166 f.
Therapiemöglichkeiten 152 f.
Tiefgreifende Entwicklungsstörung 117, 120, 127, 132

U
Ursachen 151

V
Verlässlichkeit 212
Verlauf 92, 210
Vertrauen 72

W
Wahrnehmung, ganzheitliche 166, 170
Wohnsituation 195

Z
Zwangserkrankung 150

Selbstbewusst und kompetent auftreten

Rüdiger Hinsch • Simone Wittmann
Soziale Kompetenz kann man lernen
2., überarb. Auflage 2010
176 Seiten. Gebunden
ISBN 978-3-621-27624-5

Soziale Kompetenz bedeutet, seine Rechte durchzusetzen, soziale Beziehungen positiv zu gestalten und die Sympathien der Mitmenschen zu gewinnen – viele Menschen haben allerdings an irgendeiner Stelle Schwierigkeiten, die sie im Umgang mit anderen Menschen hemmen. Aber: Soziale Kompetenz kann man lernen!

Selbstbewusst und kompetent auftreten – in drei Schritten lernen Sie
▶ Ihre Rechte durchzusetzen,
▶ bestehende Beziehungen zu Lebenspartnern und Freunden befriedigend zu gestalten,
▶ neue Kontakte herzustellen und zu pflegen.

Zahlreiche Beispiele, Fragebögen und klare Regeln helfen bei der Umsetzung.

Schluss mit der Schusseligkeit!

- ADHS auch bei Erwachsenen verbreitet
- Vergesslichkeit und Prokrastination in den Griff bekommen
- Mit Online-Materialien zum Ausdrucken

Helfen Sie sich selbst, Ihr Leben zu meistern

Leiden Sie unter Schusseligkeit, Impulsivität und Ablenkbarkeit? Nina Haible-Baer und Peter Kirsch informieren darüber, woran Sie erkennen, dass Sie ADHS haben. Sie beschreiben die Krankheit und zeigen, wo Sie Hilfe und Therapie bekommen, was Sie selbst machen können und wo Fachpersonen gefragt sind. Im Selbsthilfe-Teil geben sie Tipps:
- Zeitmanagement
- Planung von Aktivitäten
- Bewältigung des Alltags

Nina Haible-Baer • Peter Kirsch
Alles nach Plan
ADHS im Erwachsenenalter meistern.
Mit Online-Materialien.
2. Auflage 2023. 204 Seiten.
Gebunden.
ISBN 978-3-621-28907-8
ISBN 978-3-621-28908-5 (ePub)
ISBN 978-3-621-29046-3 (PDF)

www.beltz.de **BELTZ**